职业技能培训教材

ZHIYE JINENG PEIXUN JIAOCAI

电动装卸机械修理工

山东港口青岛港集团有限公司 组织编写

中国劳动社会保障出版社

图书在版编目（CIP）数据

电动装卸机械修理工 / 山东港口青岛港集团有限公司组织编写． -- 北京：中国劳动社会保障出版社，2024． --（职业技能培训教材）． -- ISBN 978-7-5167-6713-9

Ⅰ．U653.928

中国国家版本馆 CIP 数据核字第 202438JP03 号

中国劳动社会保障出版社出版发行

（北京市惠新东街 1 号　邮政编码：100029）

*

河北宝昌佳彩印刷有限公司印刷装订　　新华书店经销

787 毫米 × 1092 毫米　16 开本　16.5 印张　302 千字
2024 年 12 月第 1 版　2025 年 3 月第 2 次印刷
定价：56.00 元

营销中心电话：400-606-6496
出版社网址：https://www.class.com.cn

版权专有　　侵权必究

如有印装差错，请与本社联系调换：（010）81211666
我社将与版权执法机关配合，大力打击盗印、销售和使用盗版图书活动，敬请广大读者协助举报，经查实将给予举报者奖励。
举报电话：（010）64954652

编审委员会

主　任：苏建光　李武成
副主任：张保华
委　员：吴宇震　崔　亮　王芙玲　袁　青
　　　　赵　波　邢东亮　姚如秀　李　涛

编写人员

主　编：王晓丹　王　晋
副主编：曲立杰　赵栀波
编　者：姜　涛　李旭生　黄春明

前　言

工人伟大，劳动光荣。党的二十大报告明确提出，要深入实施人才强国战略，并把大国工匠和高技能人才作为国家战略人才力量的重要组成部分。党的二十届三中全会审议通过的《中共中央关于进一步全面深化改革、推进中国式现代化的决定》指出，要"着力培养造就卓越工程师、大国工匠、高技能人才，提高各类人才素质"，进一步彰显加强技能人才队伍建设的重要意义。近年来，中共中央、国务院制定出台了《新时期产业工人队伍建设改革方案》《关于提高技术工人待遇的意见》《关于加强新时代高技能人才队伍建设的意见》等一系列指导意见，为加强技能人才队伍建设顶层设计、深化技能人才发展体制机制改革提供了有力保障。

企业技能等级认定是技能人才工作的重要组成部分，是企业技能人才开发的"牛鼻子"和"指挥棒"。为进一步贯彻落实中共中央关于技能人才队伍建设系列工作要求，山东港口青岛港结合港口新材料、新工艺、新技术、新设备的应用，以及港口机械设备大型化、自动化、智能化的普及，特成立教材编写小组，编写了6册港口职业技能等级认定教材，期待为港口行业各职业工种高技能人才借鉴提供有益参考。

本系列教材适应了当前港口的发展变化以及港口装卸（电动、内燃、流体）机械司机和维修工新颁布的国家职业标准要求，坚持以培养从业人员职业能力和满足岗位需求为目的，内容难易适度，理论知识以"够用"为度，确保从业人员能看得懂、学得会。同时，注重理论联系实际，重点帮助从业人员了解港口装卸机械的基本组成、结构和工作原理，掌握港口装卸机械的基础知识和基本技能，着重提高从业人员的职

业素养和实际操作技能。教材具有较高的针对性、通用性和实用性，可满足技术工人自学需求及港口行业职业技能等级认定学习需要。

山东港口青岛港集团有限公司组织编写的本系列教材，得到了山东省人力资源和社会保障厅相关处室、山东省公共就业和人才服务中心、青岛市人力资源和社会保障局、青岛市人力资源发展研究与促进中心、山东省港口集团有限公司党委组织部（人力资源部）的指导帮助，得到了中国港口协会、青岛港湾职业技术学院的大力支持，在此深表谢意。由于编者能力和时间所限，教材中难免存在部分问题和缺陷，敬请各位专家、读者批评指正。

山东港口青岛港集团有限公司教材编写组

2024 年 9 月

目 录
Contents

第一章　电动装卸机械修理 / 001
　　第一节　电动装卸机械修理概述 / 001
　　第二节　机械设备的拆卸 / 006
　　第三节　机械零部件的装配工艺 / 010

第二章　机械零件的拆卸与装配 / 014
　　第一节　典型零部件的装配 / 014
　　第二节　密封装置的装配 / 046
　　第三节　电动机、减速箱、制动器等的基础安装 / 051
　　第四节　圆柱齿轮传动机构的装配 / 054
　　第五节　蜗杆传动机构的装配 / 060

第三章　电动装卸机械机构的检修与调整 / 064
　　第一节　起升机构的部件装配与修理 / 064
　　第二节　回转机构的修理 / 073
　　第三节　变幅机构的修理 / 088
　　第四节　小车运行机构的安装与检测 / 092
　　第五节　大车运行机构的安装与检测 / 098

第四章　金属结构的检测和修理 / 107
　　第一节　金属结构概述 / 107
　　第二节　常用的修复技术 / 109
　　第三节　金属结构的故障原因与检修 / 128

第四节　金属结构变形的检查测量 / 131
第五节　金属结构变形的修理方法 / 133

第五章　液压系统的维修与装配 / 140
第一节　液压系统概述 / 140
第二节　液压维修工具的使用及测量工具 / 146
第三节　液压泵的维修及装配 / 150
第四节　液压缸的维修及装配 / 157
第五节　管道连接的装配 / 165
第六节　液压站的安装调试和使用维护 / 168
第七节　港口典型机械设备液压系统工作原理 / 186

第六章　设备状态监测与故障诊断技术 / 200
第一节　设备诊断技术 / 200
第二节　常用的设备状态监测方法 / 202
第三节　设备状态的简易监测方法 / 217
第四节　滚动轴承工作状态监测与故障诊断 / 219
第五节　齿轮传动状态监测与故障诊断 / 222

第七章　电动装卸机械的维护保养 / 225
第一节　装卸机械的磨损 / 225
第二节　装卸机械的润滑 / 234
第三节　金属结构的防腐 / 244
第四节　装卸机械的涂漆 / 249

第一章
电动装卸机械修理

第一节
电动装卸机械修理概述

电动装卸机械的修理，是指在电动装卸机械技术状况劣化或发生故障后，为了恢复其应有功能、消除故障而采取的更换或修复已磨损、失效的零部件，或对整机或局部进行拆装、调试等的技术活动。

一、修理原则

修理又称维修，是对电动装卸机械有形磨损的一种补偿形式。通过修理能使电动装卸机械在规定的时间或使用寿命周期内正常运行。

1. 预防为主的原则

在电动装卸机械的维修管理中，维护保养和计划修理两者相辅相成，是一个不可分割的有机整体。良好的电动装卸机械维护保养，可以减缓劣化趋势、延长修理周期，达到减少修理工作量、降低修理费用的目的。目前，许多港口在电动装卸机械的维修管理中，积极探索对电动装卸机械采取强制保养、预防维修的做法，现已取得较为明显的初步成果。

2. 经济合理的原则

从经济的角度考虑，过多的维修会因维修过剩而增加维修费用；而过少的维修则会因维修不足而导致电动装卸机械加剧劣化，增加故障停机损失和修理费用，因此，需要根据不同的条件选择合理的维修方式，这也充分体现出维修的经济性是电动装卸机械修理管理的重要方面。

另外，在保证电动装卸机械修理质量的前提下，还应积极开展修旧利废、进口配件国产化替代等工作，努力降低修理成本。

3. 为生产经营服务的原则

电动装卸机械是港口装卸生产经营活动的重要技术物质基础，只有技术状况完好的电动装卸机械才能保证装卸生产的正常进行，因此，电动装卸机械的维修必须明确为装卸生产经营创造经济效益的观点。

充分合理地利用设备，为企业生产经营活动创造经济效益是企业设备管理的首要任务。正确的做法是：将修理内容"化整为零"，在时间上应尽可能利用生产的间隙"见缝插针"地完成。

4. 修理与改造相结合的原则

对现有电动装卸机械采用修理与改造相结合的办法，是改善和提高其性能和生产能力的一种最经济、最有效的技术措施，可取得投资少、收效快的效果。

结合修理对现有电动装卸机械进行改造，是指应用现代科学技术成果，通过改造电动装卸机械的部分机构或安装新的装置、附件等手段，使电动装卸机械原有的性能得到改善和提高，或使电动装卸机械增加新的功能、扩大生产能力，使其达到或局部达到新设备的技术水平，使电动装卸机械在质上实现突破。

二、修理制度

1. 计划预修制

计划预修制是指为防止设备意外损坏而按预定计划进行的预防性的维护、修理和管理组织以及技术措施。它的理论基础是磨损理论和疲劳累积损伤理论。执行计划预修制的目的是防止设备急剧磨损和老化，因此在执行期间不管设备运转过程中的技术状况如何，都应严格按计划进行停机修理，以恢复设备功能，保持设备处于正常发挥应有效能的状态，以保证企业实现安全可靠的生产。

计划预修制是通过两个基本手段来实现的：一是有严格的修理周期结构；二是有一系列完善的维修定额标准。

（1）修理周期结构

修理周期结构包括间隔期、类别和内容。

1）间隔期。间隔期是指相邻两次同级修理间规定的运行小时数。

2）类别。类别是指一个修理周期内所包括的大修、中修、小修、保养。

3）内容。内容是指各种修理类别的作业范围和技术标准。

例如，某港口企业制定的门座式起重机修理周期结构如图 1-1-1 所示。

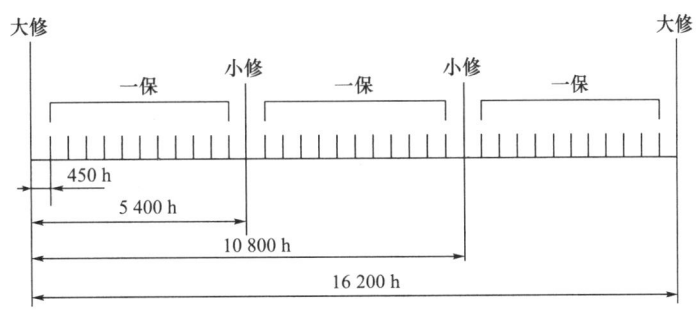

图 1-1-1 门座式起重机修理周期结构

注：一保也称一级保养，是设备维护保养中的一个重要环节。它主要是指设备操作人员和维修人员共同参与，对设备进行定期的检查、清洁、润滑、紧固等工作，以确保设备的正常运行和延长设备的使用寿命。

由于各港口企业的电动装卸机械结构、技术状况、维修力量、生产需要及使用条件等情况不同，因此，修理周期结构也不尽相同，各港口企业可根据生产与经济等综合因素，制定各自的修理周期结构并贯彻实施。

（2）维修定额标准

1）维修工时定额。维修工时定额是指企业为完成电动装卸机械各种维修工作所规定的劳动时间标准。

2）维修费用定额。维修费用定额是指规定每个修理类别所需费用，包括材料费和人工费。修理费用定额是制订修理计划的依据。

3）材料消耗定额。材料消耗定额是指规定每个修理类别所需材料（包括零配件）的消耗额度。材料消耗定额达到控制和降低维修费用的目的。

4）维修停车日定额。维修停车日定额是指各个修理类别所需停车修理时间的规定。

维修定额标准可以为制订修理计划提供依据，同时也是电动装卸机械维修工作的考核依据。

2. 状态维修制

状态维修制又称状态监测维修制，是自 20 世纪 70 年代开始逐步发展起来的一种新型设备维修管理方式。

故障理论、统计理论和概率论是状态维修制的理论基础。这种维修管理方式不以运行时长为依据，而是利用检测设备和检测技术对设备的技术状况进行检测，并应用数理统计方法对检测所获取的数据信息进行分析、处理，对设备劣化趋势和故障发生时间进行判断，再根据以上结论在必要时对设备进行适时、有针对性的维修。

电动装卸机械的技术状况变化受使用、维护、修理等多方面因素的影响，在状态维修制中这些因素被视为一个有机整体来考虑。在执行状态维修制时必须遵循以下几个原则。

（1）正确使用的原则

规范电动装卸机械操作人员的操作行为，使操作人员能严格按技术要求规范操作，可以起到防止电动装卸机械在作业过程中发生非正常磨损，减缓劣化趋势，延长使用寿命的作用。同时，正确使用电动装卸机械可以达到延长修理间隔期的目的。

（2）强制保养的原则

电动装卸机械在使用过程中，由于存在运动、摩擦、内部应力和腐蚀等物理、化学变化，因此，必然会导致技术状况的不断劣化，并通过设备零部件松动、温升异常、设备异响等现象表现出来。不管电动装卸机械的技术状况如何，定期对其按规范进行强制保养，可使状态劣化得到及时改善，消除可以避免的磨损和损坏，取得保持设备状态和减缓劣化趋势的作用，在实质上延长了修理周期，减少了修理工作量。因此，对电动装卸机械执行强制保养是状态维修制的基础，没有强制保养的基础保证，也就无法推行状态维修制。

（3）适时修理的原则

执行状态维修制，必须通过检测手段随时掌握电动装卸机械状态潜在的变化情况，适时实施修理。不适时的维修会破坏电动装卸机械的正常磨合状况，存在损坏机械的潜在可能性；而适时的维修可以在保持电动装卸机械良好技术状况的前提下，取得减少修理工作量，节约维修费用的效果。

执行状态维修制的关键是对电动装卸机械技术状况的检测。该检测一般可分为以下两种。

一是主观检测，是指以经验为主，通过人的感官，凭经验主观地判断设备状态。这种检测方法不需大量投资检测设备，因此，目前在各行业中得到广泛应用。但是，这种检测方法不能定量给出电动装卸机械状态变化的参数，不能确切反映劣化的程度及发展趋势，所以它只是状态维修制的一种辅助性检测方法。

二是客观检测，是指利用各种检测仪器对电动装卸机械进行检测。这种方法能比较确切地反映出电动装卸机械的技术状况，并能结合数理分析方法正确掌握劣化的发展趋势，是状态维修制决策的重要依据。这种检测方法的缺点在于，需要高昂的检测仪器费用及丰富的检测判断技术。因此，除了对生产影响比较大的关键设备外，检测仪器一般以简单的便携式仪器为主，并根据客观条件适当地配备少量精密仪器来完成对电动装卸机械的检测。

三、修理分类

1. 计划预修制分类

计划预修制将修理分为大修、中修、小修和项修等类别。

（1）大修

大修是一种恢复性修理，是计划预修制中工作量最大的一种修理，其目的是恢复电动装卸机械的动力性、经济性和零部件的刚度及强度，以确保电动装卸机械技术状况完好并延长其使用寿命。

大修作业的内容，是将电动装卸机械的全部或大部分部件解体，检验分类，更换不可用零件，修复需修零件，并按规范进行装配、试验、调整、试车。

大修虽然是一种恢复性修理，但大修后很难保证电动装卸机械的技术性能得到完全恢复。一般大修后的电动装卸机械除其技术性能会比前次大修有所降低以外，其修理所耗的费用也会随着大修次数的增加而增加，所以无论在经济上还是技术上都不宜对电动装卸机械进行过多次数的大修，而应采用更新设备或大修与改造相结合的方法来保持和提高电动装卸机械的性能和生产能力。

（2）中修

中修是一种平衡性修理，是计划预修制中工作量介于大修和小修之间的一种修理，其目的是消除电动装卸机械各总成的不平衡磨损，以延长两次大修的间隔期。

中修作业的内容，是更换或修复部分无法使用至下次计划修理的磨损零件。一般情况下，应将电动装卸机械的主要总成部件进行解体修理，其他部分则采取检查和维护性修理。目前各港口企业基本上已采用项修来替代中修。

（3）小修

小修是一种维护性修理，是计划预修制中工作量最小的一种修理，其目的是消除部分零件因自然磨损、操作不当或保养不良所造成的局部损伤，以巩固和保持各总成、组合件的正常运行。

小修作业的内容，是拆检部分总成和组合件，更换或修复在修理间隔期内失效或即将失效的一般零部件，并进行必要的调整，以保证电动装卸机械的正常工作能力。

（4）项修

项修又称项目修理，是根据电动装卸机械的实际技术状况，并结合其使用特点及存在的问题，按实际需要对电动装卸机械技术状况劣化的一个或几个项目进行有针对性的修理。通常对电动装卸机械某个项目的修理，应等同于对该项目实施大修的规范要求。

2. 状态维修制分类

状态维修制是在正确使用、强制保养、适时修理的基础上建立起来的一种新型维修管理体制，其修理的主要依据是通过检测手段获取电动装卸机械的实际技术状况及劣化发展趋势，力图在故障发生前，对电动装卸机械的一个部分或几个部分实施有针对性的修理。此外，它不像计划预修制那样有严格的修理间隔期和明确的修理类别。

根据目前状态维修制的发展和国内各港口企业对状态维修制的探索及研究成果来

看，状态维修制所采用的修理类别主要是检修、项修和大修。

（1）检修

检修即通过人工观察、检测等方式，对电动装卸机械进行诸如日常检查、定期检查、巡回检查、定期普查等多种形式的检查，发现故障征兆后及时实施修理的作业。检修能及时消除电动装卸机械的故障隐患，使其保持或恢复正常的技术状况。检修是状态维修制的重要组成部分。

检修的基本做法如下。

1）应建立由有实践经验的专业人员组成的专门组织承担电动装卸机械检修任务。

2）在检查过程中，发现电动装卸机械的一般故障征兆，应采用边查边修的方法及时加以消除。

3）当发现较大的故障征兆时，应及时将其列入修理计划，并采用有针对性的项修方法加以解决。

（2）项修

状态维修制项修的基本含义与计划预修制项修基本相同，所不同的是，在状态维修制中，项修是在对电动装卸机械进行检测和对检测结果进行分析处理后，针对电动装卸机械的劣化趋势预测故障发生期，有计划地事先对其中一个部分或几个部分实施有针对性的修理，它是状态维修制中主要的修理类别。

（3）大修

在状态维修制里应适当保留大修。这是因为，我国多数港口企业电动装卸机械的维修管理正处在由计划预修制向状态维修制过渡的时期，在各个环节上还不尽完善。在此状态下完全去除大修有可能会因维修不足而影响电动装卸机械的利用率和企业的装卸生产效益。为弥补这一缺陷，需要在状态维修制中适当保留大修这一修理类别。

第二节 机械设备的拆卸

任何机械设备都是由许多零部件组合而成的。需要修理的机械设备，必须经过拆卸才能对失效的零部件进行修复或更换。如果拆卸不当，则会造成零部件损坏、设备精度降低，甚至导致无法修复。

机械设备的拆卸是为了检查和修理机械零部件，拆卸工作约占整个修理工作量的 20%。因此，为保证修理质量，在拆卸机械设备前，必须周密计划，预估可能遇到的问题，做到有步骤地进行拆卸。

一、拆卸前的准备工作

1. 拆卸场地的选择与清理。拆卸前应选择好工作地点，不要选在有风沙、尘土的地方。

2. 保护措施。在清洗机械设备外部之前，应预先拆下或保护好电气设备，以免受潮损坏。

3. 拆前放油。尽可能在拆卸前放出机械设备中的润滑油，以便拆卸工作的顺利进行。

4. 了解机械设备的结构、性能和工作原理。为避免拆卸工作中的盲目性，确保修理工作的正常进行，在拆卸前，应详细了解机械设备各方面的状况，熟悉机械设备各部分的结构特点、传动方式，以及零部件的结构特点和相互间的配合关系，明确零部件的用途和相互间的影响，以便选用适宜的拆卸工具或拆卸设备，合理安排拆卸步骤。

二、拆卸的一般原则

1. 必须熟悉设备内部构造、设备特性和每个零部件的用途和相互间的关系，了解每个零部件的结构，牢记典型零部件的位置和作用。

2. 拆卸时应了解拆卸步骤以及所应用的工具及方法，必须保证拆卸工作不会对零部件造成损伤，严禁盲目敲打。

3. 拆卸时，应测量被拆卸件的装配间隙及其与有关零部件的相对位置，并作出标记，标记应打在侧面，且不得打在工作表面上。机械设备的拆卸顺序，一般是由整体到总成、由总成到部件、由部件到零件，或由附件到主机，由外部到内部。

4. 应按照与装配相反的次序和方向进行拆卸。

5. 拆下的零部件应分别放置在专用的零件箱内，按照原有结构连接在一起；对于精密的零部件应保持清洁，不得堆压，并用干净的塑料布或其他的柔软材料包好，妥善保管；对于较大的部件宜放在干燥木板上，并注意遮盖防尘和防止磕碰。

6. 细长的轴拆卸下来后，应用多支点支承或将其垂直悬吊起来，以免弯曲。

7. 对于可以不拆卸，或拆卸后可能降低连接质量的零部件，不宜拆卸；标明不准拆卸的零部件严禁拆卸。

8. 对于热装配的零部件，应先将其均匀加热至规定温度后方可拆卸。

9. 严禁用火焰直接加热的方法拆卸滚动轴承，可采用热油等加热方法，但油温不得超过100 ℃。

10. 在拆卸过程中，应注意安全。使用的拆卸工具必须牢固，操作必须准确。拆卸较高或较长的零部件时，应防止其倒塌或倾覆。

三、拆卸的常用方法

1. 击卸法

击卸法是利用锤或其他重物冲击的力量移动相互配合的零部件的一种方法。对于结构比较简单、坚实或不重要部位的零部件可采用此方法。使用击卸法时应遵守下列规定。

（1）应根据拆卸件的大小、质量及结合的牢固程度，选择大小适当的锤子和锤击力度。

（2）应使用铜棒、木棒、木板等对被击卸件的轴端、套端、轮缘等进行保护，对于重要零部件应垫上垫铁。

（3）应对被击卸件进行试击，以了解该零件的结合牢固程度，并试探其拆卸方向。如果听到坚实的声音，则要立即停止击卸，并检查是否由于走向相反或紧固件漏拆而导致。

（4）零部件严重锈蚀时，可加煤油浸润。

（5）击卸前应检查锤头与柄是否松动，以防猛击时锤头脱柄飞出。

（6）从轴上拆卸零部件时，应将打击力施加在内座圈上，且一个部位每打击一次后，需移动打击位置，使内座圈四周都受到均匀打击。

（7）从孔中拆卸轴衬套时，打击力应施加在衬套上，衬套的打击表面必须垫上垫块。

2. 拉卸法

拉卸法是一种非冲击性的拆卸方法，适用于精度较高，且不允许或无法敲击的零部件，以及拆卸尺寸较大或过盈较大的零部件。使用拉卸法时应遵守下列规定。

（1）应仔细检查轴（套）上的定位紧固件，如弹性卡圈、止动螺钉、紧固螺钉、圆螺母等是否完全拆下。

（2）在拉卸轴时应明确轴的拆出方向。拆出方向一般为轴的大端、孔的大端、花键轴的不通端。当无法明确轴的拆出方向时，应小心试击或试拉，注意监听有无坚实声响或用钢尺测量轴是否移动，然后再继续拉卸或校正拉卸方向。

（3）在拉卸过程中要注意轴上的键是否能通过螺母、垫套、齿轮、轴承等的内孔，并防止弹性卡圈、薄垫圈等落入槽内。

（4）应防止零件毛刺、污物等落入配合孔内卡住零件。

3. 压卸法

压卸法在各种机械压机或液压机上进行，适用于形状简单的静止连接零部件。为使轴和被拆卸件免遭破坏，可采取将零部件适当加热的方法进行拆卸。

4. 拆卸部件吊离时的安全规定

（1）拆卸部件的挂吊点必须选择在可使部件保持稳定的位置。

（2）应估算挂吊处的强度是否足以承受部件的质量。

（3）部件吊离时，吊车应使用点动起吊的方法，并用手试推部件，检查部件是否完全脱离紧固装置，防止其被其他零部件挂住。

（4）拆卸具有垂直滑道面的部件（如镗床的主轴箱等）时，应将其降到最低位置，下方用枕木垫实，防止其在拆卸过程中突然下滑。

（5）部件在吊运移动过程中，应保持部件在接近地面的最低位置行走，不得从人员或机械设备上空越过。

（6）部件在吊放时，要注意强度较弱的尖角、边缘和凹凸部分，防止这些部分碰伤或压溃。

四、拆卸时的注意事项

1. 对拆卸零件要做好核对和标记工作

机械设备中有许多相互配合的组件和零部件，因为经过选配或保证质量平衡，所以装配的位置和方向均不允许改变。

2. 分类存放零件

对拆卸下来的零件存放应遵循如下原则：同一总成或同一部件的零件应尽量放在一起，根据零件的大小与精密度分别存放，不能互换的零件要分组存放；怕脏、怕碰的精密零件应单独拆卸与存放，怕油的橡胶件不应与带油的零件一起存放；易丢失的零件，如垫圈、螺母要用铁丝串在一起或放在专门的容器里，各种螺柱应装上螺母存放。

3. 保护拆卸件的加工表面

在拆卸过程中，一定不要损伤零件的加工表面，否则将给修复工作带来麻烦，并会因此引起漏气、漏油、漏水等故障，同时还会导致机械设备的技术性能下降。

第三节 机械零部件的装配工艺

任何一个庞大复杂的机械设备都是由许多零件和部件组成的。按照规定的技术要求，将若干个零件组合成组件，再将若干个组件和零件组合成部件，最后将所有的部件和零件组合成整台机械设备的过程，分别称为组装、部装和总装，统称装配。

一、机械装配的一般工艺原则和要求

1. 装配的技术准备工作

（1）研究和熟悉机械设备及各部件的总成装配图、技术文件与技术资料。

（2）根据零部件的结构特点和技术要求，确定合适的装配工艺、方法和程序，并准备好必备的工具、量具、夹具和材料。

（3）按照清单清理、检测各备装零件的尺寸精度与制造或修复质量，核查技术要求，凡有不合格者一律不得装配。

（4）零件装配前必须进行清洗。

2. 装配的一般工艺原则

（1）对于过渡配合和过盈配合零件的装配，如滚动轴承的内、外座圈等，必须采用相应的铜棒、铜套等专门工具和工艺措施进行手工装配，或按技术条件采用加温加压设备进行装配。

（2）油封件必须使用芯棒压入，对配合表面要仔细检查并擦拭干净，若有毛刺，则应修整后方可装配；螺柱连接应按规定的扭矩分多次均匀紧固；螺母紧固后，螺柱应露出不少于两个螺牙且各螺牙应等高。

（3）凡是摩擦表面，如轴颈、轴承、轴套、活塞、活塞销和缸壁等，装配前均应涂上适量的润滑油。

（4）过盈配合件装配时，应先涂润滑油脂，以便装配和减少配合表面的初磨损。

（5）对某些有装配技术要求的零部件，如装配间隙、过盈量、灵活度、啮合印痕等，应边安装边检查，并随时进行调整，以避免装配后返工。

（6）在装配前，要对有平衡要求的旋转零部件按要求进行静平衡或动平衡试验，合格后才能装配。

（7）每个部件装配完毕后，都必须严格仔细地检查和清理，防止有遗漏或错装的

零件,尤其是对要求固定安装的零部件更需严格检查。

3. 机械设备的组成及零部件的连接方式

(1) 机械设备的组成

机械设备的组成按装配工艺划分,可分为零件、合件、组件及部件。但需注意,在某些标准文件中,合件、组件也被统称为部件。

(2) 零部件的连接方式

零部件的连接一般可分为固定连接和活动连接两大类。

1) 固定连接能保证装配后零部件之间的相互位置关系不变。

2) 活动连接要求装配后零部件之间具有一定的相对运动关系。

4. 装配精度

(1) 部件之间的相互位置精度包括距离精度、同轴度、平行度、垂直度等。

(2) 各运动部件之间的相对运动精度包括直线运动精度、圆周运动精度、传动精度等。

(3) 配合表面之间存在配合精度和接触质量的要求。其中,配合精度是指配合表面之间达到规定配合间隙或过盈的接近程度,它直接影响配合的性质。

二、装配工艺过程及装配的作业组织形式

装配工艺过程一般由装配前的准备(包括装配前的检验、清洗等)、装配工作(部装和总装)、校正(或调试)、检验(或试车)、油封、包装六个部分组成。

1. 固定式装配

(1) 集中装配

集中装配是指由一个工人或一组工人在一个工作地点独立完成某一机械设备的全部装配工作。

(2) 分散装配

分散装配是指将产品划分为若干个部件,由若干个工人或若干小组,以平行的作业组织形式装配这些部件,然后把装配好的部件和零件一起总装成产品。

2. 移动式装配

(1) 自由移动装配

自由移动装配是指对移动速度无严格限制的移动式装配。

(2) 强制移动装配

强制移动装配是指对移动速度有严格限制的移动式装配。

3. 装配系统图

在装配过程中,部装或总装都是以某一个零件或部件作为装配工作的基础,这一零件或部件就称为基准零件或基准部件。分段装配单元系统图如图 1-3-1 所示。

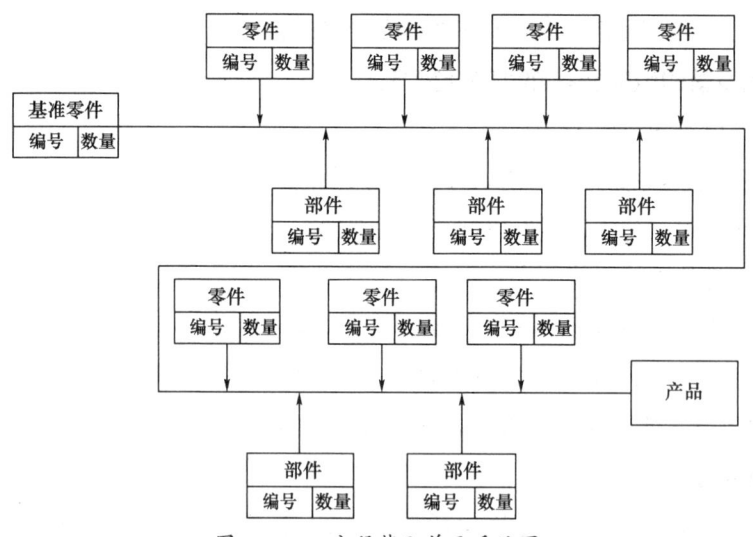

图 1-3-1 分段装配单元系统图

三、装配工艺规程

装配工艺规程是用文字、图片、表格等形式制订的技术文件，其规定了将全部零部件装配成为整体机械设备的工艺过程，并规定了过程中所使用的设备和工具、夹具等内容。装配工艺规程既是装配工作的指导性技术文件，又是制订装配生产计划、组织并进行装配生产的主要依据，也是设计装配工艺装备和装配车间的主要依据。

装配工艺规程的内容如下。

1. 研究产品的装配图、零件图、装配技术要求及验收标准。

2. 确定产品和部件的装配方法。

3. 绘制装配工艺系统图。

4. 划分装配工序。

5. 确定工序时间定额。

6. 制订装配工艺卡片或装配工序卡片（在单件小批量生产时，通常不制定装配工艺卡片，而是使用装配工艺系统图来代替）。

四、装配方法

1. 完全互换法

完全互换法是指不经任何选择、修配或调整，将加工合格的零件装配成符合精度要求的机械设备。这种装配方法的实质是通过控制零件的加工误差来保证装配精度。该方法需要计算按照装配精度要求建立的尺寸链，使各组成环（零部件的有关尺寸）的公差限定在一定的范围之内。计算尺寸链可选用极值法。

2. 部分互换法

部分互换法是以各零件的加工误差具有随机性为前提，放宽了尺寸链中各组成环的公差，使其加工简易，以降低成本。虽然尺寸链封闭环的公差个别可能会超出规定范围，但生产实践表明，在一定批量的零件加工中，部分互换法可以将不合格品控制在一个很小的范围内，仍然可以保证成品的经济性。

3. 选配法

选配法的实质是，在零件的制造公差成倍放大后，为了保证配合精度，在两组（或三组）配合偶件中，选择尺寸偏大的增环零件和尺寸偏大的减环零件对应装配在一起。例如，将尺寸偏大的孔和尺寸偏大的轴相配合，这样可使装配后的配合精度提高，并达到原装配精度的要求。

4. 修配法

修配法是指把零件的公差放大后再进行制造，使零件装配时能够有一定的返修余量，经过其中个别零件的修配加工，最后达到所要求的装配精度。在尺寸链中，这个要进行修配加工的零件的修配尺寸通常称为补偿环（修配环），所需要除去的那一层材料的厚度称为补偿量（修配量）。

5. 调整法

调整法是指将补偿件移动一定距离，或者装入一个具有补偿量的补偿零件来实现误差的补偿。可以看出，调整法和修配法在本质上都是利用尺寸链基本原理，两者的主要区别在于是否需要修配金属层来补偿误差。

第二章
机械零件的拆卸与装配

第一节 典型零部件的装配

一、螺纹连接的装配

螺纹连接是一种可拆卸的连接方式,它具有结构简单、连接可靠、装拆方便等优点,在机械中应用广泛。螺纹连接分为普通螺纹连接和特殊螺纹连接两大类,由螺栓、双头螺柱或螺钉构成的连接称为普通螺纹连接,除此以外的螺纹连接称为特殊螺纹连接。螺纹连接类型如图 2-1-1 所示。

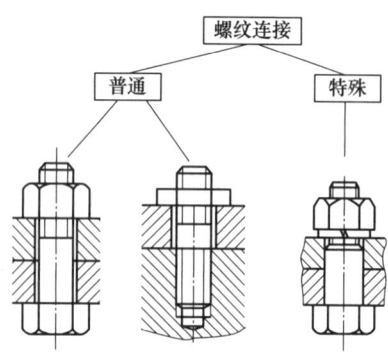

图 2-1-1 螺纹连接类型

1. 螺纹连接的装配技术

(1)保证有一定的拧紧力矩

螺纹连接为达到连接可靠和紧固的目的,要求螺牙间有一定的摩擦力矩,所以螺纹连接装配时应有一定的拧紧力矩，从而使螺牙间产生足够的预紧力。

1）拧紧力矩的确定。拧紧力矩一般取决于两个方面，一方面是螺母的内螺纹和螺栓的外螺纹之间的螺牙摩擦力，另一方面是在螺母与垫圈、垫圈与零件以及零件与螺栓头的接触表面之间的螺栓头部摩擦力。

2）拧紧力矩的控制。拧紧力矩或预紧力的大小是根据要求确定的。一般紧固螺纹连接无预紧力要求，采用普通扳手，风动或电动扳手拧紧即可。规定预紧力的螺纹连接，常用控制扭矩法、控制扭角法、控制螺栓伸长法来保证准确的预紧力。

（2）保证有可靠的防松装置

螺纹连接一般都具有自锁性，在静载荷下不会自行松脱。但在冲击、振动或交变载荷的作用下，螺牙之间的正压力会突然减小，以致摩擦力矩减小，螺母回转，使螺纹连接松动。

因此，螺纹连接应有可靠的防松装置，以防止摩擦力矩减小和螺母回转。常用的螺纹防松装置主要有以下几类。

1）利用附加摩擦力防松的装置，如锁紧螺母防松、弹簧垫圈防松、自锁螺母防松等。

2）利用零件变形防松的装置，如带耳止动垫片防松、圆螺母止动垫片防松等。

3）其他防松形式，如开口销与带槽螺母防松、穿联钢丝锁链防松等。

2. 螺纹连接的装配要点

（1）螺母和螺钉的装配要点

螺母和螺钉装配除了要按一定的拧紧力矩来拧紧外，还要注意以下几点。

1）螺钉或螺母与工件贴合的表面要光洁、平整。

2）要保持工件上与螺钉或螺母接触表面的清洁。

3）螺孔内的脏物要清理干净。

4）成组螺栓或螺母在拧紧时，应根据零件形状、螺栓的分布情况，按一定的顺序拧紧螺母。在拧紧方形布置的成组螺母时，应从中间开始，逐步向两边对称扩展；在拧紧圆形或方形布置的成组螺母时，必须对称进行（如有定位销，则应从靠近定位销的螺栓开始），以防螺栓受力不一致，导致变形。

5）拧紧成组螺母时要做到分次逐步拧紧（一般不少于三次）。

6）必须按一定的拧紧力矩拧紧。

7）凡有振动或受冲击力的螺纹连接，都必须采用防松装置。

（2）螺纹连接防松装置的装配要点

1）弹簧垫圈和有齿弹簧垫圈。不要用力将弹簧垫圈的斜口拉开，否则在重复使用时会加剧划伤零件表面。根据结构选择适用类型的弹簧垫圈。例如，圆柱形沉头螺纹连接所用的弹簧垫圈和圆锥形沉头螺纹连接所用的弹簧垫圈是不同的；有齿弹簧垫圈的齿应与连接零件表面相接触。

2）DUBO 弹性垫圈。应根据螺栓接头的类型，使用正确的 DUBO 弹性垫圈。装配时，必须将螺钉旋紧至 DUBO 弹性垫圈的外侧已变形并包围在螺钉头四周为止（见图 2-1-2），这样，螺纹连接就可产生足够的预紧力，螺钉就被完全锁紧。为增强密封效果，螺栓孔应越小越好。如果对连接的要求很高，则建议将 DUBO 弹性垫圈和杯形弹性垫圈或锁紧螺母配套使用。装配后，还必须将螺母再旋紧 1/4 圈。

3）带槽螺母和开口销。开口销的直径必须与销孔相适应，且开口销端部必须光滑且无损坏。装配开口销时，应注意将开口销的末端压靠在螺母和螺栓的表面上，否则会出现安全事故。开口销的装配如图 2-1-3 所示。

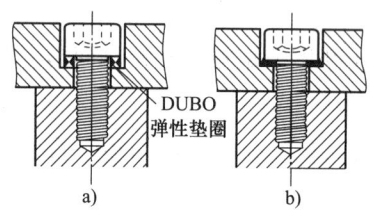

图 2-1-2　DUBO 弹性垫圈的使用

a）拧紧前　b）拧紧后

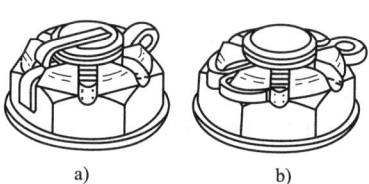

图 2-1-3　开口销的装配

a）开口销的末端分别压靠在螺母和螺栓表面上
b）开口销的末端压靠在螺母槽的表面上

二、孔轴类防松零件的装配

除了螺纹连接件的防松零件外，还有一类孔与轴的防松零件。此类防松零件，不仅指锁紧轴本身的防松零件，而且指用于锁紧装配于轴上各种零件的防松零件。常用的防松零件有键、销、紧定螺钉和弹性挡圈等。本节主要介绍弹性挡圈等防松零件的装配技术。

1. 防松零件

（1）矩形锁紧板

简单的矩形锁紧板（见图 2-1-4）可用于轴的锁紧，防止其做径向或轴向移动。

（2）锁紧挡圈

旋转轴可通过锁紧挡圈（见图 2-1-5）来进行轴向固定。

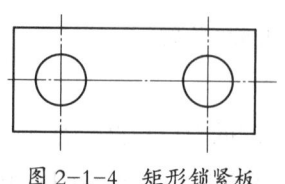

图 2-1-4　矩形锁紧板

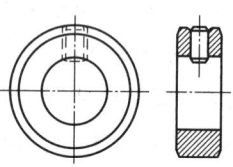

图 2-1-5　锁紧挡圈

（3）弹性挡圈

弹性挡圈用于防止轴或其上零件发生轴向移动。通常将其分为两大类：一类是轴用弹性挡圈（见图 2-1-6a），另一类是孔用弹性挡圈（见图 2-1-6b）。

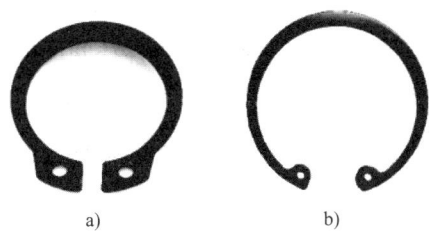

图 2-1-6 弹性挡圈

a）轴用弹性挡圈 b）孔用弹性挡圈

（4）开口挡圈和弹簧夹

开口挡圈和弹簧夹可制成多种形状。开口挡圈可用于大公差的预加工沟槽内，如图 2-1-7 所示。多数场合中，弹簧夹的安装无须使用特殊工具，但要求零件上有专门形状的沟槽供其安装，如图 2-1-8 所示。

图 2-1-7 开口挡圈

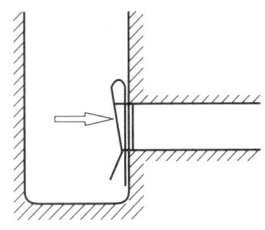

图 2-1-8 弹簧夹

（5）锁紧销

锁紧销是销的重要应用形式。销常用于零件相互间的精确定位，除了在零件的装配和调整中起着重要作用外，还可用于实现零件的锁紧。销是一种标准件，形状和尺寸已标准化。销的种类较多，应用广泛，其中应用最多的是圆柱销及圆锥销。

2. 防松零件的装配要点

（1）弹性挡圈的装配要点

弹性挡圈工作的可靠性不仅取决于其自身，还在相当程度上取决于安装方式。在安装过程中，将弹性挡圈安装至轴上时，挡圈将张开，而将其装入孔中时，挡圈将被挤压，从而使弹性挡圈承受较大的弯曲应力。所以，在装配和拆卸弹性挡圈时，应使弹性挡圈的工作应力不超过其许用应力，即弹性挡圈的张开量或挤压量不得超出其许可变形量，否则会导致弹性挡圈的塑性变形，影响其工作的可靠性。

为简化弹性挡圈的装配和拆卸，可以采用一些专用工具，如弹性挡圈钳或具有锥度的芯轴和导套等。但在安装弹性挡圈前，应先检查沟槽的尺寸是否符合要求。当更换弹性挡圈时，应确认所替换的弹性挡圈应与原挡圈具有相同规格尺寸。

1）专用芯轴和导套。如图 2-1-9 所示，当使用专门设计且具有锥度的芯轴（见图 2-1-9a）和导套（见图 2-1-9b）装配弹性挡圈时，应将其放置在轴颈或孔的前端，沿轴向在挡圈上施加压力，从而使挡圈在移动的同时张开或挤压，最后顺利地装入沟槽内。芯轴或导套上必须有定心边缘，使弹性挡圈能够对中安装。使用这种工具的优点是装配时间很短，而且装配时产生的弯曲应力不会超过弹性挡圈的许用应力。当将弹性挡圈装配至轴上时，用来将挡圈压至锥形芯轴上的装配套端面上最好有一个深度较小的沉孔（见图 2-1-10），其直径应等于轴径和挡圈径向宽度的两倍之和，这样就可使挡圈在装配过程中始终保持圆形。

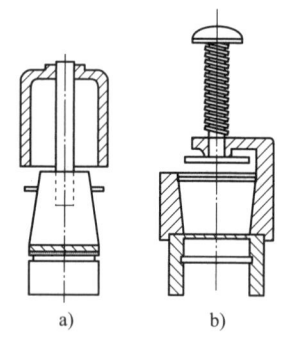

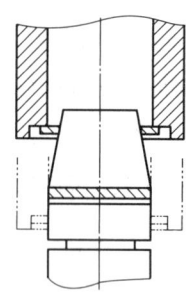

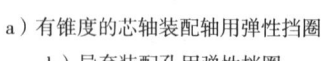

图 2-1-9　弹性挡圈的装配工具

a）有锥度的芯轴装配轴用弹性挡圈
b）导套装配孔用弹性挡圈

图 2-1-10　装配套前端的沉孔

2）弹性挡圈钳。弹性挡圈钳又称卡簧钳，是用来装配和拆卸弹性挡圈的专用工具，通常有孔用弹性挡圈钳和轴用弹性挡圈钳。

图 2-1-11a 所示为用于装配和拆卸孔用弹性挡圈的孔用弹性挡圈钳。当这种钳的两个把手相互靠近时，钳口也相互靠近，与普通老虎钳相似。图 2-1-11b 所示则为用于装配和拆卸轴用弹性挡圈的轴用弹性挡圈钳。这款钳子的设计略有不同，当其两个把手相互移近时两个钳口相对张开，由于两把手之间装有弹簧片，因此，钳口在不受力时总保持闭合的状态。为了适应不同结构的装配，两类弹性挡圈钳都各有直头和弯头两种类型。

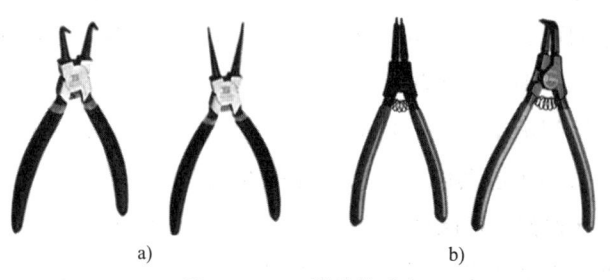

图 2-1-11　弹性挡圈钳

a）孔用弹性挡圈钳　b）轴用弹性挡圈钳

由于弹性挡圈有多种规格，因此装配时必须注意选择与其相适合的弹性挡圈钳。一般情况下，弹性挡圈钳都标有相应的规格，以说明该钳适用于哪种直径的弹性挡圈。

当使用弹性挡圈钳安装弹性挡圈时，其上最好装有可调的止动螺钉，这样可防止弹性挡圈在装配时产生过度变形。

在装配沟槽处于轴端或孔端的弹性挡圈时，应将弹性挡圈的两端1首先放入沟槽内，然后将弹性挡圈的其余部分2沿轴或孔的表面推进沟槽，这样可使弹性挡圈的径向扭曲变形最小，如图2-1-12所示。

（2）销的装配要点

1）圆柱销的装配。圆柱销一般依靠过盈配合固定在孔中，所以装配前应检查圆柱销与销孔之间是否有合适的过盈量，一般过盈量在0.01 mm左右为宜。为保证连接质量，应将被连接件的两孔一起钻铰。装配时，圆柱销上应涂机油。装入圆柱销时，应用软金属垫在圆柱销端面上，然后用锤子将其轻轻打入孔中。如果孔不是通孔的情况下，打入圆柱销前应先用带切削锥的铰刀铰到底，同时在圆柱销外圆表面上用油石磨出一通气平面（见图2-1-13），否则会因空气排不出导致圆柱销打不进去。

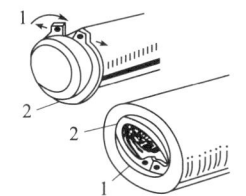

图2-1-12　弹性挡圈装配示意图
1—弹性挡圈两端　2—弹性挡圈其余部分

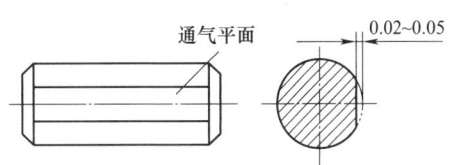

图2-1-13　带通气平面的圆柱销

2）圆锥销的装配。在装配圆锥销前，应将被连接件的两孔一起钻铰。边铰孔边用圆锥销试测孔径，以圆锥销能自由插入自身长度的80%为宜。圆锥销锤入后，其大头端一般以露出工件表面或与工件表面平齐为宜。不通锥孔内应安装带有螺孔的圆锥销，以免取出困难。

三、滚动轴承的装配

滚动轴承是一种精密部件，认真做好滚动轴承装配前的准备工作对保证装配质量和提高装配效率十分重要。

1. 滚动轴承装配前的检查与防护措施

（1）按图样要求检查与滚动轴承相配的零件。例如，检查轴颈、箱体孔、端盖等表面的尺寸是否符合图样要求，是否有凹陷、毛刺、锈蚀和固体微粒等，并用汽油或煤油清洗，仔细擦净，然后涂上一层薄薄的润滑油。

（2）检查密封件并更换损坏的密封件，橡胶密封圈每次拆卸时都必须更换。

（3）在滚动轴承装配操作开始前，才能将新的滚动轴承从包装盒中取出，必须尽可能使它们不受灰尘污染。

（4）检查滚动轴承型号与图样是否一致，并清洗滚动轴承。如果滚动轴承用防锈油封存，则可用汽油或煤油擦洗滚动轴承内孔和外座圈表面，并用软布擦净；对于用厚油和防锈油脂封存的大型轴承，则需要在装配前采用加热清洗的方法进行清洗。

（5）装配环境应保持清洁，不得有金属微粒、锯屑、沙子等。最好在无尘室中装配滚动轴承，如果条件不允许，则应用遮盖物遮盖住所装配的设备，以保护滚动轴承免受周围灰尘的污染。

2. 滚动轴承的清洗

使用过的滚动轴承，必须在装配前进行彻底清洗；而对于两端面带防尘盖、密封圈或涂有防锈和润滑两用油脂的滚动轴承，则不需要进行清洗。对于已损坏、严重污染或塞满碳化油脂的滚动轴承，一般不再值得清洗，直接更换一个新的滚动轴承更为经济安全。滚动轴承的清洗方式有两种：常温清洗和加热清洗。

3. 滚动轴承装配方式和尺寸

（1）滚动轴承的装配方式

根据滚动轴承与轴颈的结构，滚动轴承的装配方式通常有如下四种。

1）滚动轴承直接装在圆柱轴颈上，这是圆柱孔滚动轴承的常见装配方式。

2）滚动轴承直接装在圆锥轴颈上，这类装配方式适用于轴颈和轴承孔均为圆锥形的场合。

3）滚动轴承装在紧定套上。

4）滚动轴承装在退卸套上。

后两种装配方式适用于滚动轴承为圆锥形，而与之配合的轴颈为圆柱形的场合。

（2）滚动轴承的尺寸

根据滚动轴承的内孔尺寸，可将滚动轴承分为三类。

1）小轴承：指孔径小于 80 mm 的滚动轴承。

2）中等轴承：指孔径大于或等于 80 mm，且小于 200 mm 的滚动轴承。

3）大型轴承：指孔径大于或等于 200 mm 的滚动轴承。

4. 滚动轴承的装配方法

（1）滚动轴承装配的基本原则

1）装配滚动轴承时，不得直接敲击滚动轴承内、外座圈，保持架和滚动体，否则会破坏滚动轴承的精度，降低滚动轴承的使用寿命。

2）装配压力应直接施加在待配合的座圈端面上，绝不能通过滚动体传递压力。若装配压力通过滚动体传递载荷，则会引起滚动轴承变形，是错误的装配方法；若装配压力直接作用在需要装配的座圈端面上，则可保证滚动轴承的精度不致破坏，是正确的装配方法。

（2）滚动轴承座圈的安装顺序

1）不可分离型滚动轴承（如深沟球轴承等）。这种轴承应按座圈配合的松紧程度决定其安装顺序。当内座圈与轴颈为配合较紧的过盈配合，而外座圈与壳体孔为配合较松的过渡配合时，应先将滚动轴承装在轴上，压装时，将套筒垫在滚动轴承内座圈上，如图 2-1-14a 所示，然后连同轴一起装入壳体孔中。当滚动轴承外座圈与壳体孔为过盈配合时，应先将滚动轴承压入壳体孔中，如图 2-1-14b 所示，这时，所用套筒的外径应略小于壳体孔直径。当滚动轴承内座圈与轴颈、外座圈与壳体孔都是过盈配合时，应将滚动轴承同时压在轴上和壳体孔中，如图 2-1-14c 所示，这种套筒的端面具有同时压紧滚动轴承内、外座圈的圆环。

2）分离型滚动轴承（如圆锥孔调心滚子轴承）。由于这种轴承外座圈可以自由脱开，因此装配时可将内座圈和滚动体一起装在轴颈上，外座圈装在壳体孔内，然后再调整它们的游隙。

（3）滚动轴承座圈的压入方法

1）套筒压入法。这种方法仅适用于装配小轴承，其配合过盈量较小，常用工具为冲击套筒与锤子，以保证滚动轴承座圈在压入时均匀敲入，如图 2-1-15 所示。

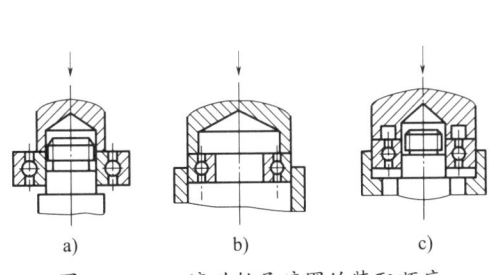

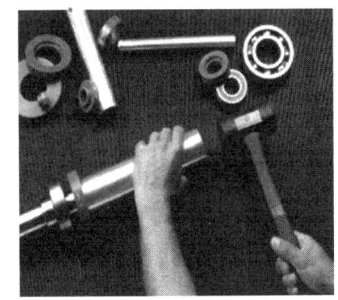

图 2-1-14　滚动轴承座圈的装配顺序　　　　图 2-1-15　套筒压入法

2）压力机械压入。这种方法仅适用于装配中等轴承，当配合过盈较大时，常采用杠杆齿条式或螺旋式压力机，如图 2-1-16 所示。若压力不能满足还可以采用液压机压装滚动轴承，但均必须对轴或安装滚动轴承的壳体提供一个可靠的支承。

3）温差法装配。这种方法一般适用于大型轴承。随着滚动轴承尺寸的增大，其配合过盈量也增大,所需装配力也随之增大,因此,可以将滚动轴承加热,然后与常温轴承配合。滚动轴承和轴颈之间的温差取决于配合过盈量的大小和滚动轴承的尺寸。当滚动轴承温度高于轴颈 80～90 ℃时,即可安装。一般滚动轴承加热温度为 110 ℃,不能将滚动轴承加热至 125 ℃以上,因为这将会引起材料性能的变化。更不能利用明火对滚动轴承进行加热,如图 2-1-17 所示,因为这样会导致滚动轴承内产生应力而变形,破坏滚动轴承的精度。

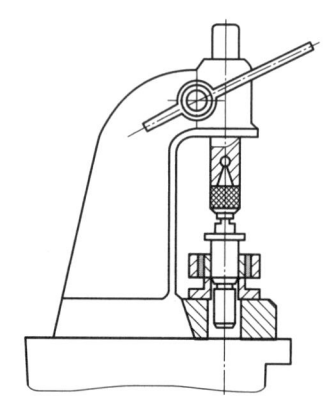
图 2-1-16　杠杆齿条式压力机压入滚动轴承

图 2-1-17　不允许用明火加热滚动轴承

安装时,应戴干净的专用防护手套搬运滚动轴承,将其安装至轴上与轴肩可靠接触。在此过程中应始终按压滚动轴承直至其与轴颈紧密配合,以防止滚动轴承冷却时座圈与轴肩分离。

5. 圆柱孔滚动轴承的拆卸方法

滚动轴承的拆卸方法与其结构有关。对于拆卸后还要重复使用的滚动轴承,拆卸时不能损坏滚动轴承的配合表面,不能将拆卸的作用力施加在滚动体上,而要将力作用在过盈配合的座圈上。为了使拆卸后的滚动轴承能够按照原先的位置和方向进行安装,建议拆卸时对滚动轴承的位置和方向做好标记。拆卸圆柱孔滚动轴承的方法有四种:机械法、液压法、压油法、温差法。下面介绍前三种。

(1) 机械法

机械法适用于对具有过盈配合的小轴承和中等轴承的拆卸。拆卸工具为拉出器,又称拉马。

1) 轴上滚动轴承的拆卸。当从轴上拆卸滚动轴承时,拉马的爪应作用于滚动轴承的内座圈,使拆卸力直接作用在内座圈上,如图 2-1-18 所示。当没有足够的空间使拉马的爪作用于滚动轴承的内座圈时,可以将拉马的爪作用于外座圈上。必须注意的是,为了使滚动轴承不致损坏,在拆卸时应固定扳手并旋转整个拉马,拉动滚动轴承的外座圈(见图 2-1-19),从而保证拆卸力不会作用于同一点上。

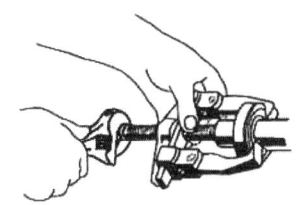 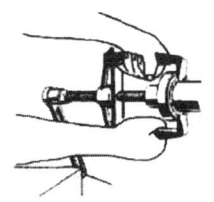

图 2-1-18　拉马作用于滚动轴承内座圈　　图 2-1-19　通过旋转拉马拆卸滚动轴承

2）孔中滚动轴承的拆卸。当滚动轴承紧紧贴合在壳体孔中时，拆卸力必须作用在外座圈上。

拆卸调心滚动轴承经常使用旋转内座圈与滚动体的方法，从而便于拉马作用在外座圈上进行拆卸，如图 2-1-20 所示。

对于安装滚动轴承的孔中无轴肩的情况，可以使用锤子锤击套筒（见图 2-1-21），通过拆卸外座圈的方法拆卸整个滚动轴承。但要注意，不能取用尘粒环境中的锤子，否则，这些尘粒会落在滚动轴承上从而导致轴承损坏。

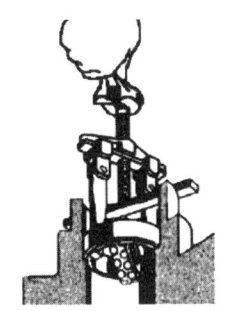 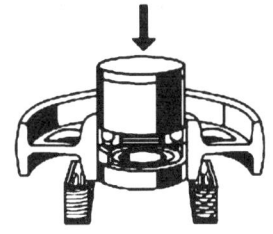

图 2-1-20　壳体中调心滚动轴承的拆卸　　图 2-1-21　使用锤子锤击套筒拆卸滚动轴承

对于与轴和孔均为过盈配合的深沟球轴承，可以使用专门的拉马进行拆卸，如图 2-1-22 所示。拉马的臂必须小心地置于深沟球轴承内部，以夹紧其外座圈，然后装上螺杆并旋转，直至拆下轴承。

（2）液压法

液压法适用于对具有过盈配合的中等轴承的拆卸。拆卸这类滚动轴承需要相当大的力。常用拆卸工具为液压拉马，其拆卸力可达 500 kN，如图 2-1-23 所示。

 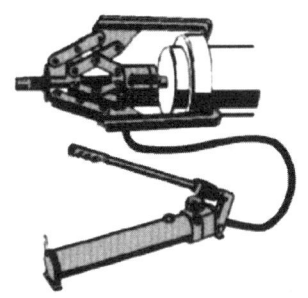

图 2-1-22　专用拉马拆卸深沟球轴承　　图 2-1-23　使用液压拉马拆卸滚动轴承

（3）压油法

压油法适用于中等轴承和大型轴承的拆卸，常用的拆卸工具为油压机，如图2-1-24所示。用这种方法操作时，油液在高压作用下通过油路和轴承孔与轴颈之间的油槽挤压在轴孔之间，直至形成油膜，并将配合表面完全分开，从而使轴承孔与轴颈之间的摩擦力变得相当小，此时只需要很小的力就可以拆卸滚动轴承。由于拆卸力很小，且拉马直接作用在滚动轴承的外座圈上，因此，必须使用具有自定心的拉马。

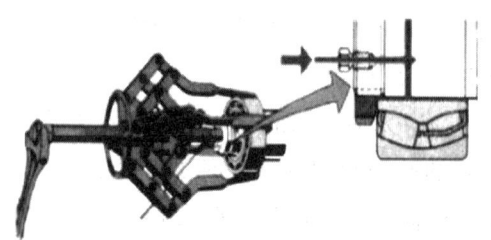

图2-1-24 使用压油法拆卸滚动轴承

6. 圆锥孔滚动轴承的装配方法

圆锥孔滚动轴承的装配方法与圆柱孔轴承的装配方法基本相同。小轴承的装配通常采用机械压入的方法，如用锤子敲击冲击套筒或使用螺母和扳手。大中型轴承的装配则采用液压螺母或压油法即可。在某些情况下，还可以采用温差法装配轴承。

（1）装在圆锥轴颈上的圆锥孔滚动轴承的装配

1）机械法

①用锤子敲击冲击套筒装配。为了避免损坏轴承，建议在轴颈配合表面涂上一层薄油，然后用锤子锤击作用于轴承内座圈的套筒，将轴承装至轴上规定的位置，如图2-1-25所示。对于调心球轴承的装配，则必须通过旋转并倾斜轴承的方法检查轴承的游隙，以轴承能够易于旋转，但倾斜时又能感觉到一点阻力为装配到位。而对于调心滚子轴承的装配，则必须测量游隙的减少量来保证轴承的正确装配。在有高精密的装配要求时，不建议采用此种装配方法。

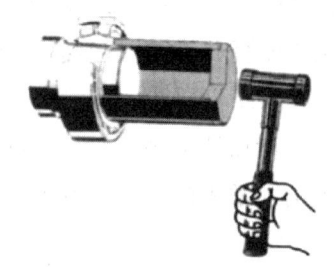

图2-1-25 用锤子敲击冲击套筒装配滚动轴承

②使用螺母和扳手装配。如果小轴承轴颈上有螺纹，则可以使用螺母和扳手装配，如图2-1-26所示。轴承装好后需检查其游隙。如果在装配时止动垫圈已安装到位，则必须对螺纹部分及螺母和止动垫圈的侧面进行润滑。

图 2-1-26　用螺母和扳手装配滚动轴承

对于中等轴承的装配，可以用锁紧螺母和冲击扳手进行装配，以保证有较大的装配力，如图 2-1-27 所示。而最好方法是使用液压螺母，甚至可采用将压油法和锁紧螺母或液压螺母相结合的装配方法。

2）液压法。在大于 50 mm 的孔径内安装滚动轴承时，可以采用液压螺母进行装配，其装配简单，工作可靠。液压螺母包括两个部分（见图 2-1-28）：一个是带有内螺纹的螺母体，其侧面有一环形沟槽，另一个是与沟槽相配合的环形活塞，其间有两个 O 形圈用于油腔的密封。当油液压入油腔时，可使活塞向外移动并产生足够的力用来装配或拆卸液轴承。

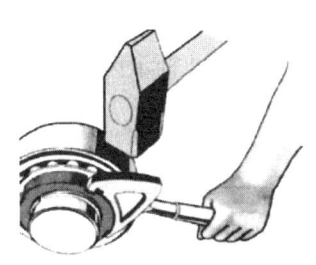
图 2-1-27　用锁紧螺母和冲击扳手装配滚动轴承

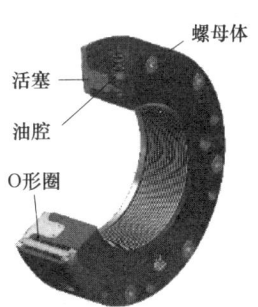
图 2-1-28　液压螺母

液压螺母有一个快速接头，以便与液压泵连接。装配时，按如下步骤进行操作（见图 2-1-29）。

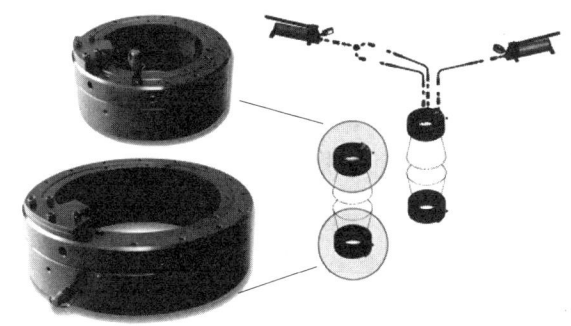
图 2-1-29　用液压螺母装配滚动轴承

①将液压螺母旋于轴上并使其活塞朝向滚动轴承，然后用手旋紧螺母。
②连接油管，将油液压进液压螺母，直至轴承到达规定的装配位置。

③打开回油阀，拧紧螺母，活塞被推回到起始位置，油液流回泵内。

④卸下液压螺母，装上止动垫圈和锁紧螺母。

3）压油法。压油法适用于中等和大型轴承的装配。如图2-1-30所示，该方法利用油压机将油液压入滚动轴承和轴颈之间，直至两个零件配合表面完全分开，从而使摩擦力减小至零，此时只需要很小的力即可装配滚动轴承。这种方法装配简单，游隙可以得到很好的控制，装配精度高。

图2-1-30　用压油法装配滚动轴承

当滚动轴承装配到规定位置后，应将油液释放，并等待20 min之后，再最后一次检查游隙的大小。对于圆锥孔滚动轴承，最好将压油法和液压螺母组合使用。

应用压油法时应注意，轴必须有输油通道，这种通道一般需要在现场进行加工。

4）温差法。如果不能使用压油法或液压螺母，则可以选择温差法进行装配。常用感应加热器、加热箱或油浴等方法对滚动轴承进行加热。在装配中最为重要的是滚动轴承与轴颈相对轴向位移的测量与控制，常有以下几种方法。

①以轴肩定位的滚动轴承装配

a. 将滚动轴承装至轴上直至其与轴颈接触良好，测量滚动轴承内座圈与轴肩之间的距离S，如图2-1-31a所示。

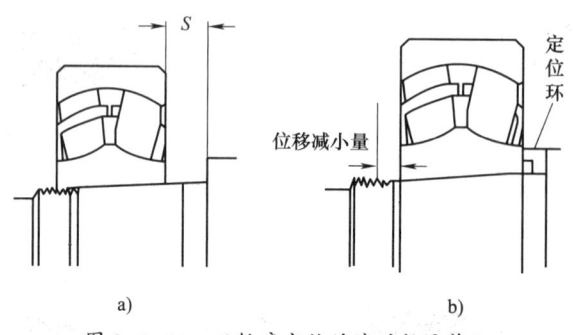

图2-1-31　以轴肩定位的滚动轴承装配

b. 根据需要以及具体的工况和要求来确定合适的轴向位移减小量。

c. 将测得距离S减去确定的轴向位移减小量得到定位环的轴向尺寸，并据此加工出定位环，如图2-1-31b所示。

d. 将定位环紧靠轴肩安装。

e. 将滚动轴承加热，并将其压至定位环，直至滚动轴承冷却并与轴配合紧密。

f. 用锁紧螺母固定滚动轴承。

g. 待滚动轴承冷却后，检查滚动轴承径向游隙。

②无轴肩定位的滚动轴承装配。这类滚动轴承的装配方法与以轴肩定位的滚动轴

承装配程序相同，但测量所用基准面不是轴肩而是一个参考平面，即图 2-1-32 中轴的端面。通过滚动轴承装配时长度 S 的增加或减小来获得所需的"装配距离"。当滚动轴承位置达到要求时，保持滚动轴承的位置直至其与轴紧密配合，再装上锁紧螺母。待滚动轴承冷却后，再检查其游隙大小。

（2）装在紧定套上的圆锥孔滚动轴承的装配

调心球轴承和调心滚子轴承通常安装在紧定套或退卸套上，从而简化了滚动轴承的装配与拆卸，如图 2-1-33 所示。具有这种套的滚动轴承，其内座圈在装配时总是具有很紧的配合，其程度取决于滚动轴承相对于套的移动。随着滚动轴承与套的相对移动，滚动轴承内座圈逐渐膨胀，而滚动轴承的原始径向游隙也逐渐减小。

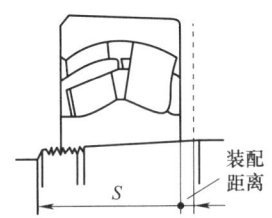

图 2-1-32 无轴肩定位的滚动轴承装配　　图 2-1-33 带紧定套的圆锥孔滚动轴承

使用紧定套，且滚动轴承依靠轴肩定位安装时，要求有一个能保证滚动轴承正确位置的距离套，该距离套必须能够让紧定套置于其下面。当光杆轴要求紧定套在轴上的位置必须和拆卸的位置一样时，有必要对滚动轴承进行测试性装配以保证紧定套位于正确位置。

1）带紧定套的调心球轴承的装配。安装在紧定套上的调心球轴承的简易装配方法是控制螺母紧固时的拧紧角度。如果使用钩头扳手装配调心球轴承，则螺母的拧紧角度可以根据轴承型号，查阅轴承手册中关于该型号轴承的装配章节确定。

另一种装配方法就是使用专用工具。锁紧螺母扳手是专门用来装配调心球轴承的，每个扳手都清楚地标明了正确的拧紧角度。其操作步骤如下。

①将紧定套和轴承孔表面擦拭干净，并在紧定套表面涂上一层薄薄的矿物油。

②用二硫化钼膏或类似润滑剂涂抹在螺纹和与调心球轴承接触的螺母侧面上。

③用手旋转螺母，直到其锥面接触。注意不得使用操纵杆进行操作，如图 2-1-34a 所示。

④在轴上做标记，与扳手上橙色标记的起点相对应，如图 2-1-34b 所示。

⑤用操纵杆拧紧螺母，直至轴上的标记与扳手上橙色标记的末端相对应，如图 2-1-34c 所示。

⑥最后用锁紧螺母锁紧，要注意拧紧螺母时紧定套不能旋转。

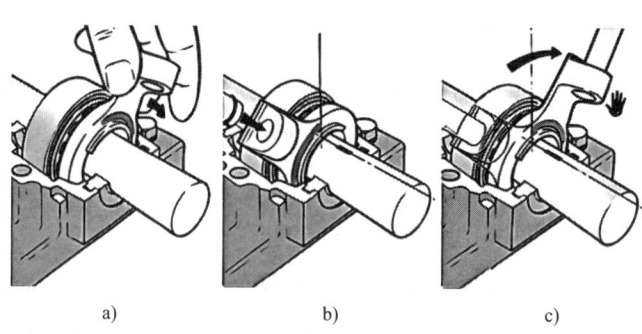

图 2-1-34 使用锁紧螺母扳手装配调心球轴承

另一种正确装配调心球轴承的方法是测量调心球轴承内座圈在锥形轴颈上的轴向位移。用这种方法操作时,首先将调心球轴承装在轴上,直至轴承孔与轴颈或紧定套接触,然后再开始进行上紧操作程序。

2)带紧定套的调心滚子轴承的装配。在装配调心滚子轴承之前,必须使用塞尺测量调心滚子轴承的径向游隙,因为测径向游隙的减小量即是对调心滚子轴承配合过盈量的测量。

①轴向游隙的检查:在检查轴向游隙时,需要将调心滚子轴承放在干净的工作平面上,用一个略薄于游隙最小值的塞尺进行检查,且应边旋转内座圈边检查。

②径向游隙的测量:用塞尺插在最上部滚子旁边的滚子上方检查调心滚子轴承的原始游隙,如图 2-1-35 所示。在检查时,一边旋转调心滚子轴承一边用较厚的塞尺在相同的位置进行测量,直至在拉出塞尺时感觉到轻微的阻力为止,此时的塞尺厚度即为调心滚子轴承的原始间隙。

将调心滚子轴承压装至轴上,在压入过程中用塞尺在调心滚子轴承最低滚子下方测量径向游隙的减小量(见图 2-1-36),此值可在滚动轴承对应的轴承游隙表中查出。

图 2-1-35 装配前调心滚子轴承
径向游隙的测量

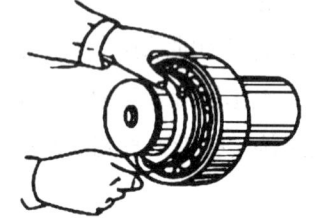

图 2-1-36 装配时调心滚子轴承
径向游隙的测量

除了测量间隙减小量外,还可以通过控制调心滚子轴承内座圈的轴向位移来进行调心滚子轴承的装配。

装配调心滚子轴承,可以利用上述螺母和扳手或液压螺母的方法。当调心滚子轴承是以定位套筒定位时，可以用两块垫板来简化装配。该垫板可以由一组塞尺或校准垫板组成，其厚度等于调心滚子轴承所要求的轴向位移，如图 2-1-37a 所示。

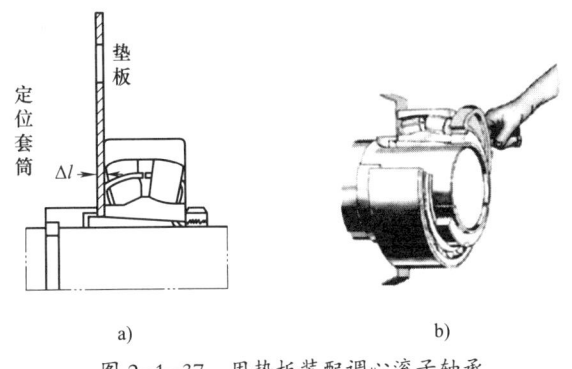

图 2-1-37　用垫板装配调心滚子轴承

将紧定套放在定位套筒下面，使垫板压在定位套筒的端面上，并将调心滚子轴承压至轴上直至与垫板接触，拧紧锁紧螺母，此时必须保证垫板不会掉出，如图 2-1-37b 所示。移开垫板并用冲击扳手拧紧螺母，将调心滚子轴承压至与定位套筒接触。然后拆下螺母，装上止动垫圈，再装上螺母，拧紧并锁定。

也可利用温差法装配调心滚子轴承。采用温差法装配，必须通过螺母的前端面来测量调心滚子轴承的轴向位移。装配时首先必须将调心滚子轴承安装在紧定套上，并拧紧螺母，确保调心滚子轴承、紧定套和轴之间接触良好；然后测量紧定套小端与螺母之间的轴向距离，如图 2-1-38a 所示；最后加热调心滚子轴承并将其安装在紧定套上，拧紧螺母并测量螺母端面与紧定套小端之间的距离，从而控制调心滚子轴承的轴向位移，如图 2-1-38b 所示。待调心滚子轴承冷却后，必须检查其游隙。

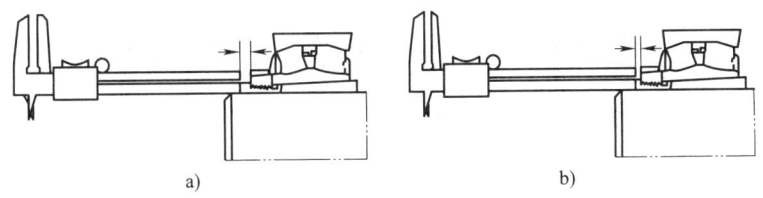

图 2-1-38　测量调心滚子轴承的轴向位移

3）装在退卸套上的滚动轴承的装配。对于安装在退卸套上的滚动轴承，其装配方法与装在紧定套上的滚动轴承装配方法相同，即控制径向游隙或相对轴向位移。装配时，退卸套压装在滚动轴承下面，而滚动轴承则以轴肩或定位套定位。拆卸时将退卸套从滚动轴承下面拉出。

小轴承通常采用机械法装配（如用锤子敲击冲击套筒），中等及大型轴承用液压螺母或压油法。对于不能采用以上方法拆卸的滚动轴承可采用温差法装配。

①机械法。为防止退卸套装配后退出，建议使用一种专门制作的安装套筒，如

图 2-1-39 所示。该安装套筒装于轴上或装在退卸套的孔中。除此以外，还可以通过安装锁紧螺母来防止退卸套退出。

装配退卸套时应根据滚动轴承规定的径向游隙，用锤子和安装套筒将退卸套压至滚动轴承下面。如果轴上有螺纹，则可以用螺母和钩头扳手压装退卸套，如图 2-1-40 所示。当退卸套装配好以后，必须将其固定，如使用轴端挡圈进行轴向防松，如图 2-1-41 所示。

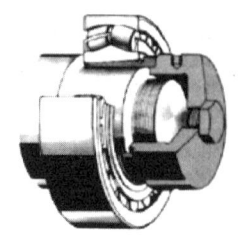

图 2-1-39　安装套筒

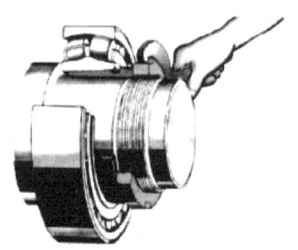

图 2-1-40　用螺母与钩头扳手压装退卸套

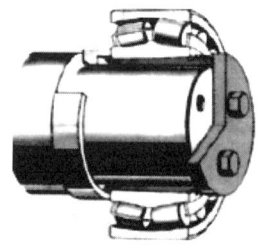

图 2-1-41　使用轴端挡圈进行轴向防松

②液压螺母或压油法。对于小轴承和中等轴承，其退卸套的装配只需使用液压螺母；而对于大型轴承，可以采用压油法或压油法与液压螺母组合使用的方法装配退卸套。

根据轴的结构，液压螺母在装配退卸套时可以有以下不同的使用方法，如图 2-1-42 所示。

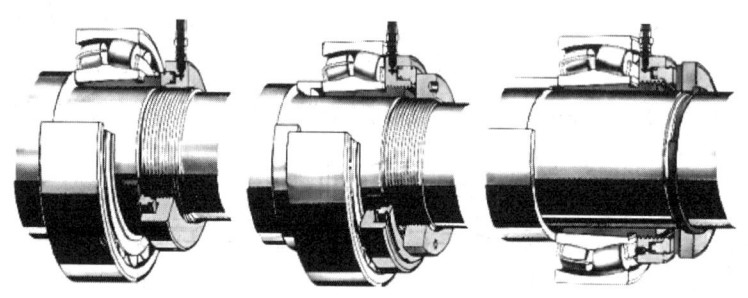

图 2-1-42　用液压螺母装配退卸套的几种方法

如果使用压油法，则退卸套中必须加工出油道。由于油道接头高出退卸套，装配时不可能使用螺母直接压装退卸套，因此，对于带螺纹的轴，安装时可以使用锁紧螺母和定距环或轴套来固定退卸套，该轴套既能支承锁紧螺母，又能给油道接头留出相应空间。当退卸套位于轴端时，可以借助轴端挡圈和螺钉将退卸套压至滚动轴承内，如图 2-1-43 所示。

装配退卸套的最好办法是将压油法和液压螺母组合起来，但轴上必须有用于液压螺母活塞施力的结构。如果轴上有螺纹，则可以使用锁紧螺母，否则就要用组合支承环和一个挡圈进行固定，如图 2-1-44 所示。

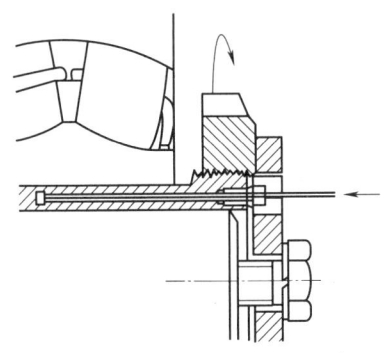 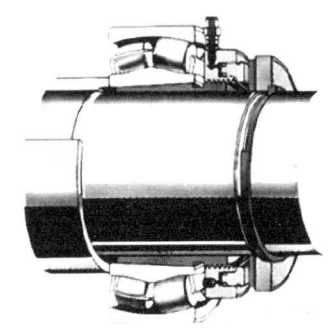

图 2-1-43 压油法装配退卸套　　图 2-1-44 使用组合支承环和挡圈装配退卸套

③温差法。在不能采用机械法装配滚动轴承的情况下，必须采用温差法进行装配，即装配前需对滚动轴承进行加热。对于装配在退卸套上的滚动轴承，必须使用厚度等于轴向位移值的垫板或校准环。首先将退卸套压至滚动轴承下，直至两者接触良好，如图 2-1-45a 所示。接着旋转锁紧螺母，并在螺母与退卸套间留出与装配轴向位移一样大的间隙，如图 2-1-45b 所示。然后固定锁紧螺母或者在退卸套和螺母的前端面上做标记，如图 2-1-45c 所示。最后对滚动轴承进行加热，当滚动轴承达到装配温度时，将退卸套及其螺母一起压进滚动轴承内直至螺母和滚动轴承相互接触为止。但必须注意的是，退卸套必须固定在要求位置直至滚动轴承冷却为止。

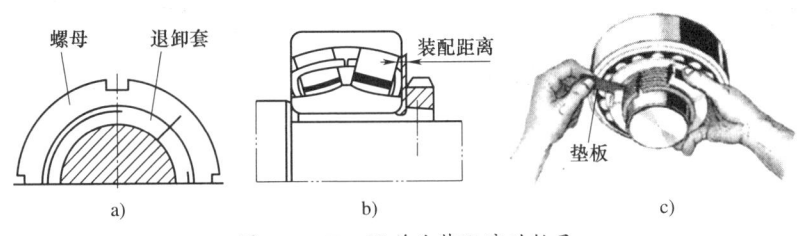

图 2-1-45　温差法装配滚动轴承

7. 圆锥孔滚动轴承的拆卸方法

（1）装配在圆锥轴颈上的圆锥孔滚动轴承的拆卸

小轴承可以用拉马拆卸。由于这类滚动轴承一般与轴配合较紧，所以拉马应直接作用于滚动轴承内座圈上。若拉马不能作用于滚动轴承内座圈，且滚动轴承必须再次使用，则可将拉马作用于滚动轴承外座圈上，但拆卸时必须旋转外座圈。

中等轴承在拆卸时通常需要很大的力，这时不宜采用普通拉马，最好采用自定心液压拉马，如图 2-1-46 所示。

中等和大型轴承在拆卸时采用压油法可以使拆卸更容易。拆卸滚动轴承时，油液在高压作用下通过油路和油槽进入轴颈和滚动轴承内座圈之间，油膜将接触表面完全分开，并产生一个轴向力使滚动轴承滑离轴颈。

采用压油法拆卸装配在圆锥轴颈上的圆锥孔滚动轴承时，产生的拆卸力会使滚动轴承突然地离开轴颈。因此，必须在油膜产生之前，将锁紧螺母旋松一定距离，或在轴上放置一个阻挡用零件，以防止滚动轴承完全飞出轴外，如图 2-1-47 所示。当压入的油液经滚动轴承漏出时，表明滚动轴承已与轴颈松脱，此时应立即停止施加油压。

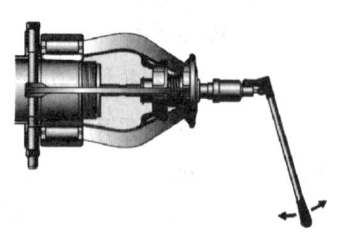

图 2-1-46　自定心液压拉马

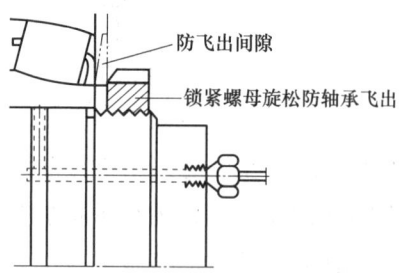

图 2-1-47　压油法拆卸滚动轴承

（2）装配在紧定套上的圆锥孔滚动轴承的拆卸

装配在紧定套上的小轴承和中等轴承可以用锤子敲击冲击套筒的方法来拆卸，该套筒必须直接作用于锁紧螺母（见图 2-1-48）或滚动轴承内座圈（见图 2-1-49）。

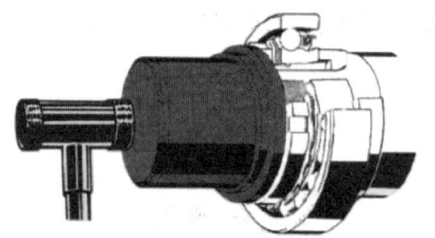

图 2-1-48　冲击套筒作用于锁紧
螺母拆卸滚动轴承

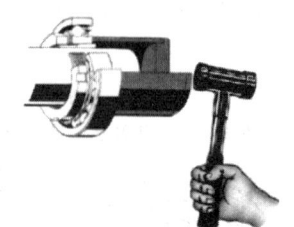

图 2-1-49　冲击套筒作用于滚动轴承
内座圈拆卸滚动轴承

如果所拆卸滚动轴承需重复使用，则必须在轴上标出紧定套的位置，并将止动垫圈的外翅弯直，再将锁紧螺母回松几圈，然后将冲击套筒放在正确的位置，用无反弹力的锤子有力地敲击冲击套筒几下，即可松开滚动轴承。

若不能用锤子和冲击套筒拆卸滚动轴承，则必须使用专用工具，如图 2-1-50 和图 2-1-51 所示。

图 2-1-50　用专用工具拆卸滚动轴承

图 2-1-51　拆卸滚动轴承专用工具

用液压螺母拆卸装配在紧定套上的滚动轴承时，滚动轴承必须以轴环定位，且该轴环内必须有容纳紧定套的空间，其长度要比装配距离大，以便于拆卸操作，如图 2-1-52 所示。另外，还要在轴上安装便于液压螺母活塞施力的元件，这种元件包括一个安装在轴沟槽中的组合支承环和一个保持组合支承环位置的挡圈，也可以是一个用螺钉固定在轴端上的轴端挡板。

液压螺母的使用比较简单，将液压螺母装在轴上，并在螺母和滚动轴承之间留一个小间隙，然后将油液压进螺母直至滚动轴承与紧定套之间松脱。

（3）装配在退卸套上的圆锥孔滚动轴承的拆卸

对于装配在退卸套上的滚动轴承，为了防止退卸套在配合表面之间摩擦力很小时滑离滚动轴承，一般采用一个螺母或锁紧挡板进行固定。

装配在退卸套上的小轴承或中等轴承可以用一个锁紧螺母和钩头扳手或冲击扳手进行拆卸（见图 2-1-53）。如果退卸套超过了轴端，则可以用一个与退卸套孔径大致相等的圆板装在退卸套孔中以免退卸套变形。

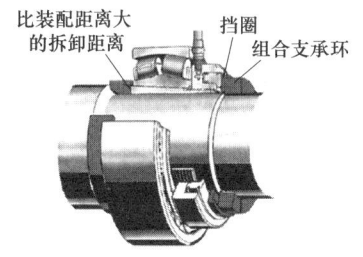
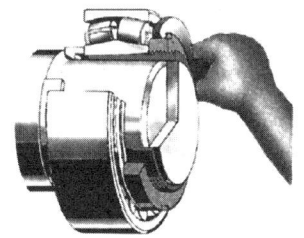

图 2-1-52　用液压螺母拆卸滚动轴承　　　图 2-1-53　用锁紧螺母钩头扳手拆卸滚动轴承

大型轴承最好采用液压螺母拆卸。使液压螺母旋入退卸套上的螺纹，并使其活塞紧靠滚动轴承，然后将油液压入螺母就可以将退卸套从滚动轴承中拉出，如图 2-1-54 所示。

用于大型轴承装配的退卸套通常设有油槽和两个油道。在用压油法拆卸时，油液通过一个油路注入退卸套和轴之间，并通过另一个油路注入退卸套和滚动轴承之间，如图 2-1-55 所示，此时只需要较小的力即可拆卸滚动轴承。此外，压油法和液压螺母还可以一起组合使用以拆卸大型轴承。

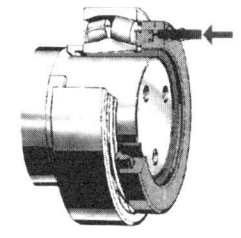
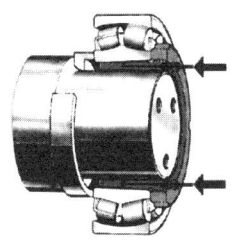

图 2-1-54　用液压螺母拆卸滚动轴承　　　图 2-1-55　用压油法拆卸滚动轴承

四、键销连接的装配

键是用来连接轴和旋转套件（如齿轮、带轮、联轴器等）的一种机械零件，主要用于周向固定以传递转矩。它具有结构简单、工作可靠、装拆方便等优点，因此得到广泛应用。根据结构和用途的不同，键连接可分为松键连接、紧键连接和花键连接三大类。

1. 松键连接的装配

松键连接所采用的键有普通平键、导向平键、滑键和半圆键等。它们的特点是靠键的侧面来传递转矩，因此只能对轴上零件进行周向固定，不能承受轴向力。如需轴向固定，则要靠附加紧定螺钉或定位环等定位零件来实现。松键连接的对中性好，能保证轴与轴上零件有较高的同轴度，在高速及精密的连接中应用较多。

（1）松键连接的装配技术要求

1）保证键与键槽的配合要求：由于键是标准件，因此，键与键槽的配合性质是靠改变键槽的极限尺寸来得到的。

2）键与键槽应具有较低的表面粗糙度值。

3）键装入轴槽中应与槽底贴紧，在键长方向与轴槽应有 0.1 mm 的间隙。键的顶面与轮毂槽之间应有 0.3～0.5 mm 的间隙。

（2）松键连接的装配要点

单件小批量松键连接装配时，常用手工锉配，其要点如下。

1）清理键及键槽上的毛刺，以防配合后产生过大的过盈量，从而破坏配合精度。

2）对于重要的松键连接，装配前应检查键的直线度、键槽对轴线的对称度和平行度等。

3）对普通平键和导向平键，可用键的头部与轴槽锉配，使键较紧地嵌在轴槽中。

4）锉配键长，在键长方向，键与轴槽应有 0.1 mm 的间隙。

5）应在配合表面上加机油，用铜棒将键压装在轴槽中，应注意使键与槽底贴紧。

6）试配并安装旋转套件时，键与键槽的非配合表面应留有间隙，装配后的套件在轴上不允许有周向摆动，否则机器工作时，容易引起冲击和振动。

2. 紧键连接的装配

紧键连接（见图 2-1-56），又称楔键连接。楔键的上表面和与其相接触的轮毂槽底面，均有 1∶100 的斜度，键侧与轮毂槽有一定的间隙。装配时，将键打入而构成紧键连接，紧键连接能传递转矩，还能轴向固定零件和传递单方向轴向力。紧键连接的对中性较差，多用于对中性要求不高和转速较低的场合。有钩头的楔键称为钩头楔键，如图 2-1-57 所示，常用于不能从另一端将键打出的场合。

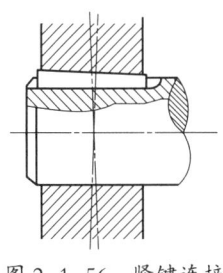

图 2-1-56 紧键连接

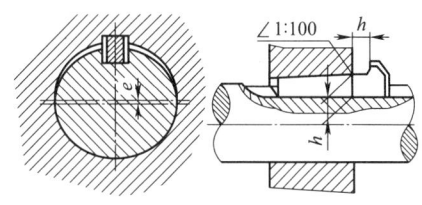

图 2-1-57 钩头楔键

（1）紧键连接的装配技术要求

1）楔键的斜度一定要与轮毂槽的斜度一致，否则套件会发生歪斜，同时也会降低连接强度。

2）楔键与槽的两侧应留有一定的间隙。

3）对于钩头楔键，不能使钩头紧贴套件的端面，必须留有一定的距离 h，以便拆卸。

（2）紧键连接的装配要点

装配紧键连接时，要用涂色法检查楔键上、下表面与键槽的接触情况，接触率应大于65%。若发现接触不良，则可用锉刀、刮刀修整键槽，合格后再将楔键轻轻敲入键槽，直至套件的周向、轴向都紧固可靠为止。

3. 花键连接的装配

花键连接的工作特点是多齿工作，轴的强度高，传递转矩大，对中性及导向性好，但制造成本高，适用于载荷大和同轴度要求较高的连接，在机床和汽车中应用较多。

花键连接按工作方式可分为静连接和动连接两种；按受载荷情况可分为两个系列：轻系列（用于轻载荷的静连接）和中系列（用于中等载荷）。花键按齿廓形状可分为矩形花键、渐开线形花键和三角形花键三种，其中矩形花键的齿廓是直线，容易制造，故目前采用较多。

（1）矩形花键连接的结构特点

1）花键要素。花键要素包括键数、小径、大径和键宽等。按照《矩形花键尺寸、公差和检验》（GB/T 1144—2001）中关于矩形花键基本尺寸系列的规定，矩形花键的键数 N 为偶数，常用范围为 4~20，小径 d 和大径 D 分别为花键配合时的最小直径和最大直径，键宽 B 为键或槽的基本尺寸，如图 2-1-58 所示。

2）花键的定心方式。花键定心方式即保证内、外花键同轴度的方法。按照《矩形花键尺寸、公差和检验》（GB/T 1144—2001）中的规定，矩形花键的定心方式为小径定心。其优点是定心精度高，定心稳定性好，能用磨削方法消除热处理变形，定心直径尺寸公差和位置公差都能获得较高的精度；同时，有利于以花键孔为基准的渐开线圆柱齿轮精度标准的贯彻。

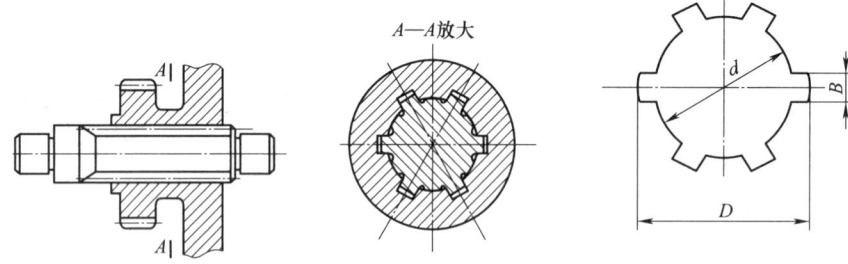

图 2-1-58 矩形花键连接

3）矩形花键的配合。矩形花键的配合包括定心直径与轴的小径配合、非定心直径与轴的外径配合以及键宽的配合。其关键配合性质与花键连接的定心方式、精度要求和连接的松紧等因素有关。

4）矩形花键连接标记见表 2-1-1。

表 2-1-1 矩形花键连接标记

花键规格	$N\times d\times D\times B$，如 $6\times 23\times 26\times 6$
花键副	$6\times 23\dfrac{H7}{f7}\times 26\dfrac{H10}{a11}\times 6\dfrac{H11}{d10}$ GB/T 1144—2001
内花键	$6\times 23H7\times 26H10\times 6H11$ GB/T 1144—2001
外花键	$6\times 23f7\times 26a11\times 6d10$ GB/T 1144—2001

（2）花键连接的装配要点

1）静连接装配。静连接时由于套件在花键轴上固定，因此，应保证配合后有少许的过盈量。装配时可用铜锤轻轻打入，但不得过紧，否则会拉伤配合表面。如果过盈量较大，则应将套件加热至 80～120℃ 后再行装配。

2）动连接装配。动连接装配应保证精确的间隙配合。总装前应先进行试装，在周向能调换齿的配合位置，且套件套在花键轴上各位置可以轴向自由滑动，没有阻滞现象，但也不能过松。用手摆动套件时，不应感觉有明显的周向间隙。

3）花键的修整。针对拉削后热处理的内花键，为消除热处理产生的微量缩小变形，可用花键推刀修整，也可用涂色法修整，以达到技术要求。

4）花键副的检验。花键连接装配后，应检查花键轴与套件的同轴度和垂直度误差。

4. 销连接的装配

销连接在机械中主要用于固定两个或两个以上零件之间的相对位置，如图 2-1-59a、图 2-1-59b 所示；也可用于连接零件，传递不大的载荷，如图 2-1-59c 所示；有时还可以作为安全装置中的过载剪断元件，如图 2-1-59d 所示。

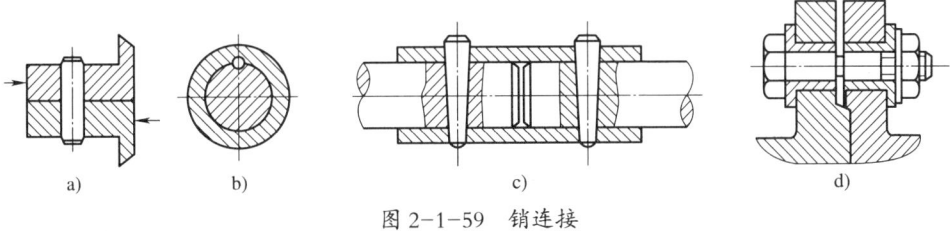

图 2-1-59 销连接

a)、b) 起定位作用　c) 起连接作用　d) 起保险作用

销是一种标准件,形状和尺寸都已标准化、系列化,大多数销使用 35 钢、45 钢制造。销的种类较多,应用广泛,其中应用最多的是圆柱销和圆锥销。

(1) 圆柱销的装配

圆柱销一般依靠少量过盈固定在孔中,用于固定零件、传递动力或作为定位元件。不同直径的圆柱销可按 n6,g6,h8 和 h9 四种偏差制造,并根据不同的配合要求选用。用圆柱销定位时,为了保证连接质量,被连接件的两孔应同时钻铰。此外,销孔的尺寸、形状、表面粗糙度要求均较高,孔壁的表面粗糙度值应低于 1.6μm。圆柱销装配时,应在销钉表面涂上机油,用铜棒轻轻打入销孔,也可用 C 形夹头将销钉压入销孔。

由于圆柱销孔经过铰削加工、多次装拆会降低定位精度和连接的紧固,因此,圆柱销不宜多次装拆。

(2) 圆锥销的装配

圆锥销具有 1:50 的锥度,它以小头直径和长度代表其规格,钻孔时以小头直径选用钻头。圆锥销定位准确、装拆方便,在横向力的作用下可保证自锁,一般多用于定位,以及需要经常装拆的场合。

圆锥销装配时,被连接件的两孔应同时钻铰,用 1:50 的锥度铰刀铰孔,用试装法控制孔径,以销钉可自由插入全长的 80%~85% 为宜。然后用锤子敲入,销的大头可稍微露出,或与被连接件表面平齐。

拆卸圆锥销时,可从小头向外敲出。有螺尾的圆锥销可用螺母旋出;拆卸带内螺纹的圆锥销时,可用拔销器拔出。

五、联轴器的装配

1. 凸缘式联轴器的装配要点

如图 2-1-60 所示,电动机与齿轮箱所使用的是凸缘式联轴器,在轴 1 和 4 上都要分别装入平键和凸缘盘 2 和 3。由于两部件的相互位置不一定能保证同轴度要求,因此,在安装时需要进行同轴度的检测和校准。此时要先固定其中一个部件(如齿轮箱)的位置,调整另一部件的位置,以保证两轴线的同轴度要求。比较方便的检验方法是采用径向、轴向联合检验法。当两半凸缘联轴器距离较小时,采用图 2-1-61a 所示检验方法,其外圆柱面用百分表检验,端面可使用塞尺检验其平行度误差(测量间

隙 Z)。如果两半凸缘联轴器相距较远（中间安装有连接件），则其端面平行度误差也可用百分表来检验，如图 2-1-61b 所示。

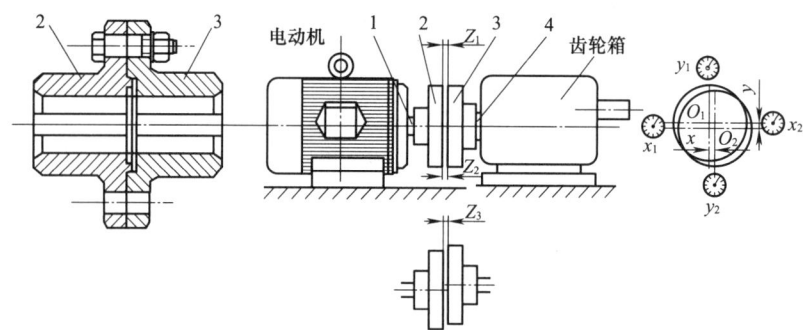

图 2-1-60　凸缘式联轴器的装配

1，4—轴　2，3—凸缘盘

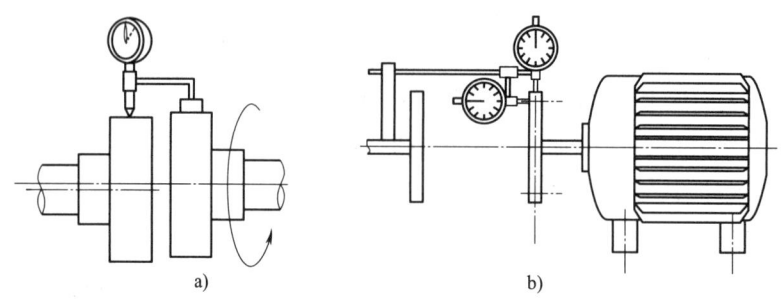

图 2-1-61　凸缘式联轴器同轴度误差的检验方法

a）两半凸缘联轴器相距较近时的检验方法　b）两半凸缘联轴器相距较远时的检验方法

很明显，要保证两轴的同轴度要求，必须具备两个先决条件。

（1）两半凸缘联轴器端面应与各自的轴线垂直。

（2）两半凸缘联轴器端面平行就会使两轴线平行（见图 2-1-60），此时只要调整 x、y 的值就能保证 O_1、O_2 的同轴度要求。

现在假定上述条件已经具备，且不考虑凸缘盘与轴的安装误差和轴向窜动，那么只转动其中一个轴，分别测出垂直方向上的 y_1、y_2 数值和水平方向的 x_1、x_2 数值，即可求得垂直方向上的偏移量为 $y=(y_1+y_2)/2$，而水平方向上的偏移量为 $x=(x_1+x_2)/2$。于是轴线的偏移可通过垂直移动距离 y 和水平移动距离 x 来消除。此时同轴度初步找正完毕。移动电动机部件，使凸缘盘 2 的凸台少许插进凸缘盘 3 的凹孔内；然后转动轴 4，用塞尺测量端面间隙（可在端面的上、下、前、后四个方向上测出四个数值），即可以调整两轴的平行度，这时可采用水平移动轴承位置和垫高或降低轴承位置的方法来消除轴线的偏斜。必须指出，采用图 2-1-61a 的测量方法时，径向和轴向两个调整过程是互相影响的，因而要反复调整；而采用图 2-1-61b 的方法时，调整就比较方便。

凸缘式联轴器的同轴度调整好之后，可移动电动机使两凸缘盘端面靠紧，然后固定电动机位置，最后用螺栓和螺母紧固两凸缘盘。

2. 滑块式联轴器的装配要点

滑块式联轴器的结构如图 2-1-62 所示。它是通过中间滑块 4 在其两侧套筒 2、5 端面的径向槽内滑动，以实现连接并获得补偿两轴线少量的径向偏移和歪斜的能力。装配时，分别在轴 1 和 7 上修配键 3 和 6，安装好套筒 2 和 5 后，把刀口形直尺放置在套筒 2 和 5 的外圆柱基准面上，使它们均匀接触（须在垂直和水平两个方向检验），找正后再安装中间滑块 4，同时移动轴 1 和 7，使套筒 2 和 5 及中间滑块 4 间留有少量间隙，要求中间滑块 4 在套筒 2 和 5 的槽内能自由滑动。

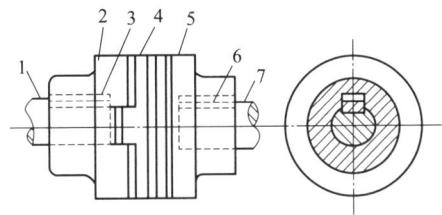

图 2-1-62　滑块式联轴器

1，7—轴　2，5—套筒　3，6—键　4—中间滑块

3. 联轴器在装配中可能遇到的四种情况

（1）两半联轴器既平行又同心，如图 2-1-63a 所示。

（2）两半联轴器平行但不同心，如图 2-1-63b 所示。

（3）两半联轴器虽然同心但不平行，如图 2-1-63c 所示。

（4）两半联轴器既不同心也不平行，如图 2-1-63d 所示。

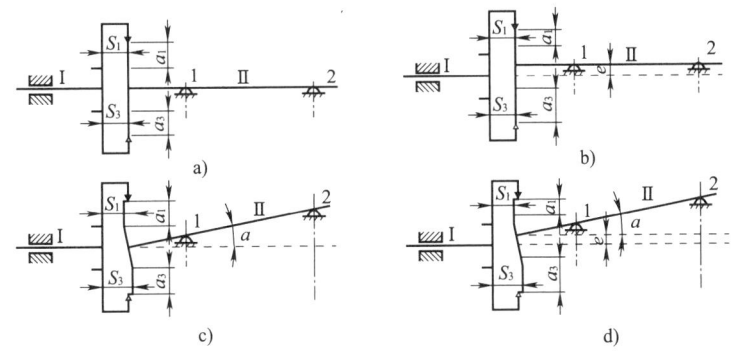

图 2-1-63　联轴器在装配中可能遇到的四种情况

a）两半联轴器既平行又同心　b）两半联轴器平行但不同心

c）两半联轴器虽然同心但不平行　d）两半联轴器既不同心也不平行

1，2—中心线　Ⅰ—输入端　Ⅱ—输出端　S_1—上端间隙　S_3—下端间隙

a_1—轴到上参考点距离　a_3—轴到下参考点距离

联轴器处于第一种情况是正确的,不需要调整;后三种情况都是不正确的,均需要调整。实际装配中常遇到的是第四种情况。

4. 联轴器找正的方法

联轴器找正的方法多种多样,常用的有以下几种。

(1)直尺塞规法

直尺塞规法是指利用直尺检验联轴器的同轴度误差,再利用塞规检验联轴器的平行度误差。这种方法简单,但误差大,一般用于转速较低、精度要求不高的机械。

(2)单表法

单表法近年来在国外应用较广泛。这种方法只测定轮毂的外圆读数,而不需要测定端面读数,操作测定仅用一个千分表,故称单表法。此方法对中精度高,不但能用于轮毂直径小且轴端距比较大的轴对中,而且又能用于多轴大型机组的轴对中。用这种方法进行轴对中还可以消除轴向窜动对找正精度的影响。这种方法操作方便,计算调整量简单,是一种比较好的轴对中方法。

5. 实际工作中联轴器的装配调整

一般实际安装联轴器时,先装好从动机,再安装主动机,找正时只需调整主动机即可。主动机是根据对两轴线同轴度测量结果的分析计算进行调整的。

联轴器同轴度的测量如图 2-1-64 所示。磁性座装在基准轴(从动机轴)上,而千分表依次装在同一磁性座的两根滑杆上,千分表第一次测出的是径向间隙 a_1,第二次测出的是轴向间隙 S_1。测量时,连接联轴器螺栓,先测出上方的 a_1、S_1,然后将两半联轴器向同一方向一起转动,依次转到 90°、180°、270° 三个位置上,分别测出 a_2、S_2、a_3、S_3、a_4、S_4。最后将测得的数值记录下来。

将联轴器再向前转,核对各位置的测量数值有无变动。如无变动,则可用恒等式 $a_1+a_3=a_2+a_4$,$S_1+S_3=S_2+S_4$ 检验测量结果是否正确。如实测数值代入恒等式后不等,且有较大偏差(大于 0.02 mm),则可肯定测量的数值是错误的,需要找出产生错误的原因,并纠正错误后重新测量,直到符合两恒等式为止。

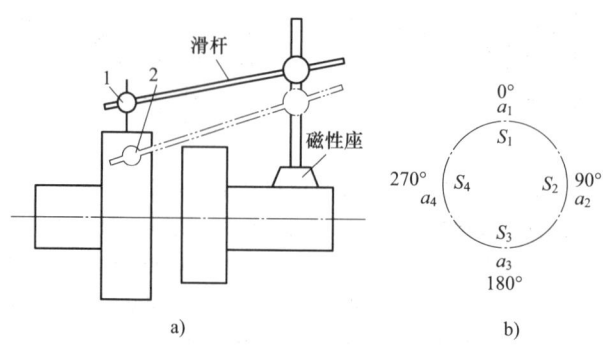

图 2-1-64 联轴器同轴度的测量

使两恒等式成立后，比较对称点两个径向间隙和轴向间隙的数值（如 a_1 和 a_3，S_1 和 S_3），如果对称点的数值相差不超过规定值（0.05～0.1 mm）时，则认为符合要求，否则就需要进行调整。对于精度不高或小型机械，可以采用逐次试加或试减垫片，以及左右敲打移动主机的方法进行调整；对于精密或大型机械，为了提高效率，应通过测量计算来确定增减垫片的厚度和水平方向的移动量。

现以两半联轴器既不平行又不同心的情况为例，说明联轴器找正时的计算与调整方法。水平方向找正的计算、调整方法与垂直方向相同。

如图 2-1-65 所示，Ⅰ为从动机轴（基准轴），Ⅱ为主动机轴。根据找正测量的结果，先使两半联轴器平行。由图 2-1-65a 可知，欲使两半联轴器平行，应在主动机轴的支点 2 下增加厚为 x 厚垫片，x 值可利用图 2-1-65a 中画有剖面线的两个相似三角形的比例关系计算得出。

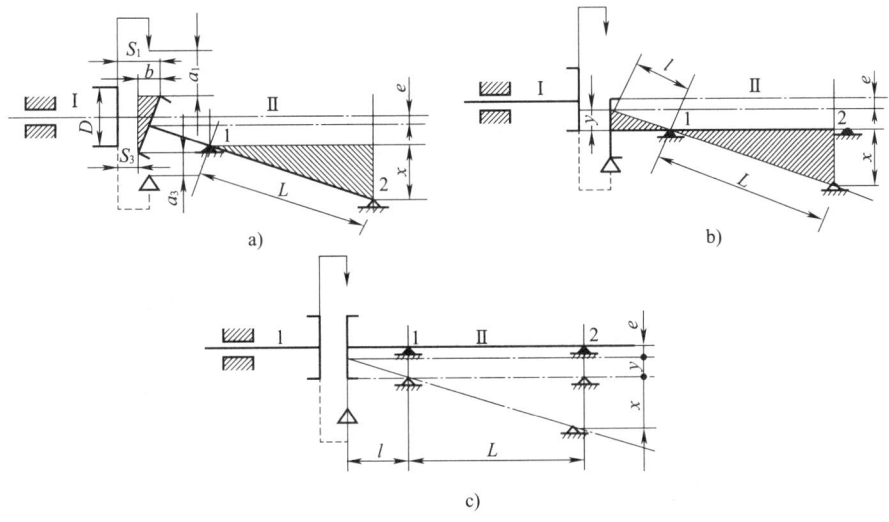

图 2-1-65 联轴器的找正方法

由于支点 2 垫高了，因此，轴Ⅱ将以支点 1 为支点转动，这时两半联轴器的端面虽然平行，但轴Ⅱ上半联轴器的中心却下降了高度 y，如图 2-1-65b 所示。y 值可利用图 2-1-65b 中画有剖面线的两个相似三角形的比例关系计算得出。

再将两半联轴器同心。由于 $a_1 > a_3$，原有径向位移量 $e = (a_1 - a_3)/2$，因此，两半联轴器的全部位移量为 $e+y$。为了使两半联轴器同心，应在轴Ⅱ的支点 1 和支点 2 下面同时增加厚度为 $e+y$ 的垫片。由此可见，为了使轴Ⅰ、轴Ⅱ两半联轴器既平行又同心，则必须在轴Ⅱ支点 1 下面加厚度为 $e+y$ 的垫片，在支点 2 下面加厚度为 $x+e+y$ 的垫片，如图 2-1-65c 所示。

按上述步骤将联轴器在垂直方向和水平方向调整完毕后，其径向偏移和角位移应在规定的偏差范围内。

6. 使用百分表测量同轴度

图 2-1-66 所示为百分表测量同轴度，具体步骤如下。

（1）将百分表基座安放在联轴器内其中一半联轴器的轴表面上，其指针应接触到另一半联轴器的外圈外圆表面上（见图 2-1-67）。

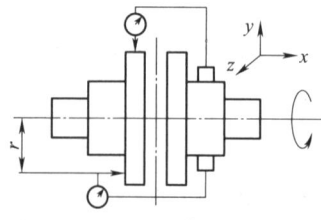

图 2-1-66　百分表测量同轴度

图 2-1-67　百分表安装位置

（2）开始时，将读数设置为零。假定起始点为 0°，这样在转过 270° 的过程中就可读出 $\delta_{90°}$、$\delta_{180°}$、$\delta_{270°}$ 的值（请注意其正负号）。那么在垂直方向对中心线的圆跳动就是 $\Delta r_y = \delta_{180°}/2$。

（3）在水平方向圆跳动是 $\Delta r_z = \delta_{90°} - \delta_{270°}$。最大跳动值为 $\Delta r = \sqrt{\Delta r_y^2 + \Delta r_z^2}$。

（4）将指针接到另一半联轴器的端部平面或制动盘表面上，并将值调为零。在转动 270° 的过程中可读出 $\delta_{90°}$、$\delta_{180°}$、$\delta_{270°}$ 的值，从而得到 Δa、Δb。其中 $\Delta a_y = \delta_{180°}$，$\Delta a_z = \delta_{90°} - \delta_{270°}$；角度偏差 $\Delta b_y = \arctan \Delta a_y / r$，$\Delta b_z = \arctan \Delta a_z / r$。

（5）根据 Δr_y、Δr_x，可以大致估算出电动机底座下垫片的厚度值和水平方向的平移量，而根据 Δa、Δb 则可以估算出 y 轴方向电动机的旋转量（前、后两组垫片高低差）和 x 轴方向的旋转量（左、右两组垫片高低差）。根据上述数值即可调整电动机位置直到各项参数均达到允许范围。

7. 卷筒联轴器同轴度的调整方法

（1）检验卷筒联轴器同轴度时，百分表基座安放在其中一半联轴器上，而指针应接到另一半联轴器的外圈上，如图 2-1-68 所示。

（2）开始时，将读数设置为零。这样在转过 270° 的过程中就可读出 $\delta_{180°}$ 的值（请注意其正负号）。同时测量测量点半径 r，以便后续计算。

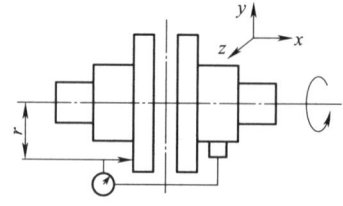

图 2-1-68　百分表检验卷筒联轴器同心度

（3）通过转换，就可以估算出卷筒联轴器的角度偏差 Δa 和 Δb。

（4）调整卷筒轴承座上的垫片厚度及轴承座的位置，即可调整同轴度偏差，直到满足要求为止。

（5）卷筒由减速器的低速轴支承，且减速器位于其中心，因此，卷筒和减速器之间只存在角度偏差和轴向偏差，不存在径向偏差。

六、过盈连接的装配

过盈连接通过包容件（孔）和被包容件（轴）配合后的过盈值达到紧固连接。装配后，轴的直径被压缩，孔的直径被扩大，材料发生弹性变形，在包容件和被包容件配合表面产生压力（见图2-1-69），并依靠此压力产生摩擦力来传递转矩和轴向力。

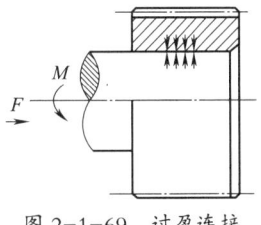

图 2-1-69 过盈连接

过盈连接结构简单，同轴精度高，承载能力强，能承受交变载荷和冲击力，同时可避免键连接中切削键槽而削弱零件强度。但过盈连接配合表面的加工精度要求较高，装配和拆卸较困难。机车轮心与轮箍、齿轮内孔与轮毂外圆的连接（见图2-1-70），都采用过盈连接。过盈连接的配合表面多为圆柱面，也有圆锥面和其他形式。

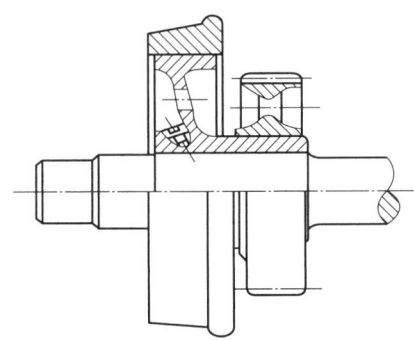

图 2-1-70 机车轮心与轮箍、齿轮内孔与轮毂外圆的连接

1. 过盈连接的装配技术要求

（1）有适当的过盈量

配合的过盈量是按连接要求的紧固程度确定的，过盈量太小不能满足传递转矩的要求，过盈量过大则造成装配困难。一般选择的过盈量应等于或稍大于连接所需的最小过盈量。

（2）有较高的配合表面精度

过盈连接配合表面应具有较高的位置精度和较小的表面粗糙度值。装配时需保证配合表面的清洁，装配中应注意保持轴、孔的同轴度，以保证装配后有较高的对中性。

（3）有适当的倒角

如图2-1-71所示，为了便于装配，孔端和轴的倒角 $\alpha=5°\sim10°$，a 和 A 的取值由直径大小决定，一般取 $a=0.5\sim3$ mm，$A=1\sim3.5$ mm。

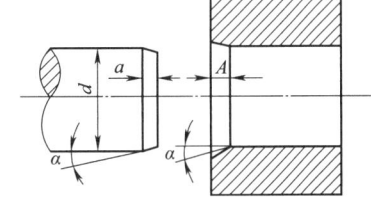

图 2-1-71 圆柱面过盈连接的倒角

2. 过盈连接的装配方法

（1）圆柱面过盈连接的装配

圆柱面过盈连接依靠轴、孔的尺寸差获得过盈量，根据过盈量大小的不同可采用压装、热装和冷装法装配。选用热装法和冷装法比选用压装法能多承受3倍的转矩和轴向力，并且不需要增加紧固件。

1）压装法。当过盈量及配合尺寸较小时，一般采用在常温下压入装配。常用压装法和设备如图2-1-72所示。

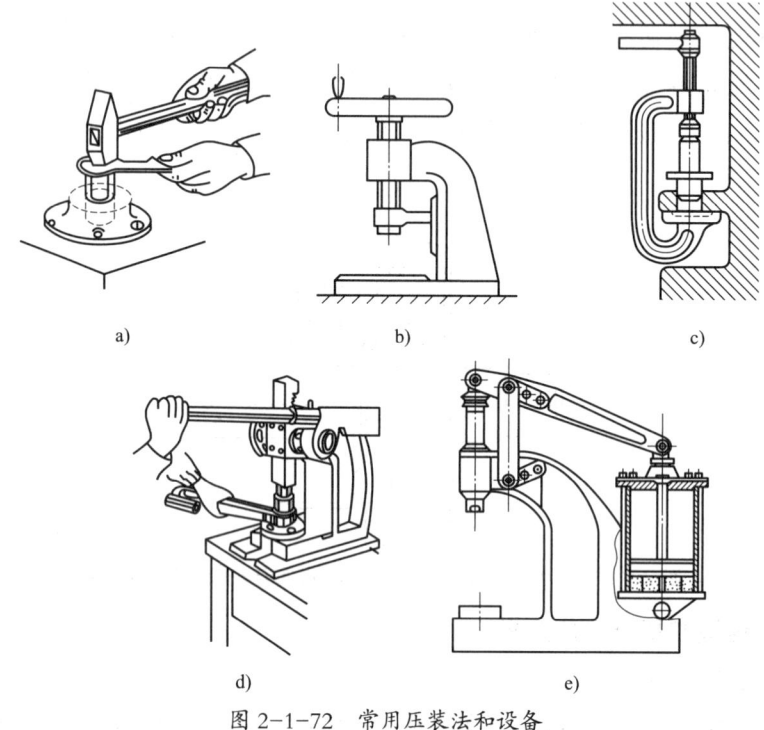

图 2-1-72 常用压装法和设备

a）用锤子和垫块压装　b）用专用螺旋压力机压装　c）用专用螺旋C形夹头压装
d）用齿条压力机压装　e）用气动杠杆压力机压装

图2-1-72a 所示为用锤子加垫块敲击压入的压装法，其方法简便，但导向性不好，常出现歪斜。此方法适用于 H/m、H/h、H/j、H/js 等配合要求低或配合长度较短的过渡配合连接，常用于单件生产。

图 2-1-72b～图 2-1-72d 分别为采用螺旋压力机、专用螺旋C形夹头和齿条压力机压装。用专用设备进行压装时，其导向性比敲击压装好，生产效率高。专用设备压装法一般适用于压装较紧的过渡配合和轻型过盈配合，如小型轮圈、轮毂、齿轮、套筒和一般要求的滚动轴承等，常用于小批量生产。

图 2-1-72e 所示为用气动杠杆压力机压装，压力范围为 $1\sim10^7$ N，配以适当的夹具可提高导向性。此方法适用于装配过盈配合的连接件，如车轮、飞轮、齿圈、轮毂、

连杆衬套、滚动轴承等，常用于批量生产中。

2）热装法。热装法又称红套法，是利用金属材料热胀冷缩的物理特性进行装配。其方法是将孔加热使其胀大，然后将轴装入胀大的孔中，待孔冷却收缩后，轴、孔就形成过盈连接。这样形成的配合件能传递轴向力、转矩或同时传递轴向力与转矩。热装法的加热方法由过盈量及套件尺寸的大小决定。过盈量较小的连接件可放在沸水槽（80～100 ℃）、蒸汽加热槽（120 ℃）和热油槽（90～320 ℃）中加热；过盈量较大的中、小型连接件可放在电阻炉或红外线辐射加热箱中加热；过盈量大的中、大型连接件可用感应加热器加热。

3）冷装法。冷装法是将轴低温冷却使其缩小，然后与常温下的孔进行装配的方法。对于过盈量小的小型连接件和薄壁衬套等装配，可采用干冰将轴件冷却至 -78 ℃，操作比较简单。对于过盈量较大的连接件，如发动机连杆衬套等，可采用液氮将轴件冷却至 -195 ℃，其冷缩时间短，生产效率比较高。

冷装法与热装法相比，收缩变形量较小，故多用于过渡配合，有时也用于过盈配合。

（2）圆锥面过盈连接的装配

圆锥面过盈连接利用轴和孔产生相对轴向位移互相压紧而获得过盈量，其特点是压合距离短，装拆时配合表面不易擦伤，装拆比较方便，但其配合表面的加工较困难，多用于需经常装拆的场合。圆锥面过盈连接常用的装配方法有如下两种。

1）螺母压紧形成圆锥面过盈连接。如图 2-1-73 所示，这种连接多用于轴端部位，拧紧螺母即可使配合表面压紧形成过盈连接。当配合表面的锥度小时，所需轴向力小，但不易拆卸；当锥度大时，拆卸方便，但轴向力增大。配合表面的锥度通常可取 1∶（8～30）。这种连接方法多应用于传递中、小转矩和经常拆卸的场合。

2）液压装拆圆锥面过盈连接。如图 2-1-74 所示，该连接是利用高压油液来进行装配。装配时，用高压油泵将油液由包容件或被包容件上的油孔和油沟压入配合表面之间。高压油液可使包容件内径胀大，被包容件外径缩小，施加一定的轴向力，就可使两者互相压入。当压入至预定的轴向位置后，排出高压油液，即可形成过盈连接。同样，也可利用高压油液来拆卸这种连接。

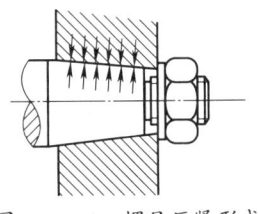

图 2-1-73　螺母压紧形成圆锥面过盈连接

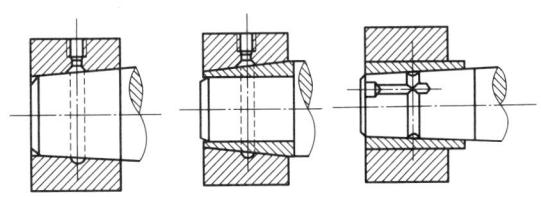

图 2-1-74　液压装拆圆锥面过盈连接

利用液压装拆圆锥面过盈连接时，不需很大的轴向力，配合表面也不易擦伤，但对配合表面的接触精度要求较高，并需要高压油泵等专用设备。这种方法多用于承载较大且需多次装拆的场合，尤其适用于大、中型零件的连接。

3. 过盈连接的装配要点

（1）注意清洁

装配前，要十分注意配合件的清洁。若需对配合件进行加热或冷却处理再装配时，则必须先将配合表面擦拭干净。

（2）注意润滑

采用压装法时，配合表面必须用油润滑，以免压入时擦伤表面，且压入速度不宜太快，一般为 2~4 mm/s，压入过程应连续，压入行程应控制精确。

（3）注意过盈量和形状误差

对于细长的薄壁件，要特别注意检查其过盈量和形状误差。装配时最好垂直压入，以防变形。

（4）工艺要点

液压装拆过盈连接的工艺要点如下。

1）装配前应清洗配合表面，并涂上经过过滤的轻质润滑油。

2）开始压入时速度应很小，压到规定值时暂停一下，待包容件逐渐扩大后，再继续压入到规定行程。

3）严格控制压入行程，公差一般为 ±0.20 mm。

4）相配合的接触面积应大于 80%，并且要接触均匀。

5）压入装配到位后，应先消除径向油压，再消除轴向油压，以免包容件弹出而造成事故。拆卸时同样应防止此类事故。

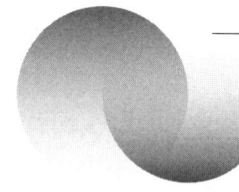

第二节 密封装置的装配

一、固定连接的密封

1. 密封胶密封

（1）密封面的处理

各密封面上的油污、水分、铁锈及其他污物应清理干净，并保证其应有的表面粗糙度，以便达到紧密结合的目的。

（2）涂覆

一般用毛刷涂覆密封胶，若黏度太大，则可用溶剂稀释。涂覆要均匀，不要过厚，以免挤入其他部位。

（3）干燥

涂覆后要进行一定时间的干燥，干燥时间可按照密封胶的说明进行，一般为3～7 min。干燥时间长短与环境温度和涂覆厚度有关。

（4）紧固连接

紧固时施力要均匀。由于胶膜越薄，黏附力越大，密封性能越好，所以紧固后间隙为0.06～0.10 mm比较适宜。当大于0.10 mm时，可根据间隙数值选用固体垫片结合使用。

2. 密合密封

由于配合的要求，在结合面之间不允许加垫片或密封胶时，常常依靠提高结合面的加工精度和降低表面粗糙度进行密封。这时，除了需要在磨床上进行精密加工外，还要进行研磨或刮研使其达到密合，其技术要求是有良好的接触精度且需进行不泄漏试验。机件在加工前，还需经过退火以消除内应力。在装配时注意不要损伤其配合表面。

3. 衬垫密封

承受较大工作载荷的螺纹连接零件，为了保证连接的紧密性，一般要在结合面之间加刚性较小的衬垫，如纸垫、橡胶垫、石棉橡胶垫、紫铜垫等。垫片的材料根据密封介质和工作条件选择。装配衬垫时，要注意密封面的平整和清洁，装配位置要正确，且应进行正确的预紧。维修时，如发现垫片已失去弹性或破裂，则应及时更换。

二、活动连接的密封

1. 填料密封

填料密封如图2-2-1所示，其装配工艺要点如下。

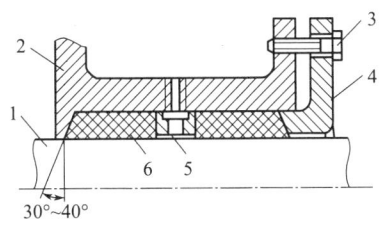

图2-2-1 填料密封
1—主轴 2—壳体 3—压盖螺钉 4—压盖
5—孔环 6—软填料

（1）软填料可以是一圈圈分开的，各圈在轴上不可强行张开，以免产生局部扭曲或断裂，相邻两圈切口应错开180°。软填料也可以做成条状，在轴上缠绕成螺旋形。

（2）当壳体为整体圆筒时，可用专用工具把软填料推入孔内。

（3）软填料由压盖压紧。为了使压力沿轴向尽可能均匀分布，以保证密封性能和磨损均匀，装配时，应从左到右逐步压紧。

（4）压盖螺钉应至少有两只，必须轮流逐步拧紧，以保证圆周力均匀。同时用手转动主轴，检查其接触的松紧程度，要避免压紧后再行松出。在负荷运转时，软填料允许有少量泄漏。运转后需继续观察，如泄漏增加，则应再缓慢均匀拧紧压盖螺钉（一般每次再拧进1/6～1/2圈）。但不应为实现完全不泄漏而压得太紧，以免摩擦功率消耗太大或发热烧坏。

2. 油封密封

油封（见图2-2-2）密封的装配要点如下。

（1）检查油封孔、壳体孔和轴的尺寸，壳体孔和轴的表面粗糙度是否符合要求，密封唇部是否损伤，并在唇部和主轴上涂以润滑油脂。

（2）压入油封要以壳体孔为准，不可偏斜，并应采用专用工具压入，绝对禁止棒打锤敲。壳体孔应有较大倒角。油封外座圈及壳体孔内应涂以少量润滑油脂。

（3）油封的装配方向，应使介质工作压力将密封唇部紧压在主轴上，不可装反。如果用于防尘，则应使密封唇部背向轴承。如果需同时解决防漏和防尘，则应采用双面油封。

（4）油封装入壳体孔后，应随即将其装入密封轴上。当轴端有键槽、螺钉孔、台阶等时，为防止油封刃口在装配中损伤，可采用导向套，如图2-2-3所示。

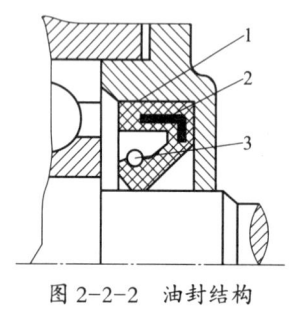

图2-2-2 油封结构

1—油封体 2—金属骨架 3—压紧弹簧

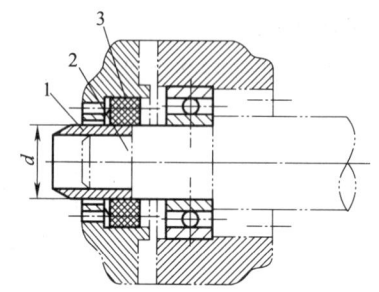

图2-2-3 防止油封刃口受伤的装配导向套

1—导向套 2—轴 3—油封

装配时要在轴上与油封刃口处涂润滑油，防止油封在初运转时发生干摩擦而使刃口烧坏，另外还应严防油封弹簧脱落。

油封的泄漏及防止措施见表2-2-1。

表2-2-1 油封的泄漏及防止措施

泄漏原因	原因分析	防止措施
密封唇部损伤或折叠	装配时与键槽、螺钉孔、台阶等的锐边接触，或毛刺未去除干净	去除毛刺、锐边，采用装配导向套，并注意保持密封唇部的正确位置
	轴端倒角不合适	倒角应为30°左右，并与轴颈光滑过渡
	包装、储藏、输送等工作未做好	油封未使用时不要拆开包装，避免堆积过多导致重叠，应储存在阴凉干燥处
密封唇部早期磨损或老化龟裂	密封唇部和轴的配合过紧	主轴线速度低时可加大过盈配合量，主轴线速度高时可减小过盈配合量
	拉紧弹簧径向压力过大	可改用较长的拉紧弹簧
	密封唇部与轴间润滑油不充分或无润滑油	加注润滑油
	油封与主轴线速度不适应	低速油封不能用于主轴线速度较高的场合
	前、后轴承孔的同轴度超差，导致主轴做偏心旋转；或油封使用温度不匹配	装配前应校正轴承的同轴度；根据需要选用耐热或耐寒的橡胶油封
油封与主轴或壳体孔未完全密封贴合	油液压力超过油封承受限度	油液压力较大时应采用耐压油封或耐压支承圈
	主轴或壳体孔尺寸超差	装配前应进行尺寸检查
	在主轴或壳体孔装油封处有油漆或其他杂质	装油封处应注意清洗并保持清洁
	装配不当	遵守装配规程

3. 密封圈密封

（1）O形圈的装配

在装配O形圈时应注意以下几点。

1）装配前须在O形圈上涂润滑油；装配时轴端和孔端应有15°～20°的引入角。当O形圈需通过螺纹、键槽、锐边、尖角等时，应采用装配导向套。

2）当工作压力超过一定值（一般为10 MPa）时，应安装挡圈，须特别注意挡圈的安装方向，确保单边受压，且应装于受压的反侧。

3）在装配时，应预先把需安装的O形圈如数备好，并放入油中，装配完毕后，如果有剩余的O形圈，则必须检查重装。

4)为防止报废 O 形圈的误用,装配时换下来的或装配过程中废弃的 O 形圈,必须立即剪断收回。

5)装配时不得过分拉伸 O 形圈,也不得使 O 形圈产生扭曲。

6)密封装置固定螺孔深度要足够,否则两密封面不能紧固封严,会产生泄漏,或在高压下挤坏 O 形圈。

(2)唇形圈的装配

唇形圈的装配应按下列要求进行。

1)唇形圈在装配前,首先要仔细检查唇形圈是否符合质量要求,特别是唇口处不应有损伤、缺陷等。其次仔细检查被密封部位相关尺寸精度和表面粗糙度是否达到要求,对被密封表面的表面粗糙度一般要求 $Ra \leqslant 1.6\ \mu m$。

2)装配唇形圈的有关部位,如缸体和活塞杆的端部,均需加工出 15°～30° 的倒角,以避免在装配过程中损伤唇形圈的唇部。

3)在装配唇形圈时,如果需要通过螺纹表面和退刀槽,则必须在通过部位套上专用套筒,或在设计时,使螺纹和退刀槽的直径小于唇形圈内径。反之,在装配唇形圈时,如果需要通过内螺纹表面和孔口,则必须使通过部位的内径大于唇形圈的外径或加工出倒角。

4)为减小装配阻力,在装配时,应在唇形圈与装入部位涂覆润滑脂。

5)在装配过程中,应尽力避免唇形圈有过大的拉伸,以免引起塑性变形。当装配现场温度较低时,为便于装配,可将唇形圈放入 60 ℃ 左右的热油中加热,但不可超过唇形圈的使用温度。

6)当工作压力超过 20 MPa 时,除复合唇形圈外,均须加挡圈,以防唇形圈挤出。挡圈均应装在唇形圈的根部一侧,当其随唇形圈装入缸体时,为防止挡圈斜切口被切断,放入槽沟后,需用润滑脂将斜切口黏结固定,再行装入。开口式挡圈在使用过程中,有时可能在切口处出现间隙,影响密封效果,因此,在一般情况下,应尽量采用整体式挡圈。聚四氟乙烯制作的挡圈一旦拉伸,要恢复原尺寸,需要较长时间,因此不应该将拉伸后装入活塞上的挡圈立即装入缸体内,须等待尺寸复原后再行装配。

4. 机械密封

机械密封在装配时,必须注意如下事项。

(1)按照图样技术要求检查主要零件是否符合规定,如轴的表面粗糙度、动环及静环密封面的表面粗糙度和平面度等。

(2)找正静环端面,使其与轴线的垂直度误差小于 0.05 mm。

（3）必须使动、静环具有一定的浮动性，以便在运动过程中能适应影响端面接触的各种偏差，这是保证密封性能的重要条件。浮动性取决于密封圈的准确装配、与密封圈接触的主轴或轴套的表面粗糙度、动环与轴的径向间隙以及动、静环接触面上的摩擦力大小等，此外，还要求动、静环有足够的弹簧力。

（4）需将主轴的轴向窜动、径向跳动和压盖与轴的垂直度误差限制在规定范围内，否则将导致泄漏。

（5）在装配过程中应保持清洁，特别是主轴装置的密封部位不得有锈蚀，动、静环端面应无任何异物或灰尘。

（6）在装配过程中，不允许用工具直接敲击密封件。

第三节 电动机、减速箱、制动器等的基础安装

一、安装基础

1. 设置垫板

在电动机、减速箱、制动器底座和基础表面间放置垫板的作用是：利用调整垫板的高度可以校正设备的标高和水平；通过垫板可把电动机、减速箱、制动器的质量和工作载荷均匀地传给基础表面；在特殊情况下，也可以通过垫板校正机械底座的变形。垫板材料为普通钢板或铸铁，其类型如图 2-3-1 所示，可分为平垫板、斜垫板、可调垫板和开口垫板。

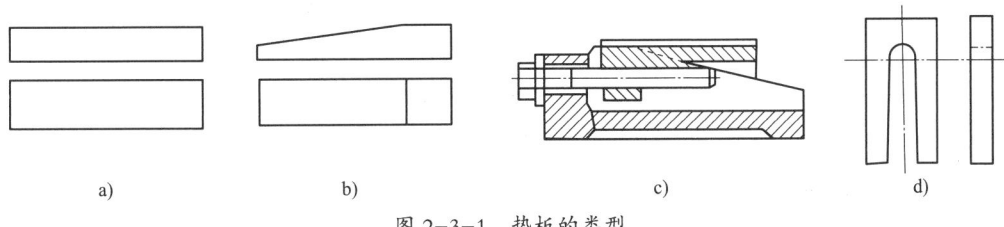

图 2-3-1 垫板的类型
a）平垫板 b）斜垫板 c）可调垫板 d）开口垫板

2. 垫板的放置方法

（1）标准垫法

标准垫法如图 2-3-2a 所示。标准垫法是最常用的垫法，它是将垫板放在地脚螺栓的两侧，这也是放置垫板的基本原则。

（2）十字垫法

十字垫法如图 2-3-2b 所示。当底座小、地脚螺栓间距近时，使用这种方法。

（3）筋底垫法

筋底垫法如图 2-3-2c 所示。当电动机、减速箱、制动器底座下部有筋时，必须将垫板垫在筋底下。

（4）辅助垫法

辅助垫法如图 2-3-2d 所示。当地脚螺栓间距太远时，中间要加一个辅助垫板。一般垫板间允许的最大距离为 500～1 000 mm，应根据现场实际情况确定。

（5）混合垫法

混合垫法如图 2-3-2e 所示。混合垫法需根据底座的形状和地脚螺栓间距的大小来放置垫板。

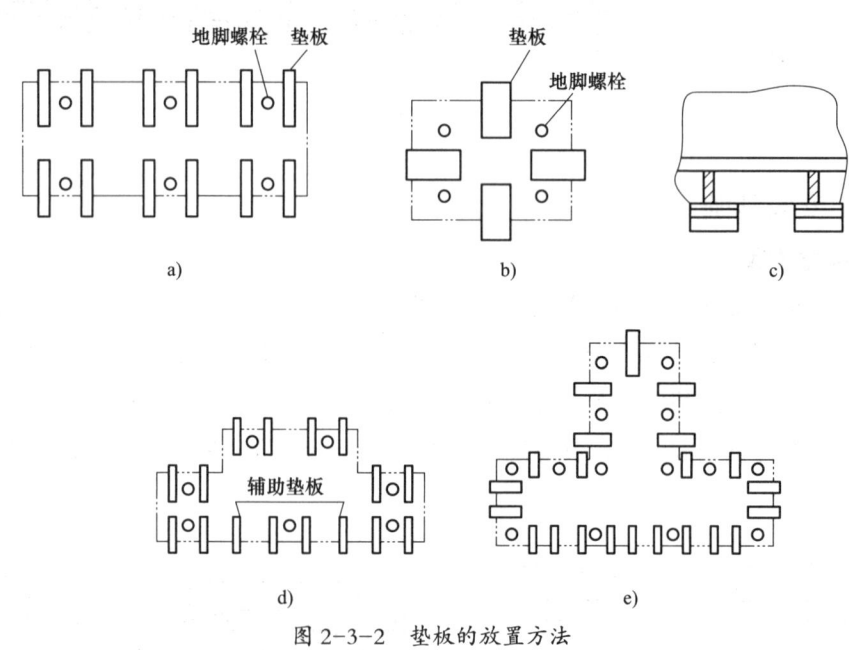

图 2-3-2　垫板的放置方法

a）标准垫法　b）十字垫法　c）筋底垫法　d）辅助垫法　e）混合垫法

3. 放置垫板的注意事项

（1）垫板的高度应为 0.5～10 mm，过高将影响设备的稳定性，过低则不易固定牢固。

（2）为了更好地承受压力，垫板与基础表面必须紧密贴合。

（3）电动机、减速箱、制动器底座下面有向内的凸缘时，垫板要安放在凸缘下面。

（4）电动机、减速箱、制动器找平后，平垫板应露出设备底座外缘 2～10 mm，斜垫板应露出 2～10 mm，以利于调整。

（5）每组垫板以 3 块为宜，厚垫板放置在底部，薄垫板放置在上层，最薄的放置在中间。拧紧地脚螺栓后，每组垫板的压紧程度必须一致，不允许有松动现象。

（6）在电动机、减速箱、制动器找正后，如果是钢垫板，则必须将每组垫板都以点焊的方法焊接在一起。

（7）在放置垫板时，还必须考虑基础表面的承压能力。一般情况下，通过垫板传到基础表面上的压力应为 1.2～1.5 MPa。某些电动机、减速箱、制动器安装使用垫板的数量和形状在说明书或设计图上均有规定，且随同电动机、减速箱、制动器已配置有垫板，安装时必须根据图样规定进行。

二、电动机、减速箱、制动器的吊装、找正、找平、找标高

1. 电动机、减速箱、制动器的吊装

电动机、减速箱、制动器从场地沿水平和垂直方向运到基础表面上就位的整个过程称为吊装。吊装从两方面着手：一是起重机械的选择应因地制宜；二是零部件的捆绑要牢靠，索具选用要安全可靠，当采用多绳捆绑时，每根绳索受力应均匀，防止载荷集中。

2. 电动机、减速箱、制动器的找正、找平、找标高

（1）找正

找正是为了将电动机、减速箱、制动器安装在设计的中心线上，以保证生产的连续性。安装找正前，必须根据安装中心线找正。

（2）找平

电动机、减速箱、制动器是用平尺或方水平尺进行找平，检验中发现不水平时，需通过调节垫片校正。被检平面应选择精加工面。

（3）找标高

标高应根据基准点用水准仪或激光仪来测量。按照设计要求，可通过增减垫板调整电动机、减速箱、制动器的标高与水平，也可拨动这些设备，使其中心位置符合设计要求；最后紧固地脚螺栓，方可完成安装工作。

找平、找正、找标高虽然是各不相同的作业，但对电动机、减速箱、制动器的安装来说，它们是互相关联的。例如，调整水平时可能使设备偏移而需重新找正，而调整标高时又可能影响水平，调整水平时又可能变动了标高。因此，要进行综合分析，做到彼此兼顾。

第四节 圆柱齿轮传动机构的装配

装配圆柱齿轮传动机构，一般是先把齿轮装在轴上，再把齿轮轴部件装入箱体中。

一、齿轮与轴的装配

齿轮在轴上进行工作，轴上安装齿轮（或其他零件）的部位应光洁并符合图样要求。齿轮在轴上可以空转、滑移或与轴固定连接，图 2-4-1 所示为常见的几种齿轮在轴上的结合方式。

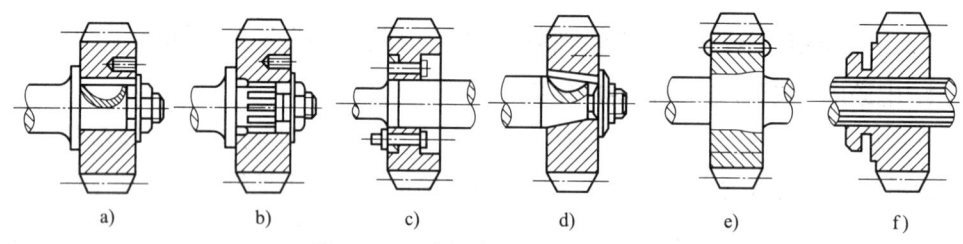

图 2-4-1　齿轮在轴上的结合方式
a）圆柱轴颈和半圆键　b）花键　c）螺栓法兰　d）圆锥轴颈和半圆键
e）带固定铆钉的压配　f）与花键滑配

在轴上空转或滑移的齿轮，与轴之间采用隙配合，装配后的精度主要取决于零件本身的加工精度，这类齿轮的装配比较方便。装配后，齿轮在轴上不得有晃动现象。

在轴上固定的齿轮，通常与轴有少量过盈配合（多数为过渡配合），装配时需施加一定外力。压装时，要避免齿轮歪斜和产生变形。若配合的过盈量不大，则可用手工工具敲击压装；若过盈量较大，则可用压力机压装。

在轴上安装的齿轮，常见的装配误差为齿轮的偏心、歪斜和端面未贴紧轴肩（见图 2-4-2）。

精度要求高的齿轮传动机构，在压装后需要检验其径向圆跳动和端面圆跳动误差。检验径向圆跳动误差的方法如图 2-4-3 所示。将齿轮轴放置在 V 形架或两顶尖上，使轴和平板平行，把圆柱规放在齿轮的轮齿间，将百分表测量头抵在圆柱规上，从百分表得出一个读数。然后转动齿轮，每隔 3~4 个轮齿再重复进行一次测量，百分表最大读数与最小读数之差，就是齿轮分度圆上的径向圆跳动误差。

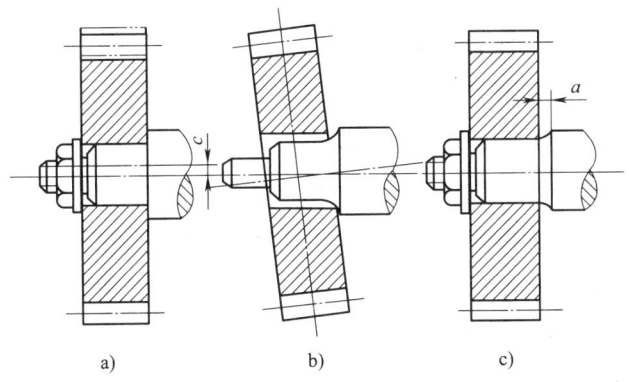

图 2-4-2　齿轮在轴上的装配误差

a）齿轮偏心　b）齿轮歪斜　c）齿轮端面未贴紧轴肩

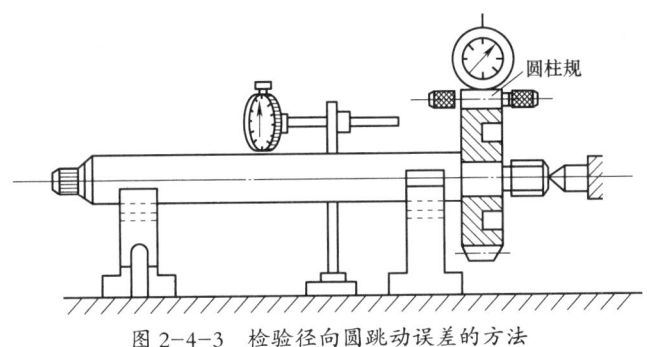

图 2-4-3　检验径向圆跳动误差的方法

检验端面圆跳动误差，可以使用顶尖将轴顶在中间，使百分表测量头抵在齿轮端面上，如图 2-4-4 所示。在齿轮轴旋转一周范围内，百分表的最大读数与最小读数之差为齿轮端面圆跳动误差。

这里还要指出，安装在非剖分式箱体内的传动齿轮，若将齿轮先装在轴上，则不便或不能安装在箱体中。该机构齿轮与轴的装配是在装入箱体的过程中同时进行的，装配方法与上面讲的轴安装齿轮类似。

齿轮与轴采用锥面结合（见图 2-4-5），常用于定心精度较高的场合。装配前，用涂色法检查内、外锥面的接触情况，贴合不良的可用三角刮刀进行修正。装配后，轴端与齿轮端面应有一定的间隙 Δ。

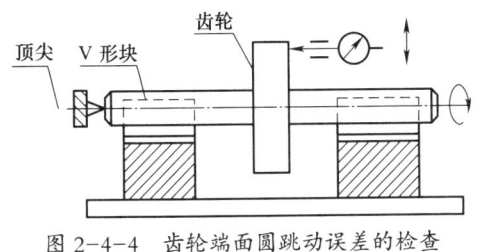

图 2-4-4　齿轮端面圆跳动误差的检查

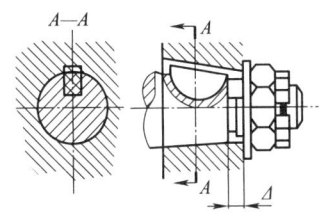

图 2-4-5　齿轮与轴为锥面结合

二、将齿轮轴部件装入箱体

将齿轮轴部件装入箱体，是一个极为重要的工序，其装配方式应根据轴在箱体中的结构特点而定。为了保证质量，装配前应检验箱体的主要部位是否达到规定的技术要求。检验内容主要有：孔和平面的尺寸精度及几何形状精度，孔和平面的表面粗糙度及外观质量，孔和平面的相互位置精度。前两项检验比较简单，本节将重点介绍孔和平面相互位置精度的检验方法。

1. 同轴线孔的同轴度误差检验

在批量生产中，可用专用检验芯棒检验同轴线孔的同轴度误差，若检验芯棒能自如地推入几个孔中，表明孔的同轴度误差在规定的范围之内。对精度要求不高的孔，为减少专用检验芯棒的数量，可使用几副不同外径的检验套配合检验（见图2-4-6）。若要确定同轴度误差值，则可用检验芯棒及百分表检验（见图2-4-7）。在两孔中装入专用套，将检验芯棒插入套中，再将百分表固定在检验芯棒上，转动检验芯棒即可测出同轴度误差值。

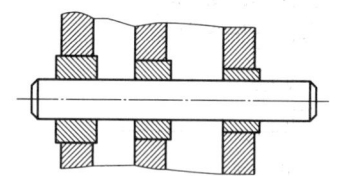

图2-4-6 用检验芯棒配合不同外径的检验套检验同轴线孔的同轴度误差

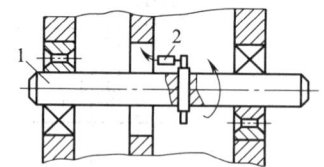

图2-4-7 用检验芯棒和百分表检验同轴线孔的同轴度误差
1—检验芯棒 2—百分表

2. 孔距精度和孔系相互位置精度检验

（1）孔距精度的检验

如图2-4-8a所示，孔距常用千分尺或游标卡尺测得 L_1 或 L_2、d_1 及 d_2 的实际尺寸，再计算出实际的孔距 a，即

$$a=L_1+\left(\frac{d_1}{2}+\frac{d_2}{2}\right)$$

或

$$a=L_2-\left(\frac{d_1}{2}+\frac{d_2}{2}\right)$$

也可用图2-4-8b所示方法检验孔距，即

$$a=\frac{M_1+M_2}{2}-\frac{d_1+d_2}{2}$$

（2）孔系（轴系）平行度误差的检验

如图2-4-8b所示，分别测量检验芯棒两端的尺寸 M_1 和 M_2，其差值 M_1-M_2 就是两轴孔轴线在所测长度内的平行度误差。

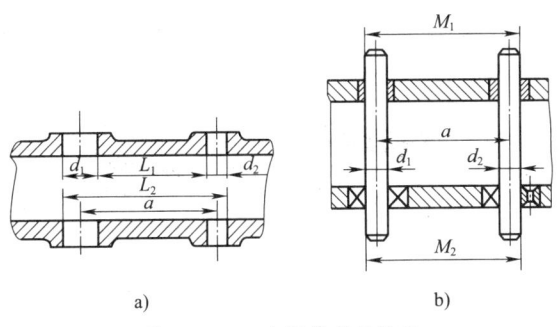

图 2-4-8 孔距精度的检验

a）用游标卡尺测量孔距　b）用游标卡尺和检验芯棒测量孔距

（3）轴线与基础表面尺寸精度和平行度误差的检验

箱体基础表面用等高垫块支承在平板上，将检验芯棒插入孔中，如图 2-4-9 所示。用高度游标卡尺（或量块和百分表）测量检验芯棒两端尺寸 h_1 和 h_2，则轴线与基础表面的距离为

$$h=\frac{h_1+h_2}{2}-\frac{d}{2}-a$$

平行度误差为

$$\Delta=h_1-h_2$$

（4）轴线与孔端面垂直度误差的检验

如图 2-4-10a 所示，将带有检验圆盘的检验芯棒插入孔中，用涂色法或塞尺可检验轴线与孔端面的垂直度误差；也可用图 2-4-10b 所示的方法进行检验，检验芯棒转动一周，百分表指示的最大值与最小值之差，即为端面对轴线的垂直度误差。

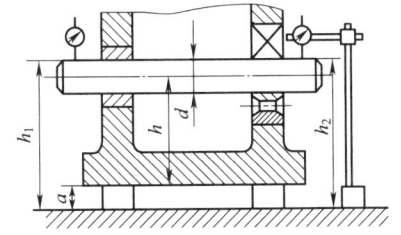

图 2-4-9 轴线与基础表面尺寸精度的检验

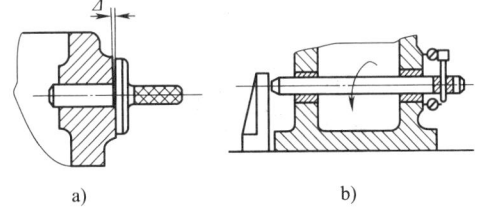

图 2-4-10 轴线与孔端面垂直度误差的检验

3. 接触精度的检验和调整

齿轮轴部件装入箱体后，要检验齿轮副的啮合质量，包括检查齿的接触斑点和测量侧隙的大小。为了提高接触精度，通常以轴承作为调整的关键环节，通过刮削轴瓦或微量调节轴承座的位置，对轴线平行度误差进行调整，使接触精度达到规定要求。当接触斑点的位置正确但面积过小时，可在齿面上加研磨剂使两齿轮转动进行研磨，

以达到所需的接触斑点百分比要求。渐开线圆柱齿轮接触斑点的位置如图 2-4-11 所示，产生原因及其调整方法见表 2-4-1。

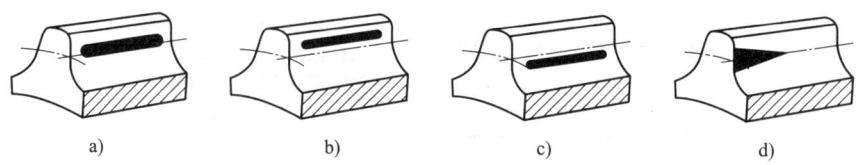

图 2-4-11 渐开线圆柱齿轮接触斑点的位置
a）正常接触 b）中心距太大 c）中心距太小 d）中心距歪斜

表 2-4-1 渐开线圆柱齿轮接触斑点的产生原因及调整方法

接触斑点	原因分析	调整方法
正常接触		
同向偏接触	两齿轮轴线不平行	可在中心距公差范围内刮削轴瓦或调整轴承座
导向偏接触	两齿轮轴线歪斜	
单面偏接触	两齿轮轴线不平行或同时歪斜	
游离接触，在整个齿圈上接触区由一边逐渐移至另一边	齿轮端面与回转中心线不垂直	检验并校正齿轮端面与回转中心线的垂直度误差
不规则接触（有时为齿面点接触，有时在端面边线上接触）	齿面有毛刺、碰伤或隆起	去除毛刺，修整齿面
接触较好，但不太规则	齿圈径向跳动太大	检验并消除齿圈的径向圆跳动误差

测量齿轮副侧隙有以下两种方法。

（1）用压熔断丝测量

如图 2-4-12 所示，在齿面沿齿长两端并垂直于齿长方向，放置两条熔断丝，宽齿时放置 3~4 条。熔断丝的直径不宜大于齿轮副规定的最小极限侧隙的 4 倍。经齿轮滚动挤压后，测量熔断丝最薄处的厚度，即为齿轮副的侧隙。

（2）用百分表测量

测量小模数齿轮副的侧隙时，可采用图 2-4-13 所示装置。将一个齿轮固定，在另一个齿轮 1 上装上夹紧杆 2，然后逆时针转动与百分表 3 测量头相接触的齿轮，得到表针摆动的读数 C。根据分度圆半径 R 及测量点的中心距 L，可求出侧隙为

$$j = C\frac{R}{L}$$

齿轮副侧隙能否符合要求，除与齿轮加工的因素外，与中心距误差密切相关。侧隙同时还会影响接触精度，因此，一般要与接触精度结合起来调整中心距，使侧隙符合要求。

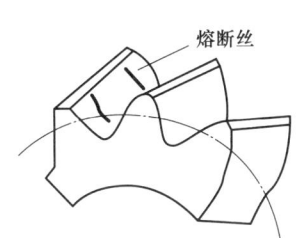

图 2-4-12 用压熔断丝测量侧隙

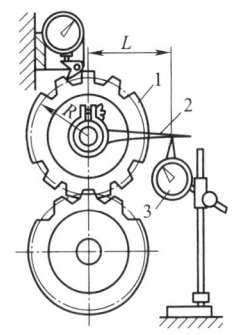

图 2-4-13 测量小模数齿轮副的侧隙
1—齿轮 2—夹紧杆 3—百分表

三、验收

1. 装配后验收，应先进行空负荷试验，按规定转速运转，正、反两个方向运转时间各不得少于 2 h。

2. 空负荷试验合格后应进行负荷试验。负荷试验当中，除试验时应达到所要求的接触面积之外，还应达到下列要求。

（1）启动电动机时，减速器没有跳动、撞击和不正常的噪声，响声均匀。

（2）各密封处和接合处不得有漏油、渗油现象。

（3）各紧固处和连接处不得松动。

（4）减速器内润滑油温度不应高于规定的环境温度，并且其绝对值不应大于 80 ℃。

（5）减速器的负荷试验也应正、反两个方向分别进行，运转时间以油温稳定为准，但不得少于 3 h。

第五节 蜗杆传动机构的装配

一、蜗杆传动机构箱体的装配前检验

为了确保蜗杆传动机构的装配要求,在蜗杆、蜗轮装配前,先要对蜗杆孔轴线与蜗轮孔轴线的中心距误差和垂直度误差进行检验。检验孔中心距可按图 2-5-1 所示的方法进行。检验时,将检验芯棒 1 和 2 分别插入箱体孔中。箱体用三个千斤顶支承在平板上,调整千斤顶,使其中一个检验芯棒与平板平行,用百分表在该检验芯棒两端最高点上检验,再用两组量块通过相对测量法测量两检验芯棒至平板的距离,即可计算得出中心距 a。

检验轴线垂直度误差,可采用图 2-5-2 所示检验方法。检验时将检验芯棒 1 和 2 分别插入箱体孔中,在检验芯棒 2 的一端套装百分表摆杆,用螺钉固定,旋转检验芯棒 2,百分表上的读数差即为轴线的垂直度误差。

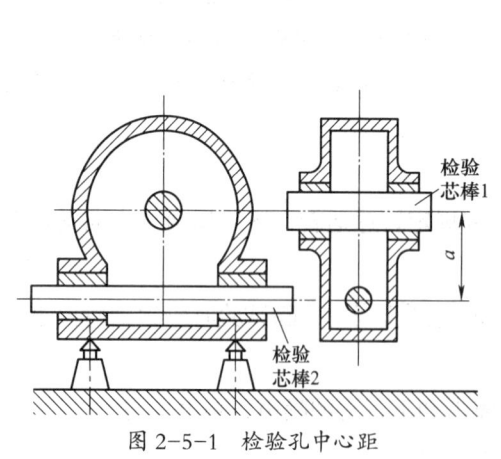

图 2-5-1 检验孔中心距

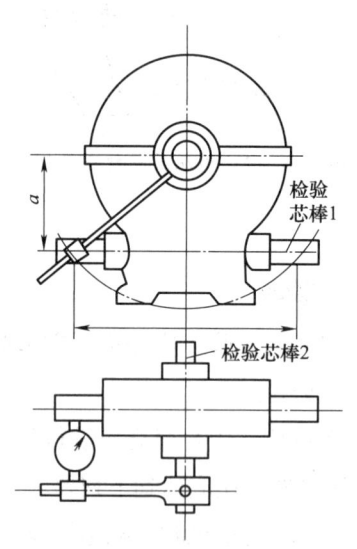

图 2-5-2 检验轴线垂直度误差

二、蜗杆传动机构的装配

蜗杆传动机构的装配顺序,按其结构特点的不同,有的先装蜗轮,后装蜗杆;有的则相反。一般情况下,装配工作是从装配蜗轮开始的,其步骤如下。

1. 将蜗轮齿圈压装在轮毂上,并用螺钉加以紧固(见图 2-5-3)。

2. 将蜗轮装在轴上,安装和检验方法与圆柱齿轮相同。

3. 把蜗轮轴装入箱体,然后再安装蜗杆。一般蜗杆轴线的位置是由箱体安装孔所确定的,因此,蜗轮的轴向位置可通过改变垫片厚度或其他方式进行调整。

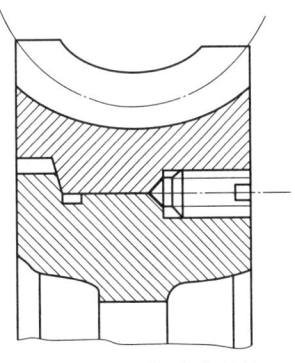

图 2-5-3 组合式蜗轮

4. 将蜗轮、蜗杆装入蜗杆箱后,先用涂色法检验蜗杆与蜗轮的相互位置以及啮合的接触斑点。将红丹粉涂在蜗杆螺旋面上,给蜗轮以轻微阻尼,转动蜗杆,根据蜗轮轮齿上的痕迹判断啮合质量。正确的接触斑点位置应在中部稍偏蜗杆旋出方向,如图 2-5-4a 所示。对于图 2-5-4b、图 2-5-4c 所示情况,应调整蜗轮的轴向位置(如改变垫片厚度等)。

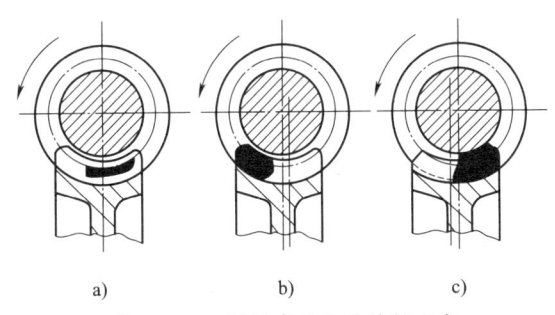

图 2-5-4 蜗轮齿面上的接触斑点

装配蜗杆传动机构的过程中,可能产生的三种误差为蜗杆轴线与蜗轮轴线的交角误差、中心距误差、蜗轮对称中间平面与蜗杆轴线的偏移误差,如图 2-5-5 所示。

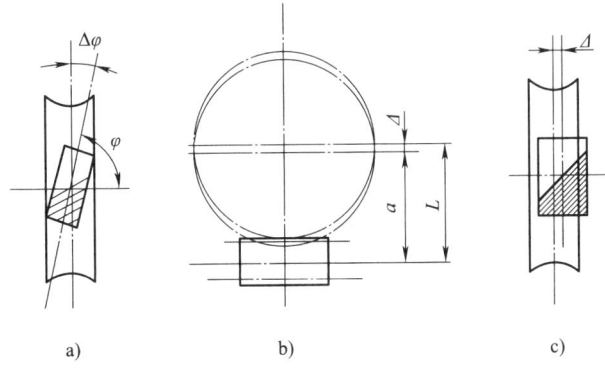

图 2-5-5 蜗杆传动机构的不正确啮合情况

a) 蜗杆轴线与蜗轮轴线的交角误差 b) 中心距误差

c) 蜗轮对称中间平面与蜗杆轴线的偏移误差

蜗杆副在承受载荷时，如果出现不正确接触并产生异常斑点，则可按表 2-5-1 所列方法调整。

表 2-5-1 蜗轮齿面接触斑点的产生原因及调整方法

序号	接触斑点	症状	原因分析	调整方法
1		正常接触		
2		左、右齿面对角接触	中心距过大或蜗杆轴线歪斜	调整蜗杆座位置（缩小中心距）调整（或修整）蜗杆表面
3		中间接触	中心距过小	调整蜗杆座位置（增大中心距）
4		下端接触	蜗杆座安装偏下	调整蜗杆座（向上）
5		上端接触	蜗杆座安装偏上	调整蜗杆座（向下）
6		带状接触	蜗杆径向跳动误差大、加工误差大	调换蜗杆轴承（或修刮轴瓦）、调换蜗轮或跑合
7		齿面接触	蜗杆与最终加工刀具齿形不一致	调换蜗杆或蜗轮重新加工（在中心距有充分条件下）
8		齿顶接触	蜗杆与最终加工刀具齿形不一致	调换蜗杆或蜗轮重新加工（在中心距有充分条件下）

三、蜗杆传动机构啮合质量的检验

由于蜗杆传动的结构特点，其侧隙（见图 2-5-6）用塞尺或压铅片的方法测量是有困难的。对于不太重要的蜗杆传动机构，有经验的钳工可以用手转动蜗杆，并根据蜗杆的空程量判断侧隙大小。要求较高的蜗杆传动机构，其侧隙则要用百分表进行测量。

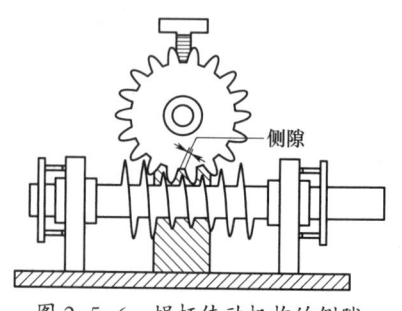

图 2-5-6 蜗杆传动机构的侧隙

如图 2-5-7 所示，在蜗杆轴上固定一带量角器的刻度盘，用百分表测量头顶在蜗轮齿面上，手转蜗杆，在百分表指针不动的前提下，用刻度盘相对于固定指针的最大空程角来判断侧隙大小。如果百分表与蜗轮齿面直接接触有困难，则可在蜗轮轴上装一测量杆。

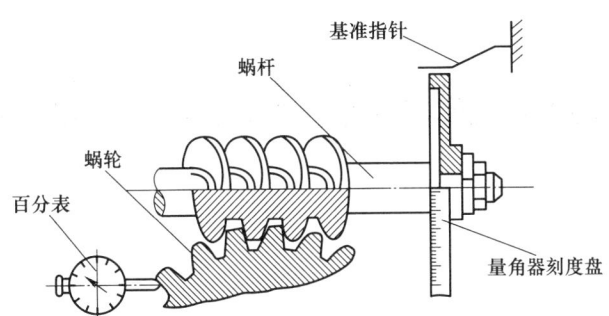

图 2-5-7 蜗杆传动机构侧隙的测量

装配蜗杆传动机构后，还要检查它的转动灵活性。蜗轮在任何位置上，用手轻而缓慢地旋转蜗杆时，所需的转矩均应相同，且没有忽松忽紧和咬住现象。

四、验收

1. 装配后验收，应先进行空负荷试验，按规定转速运转，正、反两个方向运转时间各不得少于 2 h。

2. 空负荷试验合格后应进行负荷试验。负荷试验当中，除试验时应达到所要求的接触面积之外，还应达到下列要求。

（1）启动电动机时，减速器没有跳动、撞击和不正常的噪声，响声均匀。

（2）各密封处和接合处不得有漏油、渗油现象。

（3）各紧固处和连接处不得松动。

（4）减速器内润滑油温度不应高于规定的环境温度，并且不大于 80 ℃。

（5）减速器的负荷试验也应正、反两个方向分别进行，运转时间以油温稳定为准，但不得少于 3 h。

第三章
电动装卸机械机构的检修与调整

第一节 起升机构的部件装配与修理

一、滑轮与滑轮组的装配

1. 单个滑轮组装程序

单个滑轮组装图如图 3-1-1 所示,其程序如下。

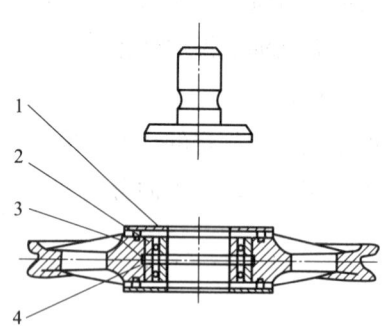

图 3-1-1 单个滑轮组装图
1—压盖 2—轴承 3—胀圈 4—间隔环

（1）将非加工表面已刷底漆的滑轮内孔及沟槽清理干净,放置于工作台上。

（2）将清理好的胀圈装入滑轮槽内。

（3）将轴承用铜锤轻轻打正,然后用胎具打入或用压力机压入。

（4）翻转滑轮,放入间隔环,安装另一端轴承。

(5)给已装入的两轴承加润滑脂。

(6)安装两端压盖。

2. 滑轮检测技术要求

(1)间隔环内槽要清理干净,油孔通畅。

(2)间隔环要压靠在轴承端面上。

3. 滑轮组装配程序

滑轮组装配图如图3-1-2所示,其程序如下。

(1)将已组装好的滑轮部件平放在装配台上并对中孔。

(2)装上隔套,再安装另一组滑轮。

(3)在滑轮轴端装入引帽,然后装入滑轮孔中。

(4)在轴端加上垫胎,锤击打入或用压力机将其压入。

(5)翻转滑轮组装配件,安装止动垫圈和圆螺母。

4. 滑轮组安装技术要求

(1)轴上滑轮油孔与间隔环油槽应对准,并保持油路通畅。

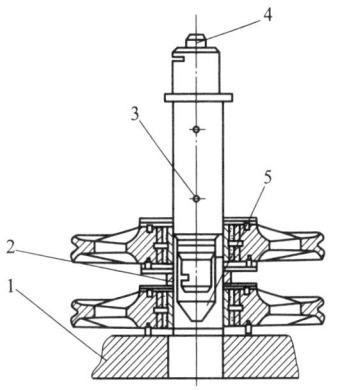

图 3-1-2 滑轮组装配图

1—装配台 2—隔套 3—油孔
4—垫胎 5—引帽

(2)将轴上油孔攻螺纹处用压缩空气吹干净。

(3)滑轮组装配好后,应能用手灵活转动。

二、卷筒组的装配

1. 卷筒组装配程序

卷筒组装配图如图3-1-3所示,其程序如下。

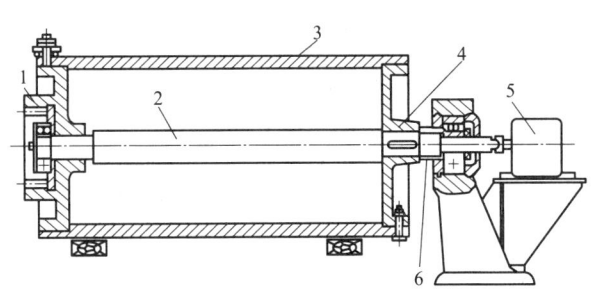

图 3-1-3 卷筒组装配图

1—齿轮盘接手 2—卷筒轴 3—卷筒 4—卷筒毂 5—限位开关 6—衬套

(1)将卷筒毂和齿轮盘接手拆下清理,倒毛刺,非加工表面刷底漆。

(2)卷筒轴套钻孔,非加工表面刷底漆。

（3）清理卷筒内表面，并刷底漆。

（4）配键，检查轴与孔的键槽是否符合配合要求。

（5）安装卷筒毂，紧固6个固定螺钉。

（6）安装卷筒轴，使垫胎进行定位并固定。

（7）对号安装齿轮盘接手，并用螺钉固定。

（8）安装衬套，注意不要装反。

（9）将加热好的滚动轴承分别套装在卷筒轴两端。

（10）待轴承温度降至室温后，给轴承加注润滑脂。

（11）拧紧左侧轴承压板、止动垫和圆螺母等零件。

（12）将轴承座打开，清除污物，装于卷筒右侧轴上。

（13）按要求钻、攻卷筒钢丝绳压板螺孔。

（14）安装对丝、压板、螺母等零件。

2. 卷筒组安装及检测技术要求

（1）键与轴槽、卷筒毂槽的配合应符合公差配合规定。

（2）卷筒组在装配前，其内表面要刷一遍底漆。

（3）卷筒、卷筒毂和齿轮盘接手拆开时，注意端头打印标记，不可互换。

（4）轴承采用热装时，加热温度不得超过100℃。

（5）若卷筒组带限位开关，则在起升机构总装时再安装。

三、电动机安装制动轮

1. 制动轮装配程序

制动轮装配图如图3-1-4所示，其程序如下。

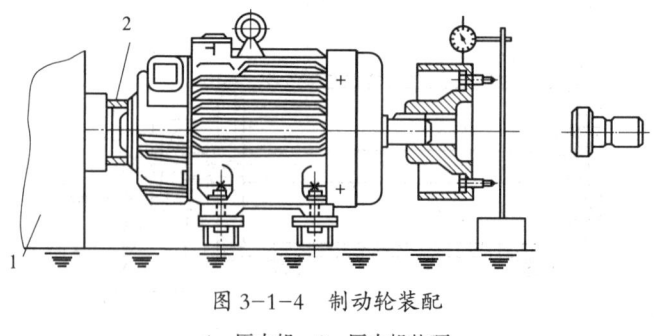

图3-1-4 制动轮装配
1—压力机 2—压力机垫环

（1）去除零件上的污物、毛刺。

（2）配键，检查轴与孔的键槽是否符合配合要求。

（3）在轴端涂抹白铅油与机油的混合油。

（4）在压力机上压合，注意压靠不得过头，以防轴弯曲。

（5）用百分表逐一检查制动轮的跳动量。

（6）安装电动机底座。

另外，键端电动机轴安装接手时应靠装，拧紧螺母，并弯曲止动垫片，以防松动。

2. 制动轮检测技术要求

（1）键与轴槽、壳槽应符合公差配合规定。

（2）键四周倒角为 $C\,0.5$ mm，端头倒角为 1.5 mm×30°。

（3）制动轮装好后，摆幅应符合表3-1-1的规定。

表3-1-1 制动轮装配后摆幅的规定　　　　　　　　　　　　　　　　　　单位：mm

制动轮直径	≤200	>200～300	>300～600
径向跳动	0.10	0.12	0.18
轴向跳动	0.15	0.2	0.25

四、制动器及松闸器的安装

1. 制动器及松闸器的安装要求

（1）在起升机构及其他机构的安装过程中，应提前将制动器的杆件、弹簧、闸瓦等组装成一个完整的组件，再与制动轮对准进行安装。松闸器作为一个单独的构件，应在机构总装时进行安装。

（2）松闸器装配好后，应加油、通电进行试验。

2. 制动器检测技术要求

（1）制动器动作传递系统的动作要灵敏，连接销轴不得有卡住和松旷现象。

（2）制动带铆钉头应低于制动带厚度的一半，至少低于表面1 mm，不允许铆钉头露出制动带表面，否则将会损坏或拉毛制动轮表面。

（3）如图3-1-5所示，制动器安装好后，对角线 L_1 与 L_2 的尺寸差不得大于2 mm，闸瓦中心高 H 应与制动轮中心重合（其误差值，当直径 D≤200 mm 时不得大于2 mm，当直径 D>200 mm 时不得大于3 mm）。

（4）抱闸时制动轮衬带与制动轮表面有良好的接触，其接触面积应占制动轮衬带的75%以上；松闸时，制动闸与制动轮的间隙一般应调整为0.5～1.0 mm（或符合产品规定要求）。两瓦块的开闭必须同步，且开度应相等。

（5）液压电磁铁释放时间应调节为0.2～0.4 s。硅整流装置时间继电器动作应正常、可靠，延时打开的常闭触点延时应为0.5 s。

（6）工作中制动轮工作表面温度不得超过200 ℃。

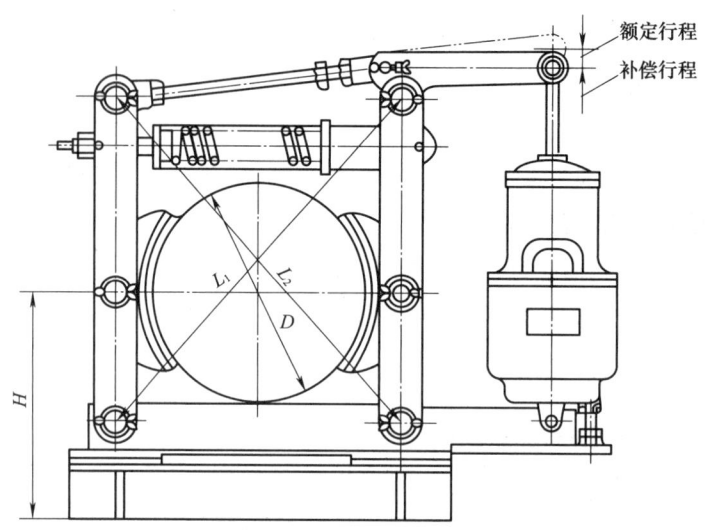

图 3-1-5 制动器检测技术要求

五、起升机构的装拆与检测

1. 桥式起重机起升机构的安装与检测

桥式起重机起升机构的安装如图 3-1-6 所示。

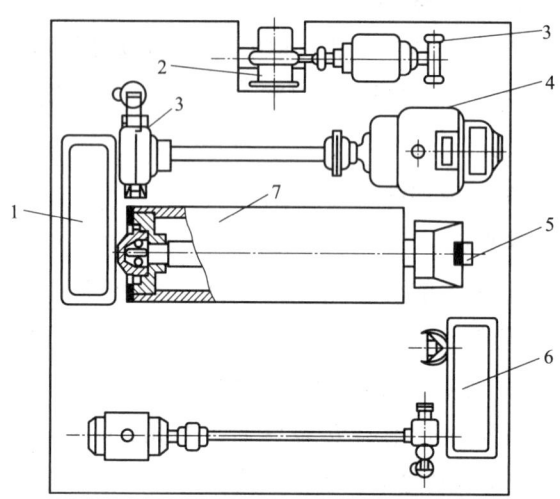

图 3-1-6 桥式起重机起升机构的安装
1—主起升减速器 2—行走减速器 3—制动器 4—电动机
5—固定板 6—副起升减速器 7—主卷筒

（1）在减速器座板加工表面上涂抹润滑油，对角拧紧减速器座的所有螺栓。

（2）吊装卷筒组。用单绳捆吊卷筒重心，对准内、外齿轻轻打入。

（3）调整卷筒和减速器内、外齿在齿宽方向的中心，使其重合，其内齿超越量 x 应符合表 3-1-2 的规定。

表 3-1-2　减速器内齿超越量　　　　　　　　　　　　　　　　　　　　单位：mm

卷筒直径	300	400	500	650	800
减速器型号	ZQ-400	ZQ-500	ZQ-650	ZQ-850	ZQ-1000
减速器内齿超越量 x	5	5	8	7.5	12.5

（4）按技术要求，卷筒中心线与减速器低速轴中心线的歪斜偏差在轴承座处，每米应不大于 3 mm。为了测量方便，将该歪斜偏差转化为在齿啮合处齿端面相对错位的偏斜量 y，其值应符合表 3-1-3 的规定。

表 3-1-3　齿端面相对错位的偏斜量　　　　　　　　　　　　　　　　单位：mm

卷筒直径	300	400	500	650	800
齿轮外径	75.2	233.6	350.4	451.2	504
齿端面相对错位的偏斜量 y	0.5	0.7	1.1	1.4	1.5

（5）卷筒组定位后，焊接轴承处垫板及固定板。

（6）钻孔，安装螺栓并拧紧。安装卷筒及轴承座的可分密封盖。

（7）安装起升电动机、传动轴及齿形联轴器。适当调整电动机位置，使电动机轴与减速器高速轴同轴，其同轴度误差可在联轴器的安装误差中反映出来。为此应检测联轴器的安装误差，安装允许倾角 $\Delta\alpha$ 应不大于 $30'$，两轴线的径向位移 Δy 应不超过规定值。

（8）安装起升机构制动器。

（9）安装定滑轮、滑轮组，并安装钢丝绳。

（10）安装限位开关及栏杆等。

2. 门座式起重机起升机构的拆卸与安装

M10-30 型门座式起重机起升机构组成如图 3-1-7 所示。

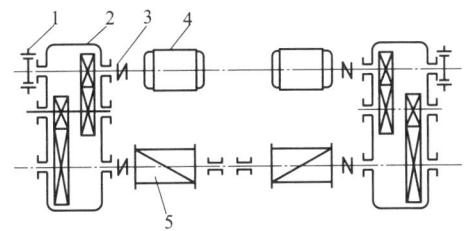

图 3-1-7　M10-30 型门座式起重机起升机构组成
1—制动器　2—减速器　3—联轴器　4—电动机　5—卷筒

（1）门座式起重机起升机构的拆卸

1）放出左、右旋卷筒上的钢丝绳，用斜铁把卷筒中的楔形块凿出，抽掉钢丝绳头。

2）拆除电动机和电气设备上的连线，并做好标记。

3）拆除卷筒框绳器和液力推杆制动器总成。

4）按顺序拆卸联轴器、电动机、卷筒总成、减速器。在拆卸过程中，要注意电动机和减速器固定螺栓下的垫片，应对原位置垫片做好标记，以便安装。

（2）门座式起重机起升机构的安装

起升机构的安装按拆卸工作顺序的逆序进行，主要工作为调整定位。

在装配时，只要调整好减速器、电动机底座固定螺栓下的垫片，就能保证中心轴线的同轴度。其调整方法如下：首先装配好卷筒总成；然后调整减速器的位置，使其低速轴与卷筒轴中心线重合。两轴线的同轴度误差主要反映在联轴器上，要求两半联轴器的销孔应在任何位置都能自由插入销钉。

电动机轴与减速器高速轴的同轴度误差应在 0.2 mm 以内。卷筒轴与减速器低速轴的同轴度误差应在 0.2 mm 以内。

各种起重机械起升机构安装完毕均应进行手动试验、电动试验，确保安装无误后再参与整机试验。

六、起升机构的修理

门座式起重机、浮式起重机、桥式起重机起升机构的组成和原理基本相似，下面以门座式起重机起升机构工作时的常见故障及部件检修为例进行介绍。

1. 起升机构常见故障及排除方法

（1）起吊重物时，当起升到某高度需要停止下降时，重物不能停在所需要的高度。

1）产生原因

①制动摩擦片上有油污，制动时打滑。

②制动摩擦片出现烧焦、硬化等缺陷。

③制动器间隙过大，制动行程不够。

2）排除方法

①清洗制动摩擦片上的油污。

②更换烧焦、硬化的制动摩擦片。

③重新调整制动器的间隙。

（2）制动轮过热。

1）产生原因

①制动器弹簧过紧，制动瓦块不能与制动轮完全分离。

②衔铁（推杆）的工作行程不够，导致制动瓦块不能完全打开。

2）排除方法

①调整制动弹簧，使松闸器将制动瓦块和制动轮完全分离。

②增大衔铁（推杆）的工作行程，使制动瓦块与制动轮之间有适当的间隙。

(3) 起升重物时发生过卷扬事故。

1）产生原因

①起升高度限位器失灵。

②操作失误。

2）排除方法

①及时调整起升高度限位器，使其处于良好的工作状态。

②提高操作技能和处理紧急情况的能力。

2. 起升机构的检修

(1) 起重量限制器的检修

门座式起重机上大多采用杠杆式起重量限制器。

1）杠杆式起重量限制器的检查

①在修理起重量限制器时，先将缓冲液压缸中的油放掉，再拆卸各部件，并进行清洗、检查。

②检查、测量滑轮槽和滑轮内孔的磨损情况，超过有关标准时应予以更换。

③检查滑轮轴，滑轮轴不得有裂纹；轴颈的磨损不得大于原直径的 3%，如超过，则需更换。

④若 L 形杠杆变形，则应予以校正。

⑤检查缓冲装置中的缓冲弹簧和液压缸活塞的配合间隙；检验缓冲弹簧的长度和张力，其值应符合弹簧自由长度尺寸，并达到使限位开关动作的标准。

⑥缓冲液压缸与活塞的配合间隙应为 0.20～0.40 mm。当间隙超过标准时，要对活塞进行电镀或刷镀，或直接更换活塞。

⑦弹簧、弹簧壳体、液压缸缸体等应无裂纹及渗油现象；推杆轴线应与缸体轴线同轴，工作时应无卡滞现象。

2）杠杆式起重量限制器的调整

如图 3-1-8 所示，杠杆式起重量限制器安装后，应在自动加速挡调整超负荷行程开关的位置，保证当超载 10%，起升货物离地 1 m 之内时，撞尺就能触动行程开关，使起升机构断电，货物不能继续上升。

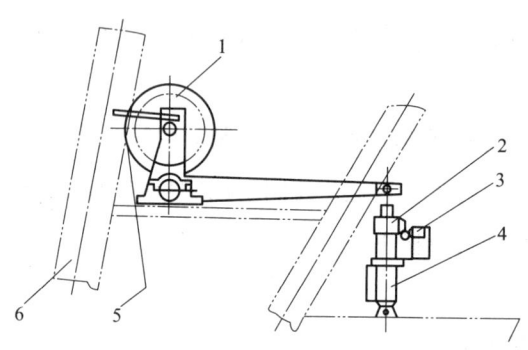

图 3-1-8　杠杆式起重量限制器

1—超负荷导向滑轮　2—弹簧装置　3—超负荷行程开关
4—缓冲液压缸　5—钢丝绳　6—人字架

（2）起升高度限制器的检修

桥式起重机上大多采用螺杆式起升高度限制器，如图 3-1-9 所示。

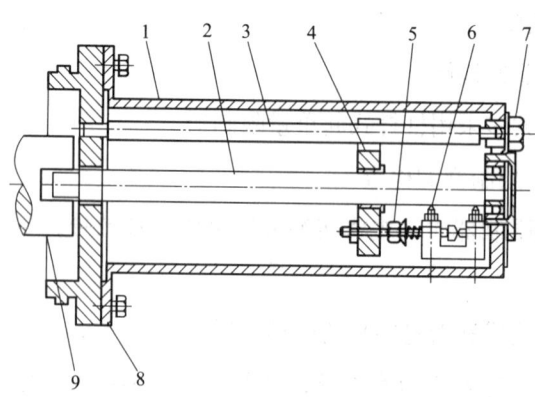

图 3-1-9　螺杆式起升高度限制器

1—外壳　2—螺杆　3—固定导杆　4—螺母　5—螺栓
6—限位开关　7—螺塞　8—卷筒端盖　9—卷筒轴

1）螺杆式起升高度限制器的检修

①卷筒轴中心线与限位螺杆中心线要重合；若中心线之间存在偏差，在运转过程中，强行连在一起的卷筒轴和螺杆头部会产生附加弯曲应力和剪切力，螺杆头部容易被扭断，导致限位失灵。

②检查螺杆、螺母等的情况：若磨损严重，螺母位移精度下降，不能在预定的位置迫使限位开关动作，会导致限位器失效；各螺栓、螺母不得有松动，限位开关的触点应完好。

2）螺杆式起升高度限制器的调整

①需要调整螺杆式起升高度限制器时，应先打开有机玻璃弧形盖。

②拧开螺塞，抽出固定导杆，转动螺母，使其移到所需的位置（实行粗调）。

③拧开螺栓上的螺母，转动螺栓，改变螺栓头的轴向位置（实行细调）。

④调整完毕将有机玻璃弧形盖安装好。

第二节 回转机构的修理

本节以 M10-25 型门座式起重机的回转机构为例介绍回转支承装置及回转驱动装置的拆装与检测。

一、回转支承装置的拆装与检测

1. 转柱与下支承的拆卸

转柱与下支承的拆卸应在转柱以上回转部分全部拆卸完成后进行。

（1）转柱的拆卸

1）依次拆下中心滑环、支架、电缆，并放到下支承下方。

2）将四根长约 2 m、规格为 $\phi 13$ mm 的钢丝绳用 $\phi 20$ mm 的卡环系接在转柱四边的吊耳上。

3）将岸壁吊降至转柱上方，将钢丝绳挂在其吊钩上，并使其略微张紧。

4）将转柱与下支承的连接螺栓拆下。

5）起升岸壁吊，将转柱吊出门架，并放于地面。

（2）下支承的拆卸

下支承（见图 3-2-1）的拆卸过程如下。

1）将一根规格为 $\phi 13$ mm × 2 000 mm 的钢丝绳从下支承电缆导管 1 上方穿入，下边用 $\phi 21$ mm 的卡环系住一个专用卡具。

2）将岸壁吊吊钩落在下支承上方，将钢丝绳挂在吊钩上，并张紧钢丝绳。

3）将下支承三块顶块 15 的六个紧定螺钉 14 拆下，拉住吊耳将顶块 15 拉出；用岸壁吊将下支承吊出，并放于地面。

4）将下支承底部的放油塞拧下，将油液放尽，并将其放倒。

5）将底部螺栓拆下，取出上、下接管。

6）利用脱离器将曲形枢轴2、调心滚子轴承一同取出。若该轴承与曲形枢轴配合较松，只能先将曲形枢轴取出，再用脱离器将轴承取出。

7）将轴承垫圈4、推力轴承5、球面支承垫圈7和球面支承座圈6取出。

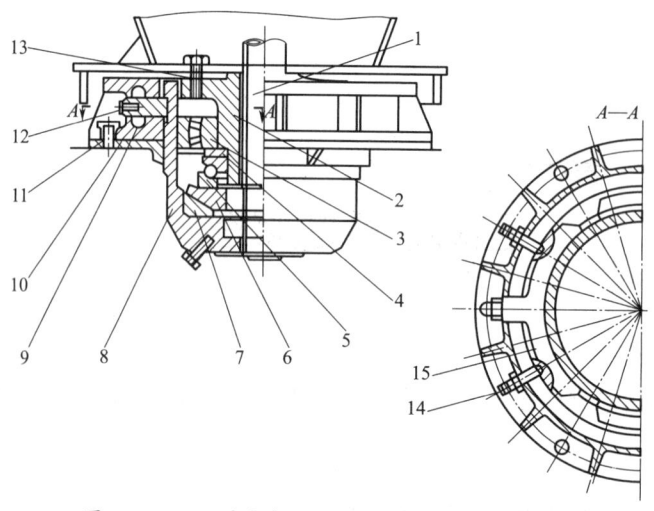

图3-2-1　门座式起重机回转支承装置的下支承

1—电缆导管　2—曲形枢轴　3—调心滚子轴承　4—轴承垫圈　5—推力轴承　6—球面支承座圈
7—球面支承垫圈　8—套筒　9—下支承座　10—底盘　11—连接螺钉
12，13—螺钉　14—紧定螺钉　15—顶块

（3）水平轮的拆卸

水平轮（见图3-2-2）的拆卸过程如下。

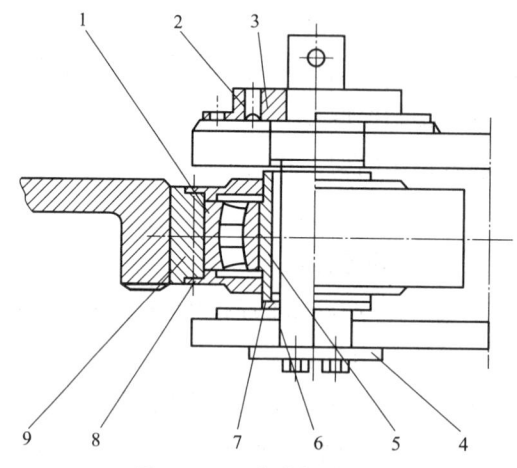

图3-2-2　水平轮的结构

1—调心滚子轴承　2—定位齿轮　3—芯轴　4—轴端压板　5—平键
6—偏心轴套　7—垫圈　8—轴承压盖　9—水平轮

1）用专用小车将水平轮支座夹住，拆下支座与上转柱的连接螺栓，再将水平轮连

同支座一起取出。

2）将轴端压板及定位齿块拆下，用脱离器将轴顶出，取出水平轮。

3）将水平轮端盖拆下，用脱离器分别将调心滚子轴承及偏心轴套取下。

2. 回转支承装置的安装

（1）水平轮的组装

水平轮（见图3-2-2）的组装过程如下。

1）将调心滚子轴承1装到偏心轴套上，用锤子轻轻敲入。轴承的公差带代号为 ϕ160 H6。

2）用脱离器将轴承连同偏心轴套6一起装入水平轮9的孔中，且不得松旷。轴承的公差带代号为 ϕ290J7。将水平盖涂上密封胶，垫上纸垫，再装上端盖，并用螺栓紧固。

3）将水平轮支座立放于地面，使水平轮滚入支座中间，并保证孔与孔对准，将平键安装在偏心轴套键槽中，配合公差为28JS9/h9。平键及其键槽需去毛刺。

4）将芯轴3从支座板孔中穿过，边穿边将垫圈7装上，直至芯轴从支座孔另一端伸出。芯轴与偏心轴套的配合公差为100H9/19，可用脱离器将其顶入。

5）定位后，将轴端压板4装上，并用螺栓紧固；装上防转块，并用螺栓进行预紧（不用拧紧，只要不掉即可，以备调整）。

6）用专用小车将组装好的水平轮平行叉起送到转盘下，对准螺栓孔，穿上螺栓并紧固。装好后调节芯轴，使水平轮处在最小幅度即可。

（2）下支承的装配

下支承（见图3-2-1）的装配过程如下。

1）先将球面支承垫圈7和球面支承座圈6进行研磨。在上球面涂上红丹粉，与下球面研磨，观察接触斑点，当接触斑点分布均匀且面积大于60%时，就可以组装。若接触斑点面积少于60%，则说明存在高点，应用油石研磨高点，并反复涂红丹粉研磨，直至接触良好。

2）研磨好后，将球面支承垫圈7（下球面）装入套筒8内；将带球面支承座圈6的推力轴承5下盘（内径为200.3 mm）装在上球面上；将上球面擦干净平放在球面支承垫圈7上。轴承的公差带代号为 ϕ340J7。

3）将调心滚子轴承用轴承加热器加热膨胀后，安装到曲形枢轴2上，安装后不得松旷。轴承的公差带代号为 ϕ240J6。安装推力轴承5的滚珠叉架及上滚道盘，再装上轴承垫圈4，最后装入曲形枢轴2及调心滚子轴承。轴承的公差带代号为 ϕ240H9。至此，下支承装配完毕。

4）装配完成后用手旋转曲形枢轴，观察运转是否灵活，有无异常声响。确认系统正常后，将下支承横放，安装上、下接管下盘的密封胶垫，使其从下支承孔中穿过，并用螺栓紧固。

（3）下支承的安装

1）从下支承顶面螺栓孔注入约 20 kg 的 26 号混合齿轮油。

2）利用岸壁吊将下支承吊放到门架十字横梁孔中，收回三个顶块，落下下支承，使环形槽对准顶块，再将三个顶块推出，然后拧紧紧定螺钉并使其顶牢，摘下吊具。

（4）下转柱的安装

用岸壁吊将下转柱吊放到下支承上，使下底面圆孔与下支承顶面台阶互相镶入，对准上、下螺栓孔，安装八个 M36 螺栓并紧固，下转柱即安装完毕。

（5）上支承环水平轨道与水平轮间隙调整

1）先将水平轮轴抽出，测量水平轮轴孔到上支承环水平轨道面的距离，此距离在五个方向上应一致。然后装好水平轮，保证各水平轮外圈与转柱中心距离一致。

2）调整水平轮的偏心轴套。调整时松动防转齿块，转动水平轮轴，使水平轮与上支承水平轨道面贴合，再将防转齿块紧固。

3）在空负荷时前水平轮与轨道的间隙以及大载荷时后水平轮与轨道的间隙都不得大于 3 mm。水平轮旋转时应灵活、无卡滞现象。

3. 回转支承装置的检测标准

（1）转柱体

1）转柱体是用焊接方法组成的箱形结构，因其受力很大，经使用后易产生脱焊或裂纹，应仔细检查并对裂纹进行焊补。

2）转柱体不允许有明显变形，转柱的弯曲度不得大于 4 mm。上、下转柱的连接面应光洁，且平面度误差不得大于 0.25 mm。螺栓与孔应为过盈配合，装配时应涂防锈油，旋紧后应留有 2～3 个螺距的长度。

3）安装转柱时必须保证上、下两接合面平整且同轴，其同轴度误差不得大于 2 mm。

4）转柱的底平面必须垂直于转台中心线，其垂直度误差一般应不大于 5 mm。

（2）水平轮

1）水平轮径向磨损量不得大于 5 mm，即直径 $D \leqslant 496$ mm 时应报废。外圆的圆度误差，大修时应不大于 0.50 mm，使用限度应不大于 1 mm，否则应对水平轮进行光车。

2）水平轮踏面与轨道不得有黏连，踏面应无裂纹。水平轮上、下支承板平行度误差应不大于 0.5 mm，水平轮支座螺栓连接孔与螺栓的配合间隙应不大于 0.25 mm。

3）水平轮与轨道应接触良好，线接触率应在轮宽的 70% 以上。

4）在360°圆周范围内应有三个以上水平轮始终滚动，且有两个水平轮沿圆周滚动超过2/3的周长，不得有整个圆周或大部分圆周不滚动的水平轮，也不得出现因水平轮挤压过紧而发生异常、噪声甚至卡死现象。

（3）上支承环水平轮的轨道

水平轮轨道圆度误差最大不得超过4 mm，要求轨道无剥落，齿圈中心与水平轮轨道中心偏差最大不得超过2.5 mm。轨道径向厚度的磨损不得大于其标准厚度的20%，否则应予以更换。

（4）下支承

1）下支承径向滚动轴承的配合。轴承孔与轴承外圆的配合间隙为$-0.060 \sim 0.045$ mm，使用限度为不大于0.150 mm；轴承与轴颈的配合间隙为$-0.009 \sim 0.050$ mm，使用限度为不大于0.100 mm。

2）下支承的双列向心球面滚动轴承和单向推力球面滚动轴承应无麻点、无剥落、无异响，其径向摆动量应不大于0.18 mm，向心球面滚动轴承的轴向间隙应不大于0.12 mm。

3）转柱与下支承回转中心线的同轴度误差不得超过1 mm。下支承安装及调试时，在支座上盖和垫片的接合面塞入铁垫片，用百分表旋转一周测量，其跳动量应不大于1 mm。

4）门座式起重机回转试车时，下支承不得有异常响声，且应无漏油现象。

4. M10-30型门座式起重机回转支承装置的检测标准

M10-30型门座式起重机的回转支承装置与M10-25型门座式起重机相比，其结构相似，拆装方法也基本相同。但因为具体尺寸的区别，所以安装质量检验标准并不完全一样。由于M10-30型门座式起重机各港口使用较多，因此，在此专门介绍其安装时的检测标准，以便维修人员使用。

（1）上支承环与回转齿圈的连接检查

上支承环与回转齿圈的连接检查主要包括：检查上支承环与回转齿圈连接孔的配合情况；检查回转齿圈定位时，其淬火软带是否置于非经常负荷区；检查上支承环与回转齿圈连接螺栓的紧固力，紧固时应按对角顺序进行。

（2）下支承座的装配检查

下支承座装配时，要使双列向心球面滚动轴承与推力球面滚动轴承的转动中心交会于一点。装配要点如下：两轴承孔的同轴度误差应达到图样要求；两轴承孔轴线与底面应垂直，其误差应不大于0.1 mm；下支承座两轴承安装平面相对尺寸公差应控制在±0.2 mm范围内；检查所有加工边的毛刺清除情况；轴承装入后与支承座接合面应紧贴，不得有0.05 mm以上的间隙；轴承装入后应转动灵活，不得有卡滞现象。

（3）下支承座圈在定位时必须用水平仪检验水平度，确定垫片厚度；当所需垫片厚度较大时，应采用单一垫片，不得用多块垫片。检验下支承座圈与回转水平轮轨道的同轴度如图 3-2-3 所示。

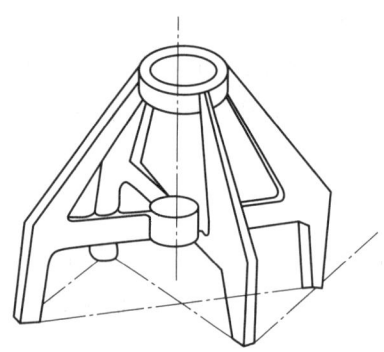

图 3-2-3　检验下支承座圈与回转水平轮轨道的同轴度

下支承座圈定位焊接后需检查安装精度，其要求见表 3-2-1。

表 3-2-1　下支承座圈的安装精度　　　　　　　　　　　　　　　　　　　　单位：mm

检查项目	公差值
铅垂线与齿圈轨道中心线的同轴度	1
铅垂线与下支承座圈中心线的同轴度	0.50
下支承座圈的水平度	0.30

（4）水平轮的安装检查

检查水平轮支座是否从水平轮中心引出十字线，如图 3-2-4 所示。检查水平轮在转柱上的安装精度，如图 3-2-5 所示，表 3-2-2 所列为其检查要求。

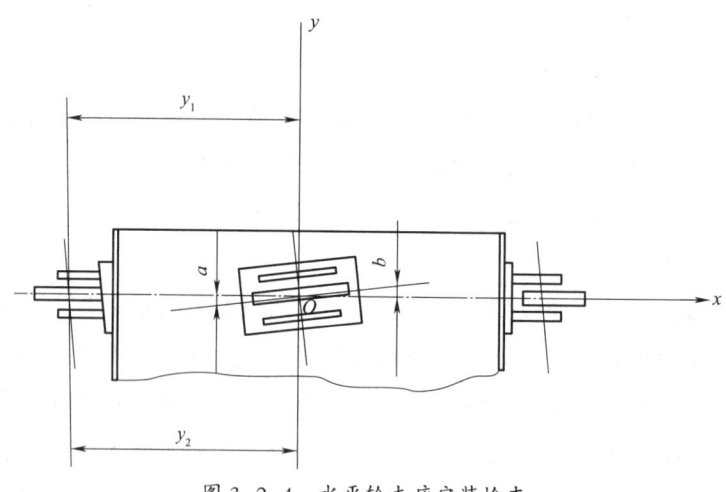

图 3-2-4　水平轮支座安装检查

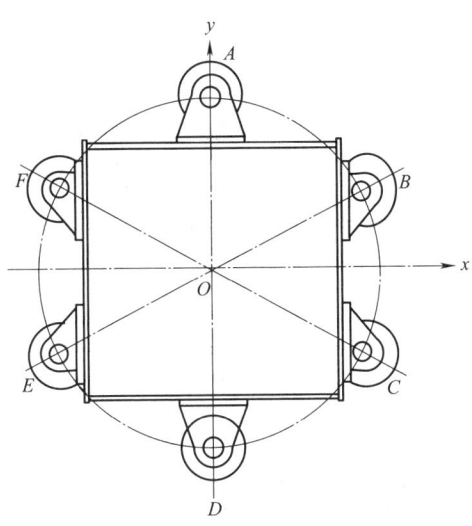

图 3-2-5 水平轮中心距转柱中心的检查

表 3-2-2 水平轮的安装精度　　　　　　　　　　　　　　　　单位：mm

检查项目	公差值
水平轮轴线与转柱轴线的距离（OA，OB，OC，OD，OE，OF）	3
水平轮轴线在 x 轴方向的平行度	1
水平轮轴线在 y 轴方向的平行度	1

检查水平轮与齿圈轨道的间隙是否达到图样要求；水平轮应转动灵活，不得有卡滞现象。

二、回转驱动装置的拆装与检测

1. 回转驱动装置的拆卸

M10-25 型门座式起重机在大修时，将整个机房吊离门架放置在地面以后，才可以进行机房内各总成的拆卸。首先打开天窗，将机房内顶棚木板取下，然后进行回转减速器及电动机的拆卸 M10-25 型门座式起重机回转机构如图 3-2-6 所示。

（1）闸架的拆卸

先将制动器手轮旋下，再取出分泵系统，然后拆下联轴器销轴。

（2）减速器的拆卸

先拆下减速器座固定螺栓，并掀开机房左侧天窗；然后使用三根等长的规格为 $\phi 13\,\text{mm} \times 1\,000\,\text{mm}$ 的钢丝绳，通过 $\phi 20\,\text{mm}$ 的卡环与减速器上盖的三个对称吊耳相连，钢丝绳另一端挂在吊车吊钩上；最后用吊车将减速器从左侧天窗吊出，放于地面。

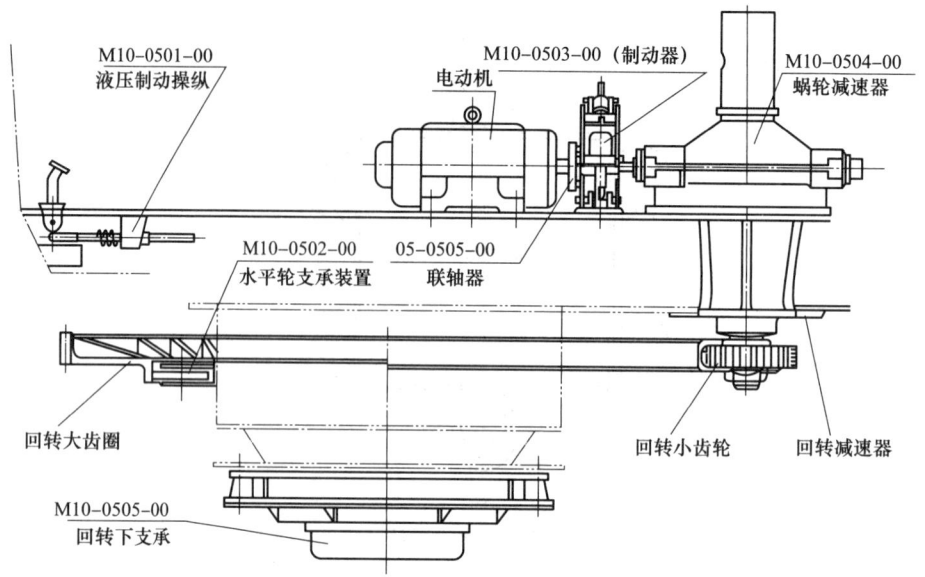

图 3-2-6　M10-25 型门座式起重机回转机构

（3）电动机的拆卸

将单梁吊移到电动机上方，再将 3 t 手拉葫芦挂在单梁吊上，使吊钩挂在电动机吊环上，并将其吊起，然后推动单梁吊使电动机移到左侧天窗下。拆去手拉葫芦，将单梁吊退回。使用两根规格为 $\phi 13\ \text{mm} \times 1\ 000\ \text{mm}$ 的钢丝绳通过 $\phi 20\ \text{mm}$ 的卡环固连到电动机吊环上，钢丝绳另一端挂在吊车钩头上，再起升吊钩将电动机从左侧天窗吊出，放于地面。

（4）其他部件的拆卸

1）将回转制动油管从制动分泵上拆下，取走分泵。

2）若回转制动总泵位于司机室底板下，则将底板掀开，拧下油管接头，拆下制动总泵；若不在司机室内，此工序可在司机室外执行。

（5）回转减速器的拆卸解体

1）使用三根规格为 $\phi 13\ \text{mm} \times 1\ 000\ \text{mm}$ 的钢丝绳，通过 $\phi 20\ \text{mm}$ 的卡环与减速器上盖的三个对称吊耳相连。

2）将吊车的吊钩落在减速器上盖上方，并将钢丝绳挂在吊钩上。

3）将减速器吊起，放在一个专用支架上，使末级小齿轮离地约 400 mm，摘取吊钩。

4）拆下上罩与减速器上盖的连接螺栓，取下上罩。

5）将制动轮轴（即蜗杆轴）的螺母旋下，取下止动垫圈，再用脱离器将制动轮拆下。

6）拆下蜗杆轴两端端盖与减速器上盖的连接螺栓，取下端盖。

7)拆下减速器上盖、下盖的连接螺栓,取出定位销。

8)拆下蜗轮轴、弹簧的压紧螺母,取下8217轴承。

9)将弹簧上罩、弹簧、弹簧下托依次取出。

10)将减速器上盖用钢丝绳挂在吊钩上,起升吊钩将上盖取下,并放置在地面草包上。

11)将两吊环旋入上摩擦片两边的螺纹孔中,用两根规格为 $\phi 11\ mm \times 1\ 000\ mm$ 的钢丝绳通过 $\phi 16\ mm$ 的卡环与吊环相连,另一端挂在吊车吊钩上,将上摩擦片吊起并放置在地面草包上。

12)用同样的方法,依次吊出蜗轮、下摩擦片。

13)在蜗轮轴输出端下方放置废油桶。

14)将一规格为 $\phi 11\ mm \times 1\ 500\ mm$ 的钢丝绳从蜗杆轴中间绕过并系上,另一端挂在吊车吊钩上,起升吊钩,先将输出端轴承套提起约20 mm,再将减速器内的废机油倒入桶内直至流完,然后将蜗杆连同轴承套吊出,并放置在地面草包上。

15)拆下蜗杆两端的螺母,取出51322轴承套筒、挡圈。

16)先用脱离器将两轴承套连同轴承一起扒下,再将2319、6319两轴承扒下。

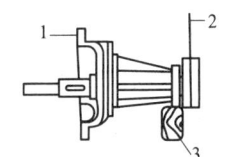

图3-2-7 起吊减速器座
1—减速器座 2—钢丝绳 3—垫木

17)用规格为 $\phi 11\ mm \times 1\ 500\ mm$ 的钢丝绳从减速器座(见图3-2-7)的螺栓孔中穿过,另一端挂在吊钩上,用吊车将其吊起,横放在地面,末端垫上垫木,使立轴轴线保持近似水平。

18)拆下立轴前端盖。

19)拆下立轴末端螺母及止动垫圈。

20)先让小齿轮松动,并在小齿轮上系上一根规格为 $\phi 13\ mm \times 1\ 500\ mm$ 的钢丝绳,钢丝绳另一端挂在吊车吊钩上,并略微张紧,然后用脱离器将小齿轮拆下。小齿轮拆下后,用吊车将其吊走,放在地面上。

21)将立轴末端端盖拆下,取下隔套。

22)用脱离器从立轴末端将立轴向前顶出,松动后,在立轴上系上一根规格为 $\phi 13\ mm \times 1\ 500\ mm$ 的钢丝绳,并略微张紧,钢丝绳另一端挂在吊车吊钩上,然后继续用脱离器顶立轴直至其末端与轴承脱离。最后手拉立轴前端的同时使吊车平移,将立轴取出。

23)用脱离器将轴承拉出,并旋下注油管。

24)在轴承末端垫一块 $\phi 30\ mm \times 700\ mm$ 的垫铁,用大锤将轴承套击出。至此,回转减速器拆卸完毕。

(6) 回转制动器架的拆卸

1) 先将制动总泵、分泵油管拆下, 再将总泵、分泵拆下, 然后将总泵弹簧内卡拆下, 取出活塞、油封、单向阀。

2) 拧下分泵端盖, 再将滑块、弹簧、活塞、垫片等与外套依次分离。

2. 回转驱动装置的组装

(1) 回转减速器的组装

1) 先将减速器壳体横放于地面, 使蜗杆一侧落地, 末端用支架 (垫木) 垫起, 使壳体保持平直, 将轴承套装入壳体内, 配合公差为ϕ260H7/h6。组装时应使轴承套注油孔与壳体注油孔对准, 避免错位。

2) 用轴承加热器将轴承加热膨胀后装在立轴中间, 注意方向不要搞错。先装一个轴承, 再装一个垫圈, 然后再装入另一个轴承, 并用锤子轻敲使轴承靠紧。

3) 用一规格为ϕ11 mm×1 500 mm的钢丝绳系在蜗轮轴的中间, 并挂在吊车吊钩上, 用手扶住蜗轮轴头部使其平行, 吊车起吊, 将其装入轴承套内; 然后将轴承端盖装上, 并用螺栓拧紧。

4) 用轴承加热器将轴承加热膨胀后装在蜗轮轴的下端, 并用脱离器将其推入下套筒中, 不得松旷。轴承的公差带代号为ϕ140H7。装好后, 装入端盖, 加入隔套, 用螺栓将端盖拧紧。

5) 用一根规格为ϕ13 mm×1 500 mm的钢丝绳系绕在小齿轮上, 将其吊起并推入蜗轮轴上转动数次, 观察有无晃动和松旷现象。若松旷迹象明显, 则为锥面配合不良, 应重新配制; 松旷迹象不明显时, 将小齿轮取下, 在蜗轮轴锥面上涂红丹粉, 再将小齿轮装上, 反复转动几次, 然后取下, 观察其接触斑点是否均匀, 接触面积是否大于60%, 若达不到要求, 则用油石将高点研磨掉, 直至接触面积达到要求。将红丹粉擦净, 再将平键装入, 装后不得松旷, 其配合公差为36N9/h9。去除小齿轮毛刺后, 将其推入, 用脱离器用力顶住小齿轮并用大锤敲击, 使其与轴紧密接触, 最后安装防转垫, 旋紧螺母。将减速器吊起, 竖放到专用支架上。

6) 蜗杆轴及轴承套等清洗干净后, 将轴承套套入轴上 (方向不要搞错), 用轴承加热器将轴承加热后, 在轴输入端加上垫圈并安装轴承, 旋紧螺母; 用脱离器将轴承套装到轴上, 安装后不得松旷。轴承套的公差带代号分别为ϕ95js6和ϕ200H7。装好后, 用轴承加热器将轴承加热后装入蜗杆轴另一端, 待其冷却后用脱离器将轴承套装入推力轴承上, 轴承套的公差带代号分别为ϕ75j6和ϕ200H7, 装好后轴承与轴的台阶不应有间隙, 否则会产生严重的窜轴现象。将轴承内径为110.2 mm一端的轴承圈装在挡圈上, 其公差带代号为ϕ190F9; 将内径为110 mm一端的轴承圈装在隔套上 (L=88 mm), 其公差带代号为110js6。将挡圈装入轴承套中, 其公差带代号为ϕ230F9。

安装滚珠架和隔套，装入挡圈，再将轴承紧固装在短套筒上（$L=65$ mm），轴承的公差带代号为 $\phi110js6$（第二个轴承）。安装蜗杆、滚珠架、轴承圈，再装入垫圆，最后旋上 M64×4 螺母，穿入定位销。

7）将箱座表面擦拭干净，并在轴承套孔的配合表面涂上一层 7302 密封胶。将规格为 $\phi13$ mm×1 500 mm 的钢丝绳系绕在蜗杆中间，用吊车将其吊放在箱座上，对准轴承外套与箱座定位销孔，然后安装蜗杆两头，用锤子轻敲轴承使其压紧。

8）将套筒、调整环、垫圈装在立轴上，再将平键去毛刺后装上。将吊耳拧在下摩擦片上，再将两根规格为 $\phi11$ mm×1 000 mm 的钢丝绳通过 $\phi20$ mm 的卡环与吊耳相连，并用吊车将其装入蜗轮轴上，用同样方法安装蜗轮并活动蜗杆，使蜗轮与蜗杆啮合。在下摩擦片的平面上放几块厚 10 mm 的肥皂，装入上摩擦片，再依次安装弹簧下托、弹簧、弹簧上罩、轴承、压紧螺母，并用力使弹簧压紧转动蜗杆，观察是否有阻塞、卡死现象，若有此现象，则应找出原因并予以排除。造成此现象的原因可能是蜗杆弯曲、蜗轮安装位置不合适（或高或低）。若一切良好，则可进行下一步组装。

9）取下弹簧等及上摩擦片，再取出肥皂测量其厚度。若厚度在 5 mm 以上，则摩擦片可以用；若厚度在 5 mm 以下，则应对摩擦片焊补后光车。焊补时，先将摩擦片放入加热炉中加热到 300 ℃ 后取出，用经过烘干箱烘干的 506 中碳钢焊条进行焊补，焊补量根据两摩擦片的间隙而定。焊补时应连续作业、一次完成，以免降温后产生热变形。焊补后再进行光车达到图样要求，并注意重新铣出油槽。最后将摩擦片重新装在蜗轮轴上，安装弹簧并加足预紧力，用高度测量仪测量蜗轮平面至箱底平面的距离，这个高度应为蜗轮宽度的一半，即 35 mm，且误差不得大于 0.17 mm，否则应改制垫圈，以使其高度合适。

10）蜗轮减速器的安装精度指标主要包括：蜗轮沿齿宽中心线与箱底平面误差不大于 0.17 mm，中心误差为 ±0.25mm，侧隙不大于 0.26 mm，接触斑点面积沿齿高不少于 50%，沿齿长不少于 55%。测量侧隙应为 0.13～0.53 mm，若过大或过小，则须检查中心线或齿面磨损量。间隙过小可能是由于中心距小，应测量中心距，测量时在轴承套、垫圈上部各定一个中心点，并用一钢丝或钢直尺将各中心点连成线，用游标卡尺测量蜗轮轴与此线的距离，再减去蜗杆轴测量处的半径，得出的数值即为中心距，并视其误差决定是否对齿进行变位修正。接触面积测量采用涂红丹粉的方法，接触不良时应对蜗杆进行修磨，以达到要求。

11）各项指标符合要求后，将箱座面清理干净，涂上 7302 胶，扣上减速器上盖，钉入定位销，并穿上螺栓，用对角线方式拧紧，最后将上盖盖上并用螺栓紧固。

12）将螺杆套盖装在箱座端，用 M22 螺栓拧紧；旋入压紧螺母 M21.5×4，用专用扳手将其拧紧，再用螺栓将压紧螺母固定住，最后装上端盖。

13）将另一端的端盖装上，并用螺栓紧固；安装平键；利用脱离器将制动轮安装在蜗杆上，加上垫片，安装螺母并拧紧，最后安装注油管。

14）安装完成后，用手沿正、反方向反复转动蜗杆，观察有无阻滞、卡死现象，出现问题应及时开盖检查。若没有问题，则可注入26号混合齿轮油到油标尺所示高度。至此，整个回装减速器组装完毕。

（2）总泵和分泵的组装

1）分泵的组装：将$\phi 27$ mm小弹簧、垫片、$\phi 38$ mm的皮碗装入缸体内。装入顶块、活塞、$\phi 30$ mm大弹簧，将M45×1.5螺母的压盖装上，再将整个缸体装入外套中。把$\phi 25$ mm的销从外套横管及活塞开口处与闸臂上端孔对准穿过，分泵头部拧上油管接头M12×1螺母，放置在机房内，待减速器落座后再将其安装上。

2）总泵的组装：将各零件清理干净，特别需保证油池底部的两个小孔透气。先把上盖装上，组装好后加油时再打开；若需连接供油管路，则此盖加油后可保持关闭状态，盖上的透气孔也要保持通畅。

3）装入单向阀，并使阀头抵住油液出口处，放入弹簧、$\phi 39$ mm皮碗和活塞，用铁棍顶住活塞并装入钢丝卡环，再将油管接头拧入泵前端的孔中。若存在供油管路，则需在上盖板上钻一个$\phi 8.6$ mm孔，并攻M10×1螺纹，最后拧上油管接头。

4）总泵装好后直接将其装到支架上。有两种安装方式：一种是放置在司机室底板下，将其用三个螺栓固定在支架上，将顶杆顶入活塞孔的槽中，再将供油管及出油管接好，出油管从机房底部通入机房内，并与分泵制动软管连接；另一种是供油管通入机房内与储油罐相连接。

5）制动踏杆装置应动作灵活，无阻滞、卡死现象，装好后灌入约1 kg制动液。脚踩制动板，空行程应小于1/5，最大行程处不应与风窗玻璃相撞。若行程不合适，则应对连杆系统进行调整。底板下有可调连杆，先调整连杆至满意；若调整后仍达不到要求，则应改变连杆长度或调整踏杆角度。

（3）回转制动器的组装

1）将旧制动带全部铲掉，再将厚度$\delta=12$ mm、宽度$B=120$ mm的制动带按照制动瓦的弧长锯下一段（弧长$l=327$ mm），用夹具夹持在制动瓦上，与制动瓦紧贴。

2）在制动瓦背面用$\phi 8$ mm的钻头沿原孔将制动带钻透，再从制动带正面按$\phi 8$ mm孔的中心用$\phi 14$ mm钻头钻鱼眼坑，坑深应达到制动带厚度的6%。

3）用$\phi 8$ mm×24 mm的铝制铆钉从正面鱼眼坑中穿过并用顶块顶住，从背面用冲子将其冲平，再用锤子的圆头将其砸牢即可（以上是铆制动瓦的方法，近来有的企业已采用高强度黏结剂黏结）。

4）对准闸臂下孔与底架孔，穿入销轴，配合公差为$\phi 30$H4/f9，两边加平垫，穿入开口销；将分泵轴抽出，套筒、缸体、活塞孔对准闸臂上的孔，将销轴从孔中穿过，两边加平垫，穿开口销。

5）对准制动瓦与闸臂孔，穿入销轴，配合公差为 $\phi 30H9/f9$，两边加平垫，穿入开口销；另一端闸臂须先装上十字轴，两端加平垫并穿入开口销。完成后安装至底架，装好后，将拉杆旋入螺纹端盖上，另一端从十字轴中间方孔中穿过，再将手轮旋上即可。最后将制动软管装在分泵上，放置一边待用。

（4）回转驱动装置的总装

待机房及上部回转部分都已吊装到门架上并安装好，用吊车将回转电动机和回转减速器从机房左侧天窗吊入机房，并放置到各自机座上之后，可以开始回转驱动装置的总装。具体安装步骤及调试方法如下。

1）将减速器吊放到机座上后，首先调整各水平轮，使五个水平轮轴线与大齿圈的滚轮轨道间距离尺寸相同（约为 250 mm），测量时可用卡钳测量水平轮中心轴外端与轨道平面的间隙（约为 202 mm）。

2）调整小齿轮与齿圈啮合位置，侧隙为 0.50～1.06 mm，接触面积沿齿长不少于 60%，沿齿高不少于 50%。调整时可先通过调整减速器的位置来完成，大齿圈沿齿宽应在小齿轮齿宽位置中部，过高或过低都不好，更不允许相互错开。

3）若水平轮安装精度与小齿轮侧隙精度发生矛盾，且是由于水平轮轨道变形及减速器座孔安装精度低所致，则彻底的解决方法是更换或校正水平轮轨道和重新调整减速器安装座孔，但此方法费工费时，且质量不易保证。在误差不是很大时，可先满足齿轮接触面积和侧隙要求，而牺牲水平轮安装精度（即转盘回转中心与下支承回转中心的重合度），这样做的结果是使水平轮各位置的顶出量有差别，导致整机晃动较剧烈，整车稳定性差。

4）水平轮及减速器齿轮调整好后，装上螺栓将减速器固定。拧紧螺栓时，应按对角线顺序逐个拧紧。将减速器的下固定座用千斤顶顶住，并将其点焊在机房下部。

5）安装制动器。用闸瓦托住制动轮，按照制动器安装要求调整定位后，将螺栓穿入制动器座孔中并拧紧。

6）移动电动机，使半联轴器与减速器的制动轮靠近，间隙为 2～10 mm，目测电动机轴与减速器蜗杆轴的同轴度。当目测同轴度不大时，将测量铁盘用螺栓拧紧在电动机半联轴器上，再将百分表支架夹持在制动轮上。转动电动机半联轴器，测量其径向圆跳动误差，并根据所测量数值进行调整，使其误差不大于 0.36 mm。调整后将电动机用螺栓固定在电动机座上。

7）测量半联轴器的端面圆跳动误差，使其在测量半径为 250 mm 时不大于 5.2 mm。调整时，将电动机机座用气割枪切开，连同电动机一起调整，直至达到要求为止。调整完毕再用电焊将其牢固地焊在转盘上。

8）撤去测量装置，安装联轴器销轴及橡胶缓冲垫，并用螺栓紧固。

9）将电动机线接好。至此回转驱动装置安装完毕。

3. 回转驱动装置的检测标准

（1）回转减速器的检测标准

1）立轴

①裂纹深度超过5%时应报废；未超过5%，可用砂轮打磨裂纹，并进行焊补、光车及探伤，确认无裂纹后可继续使用。

②与各轴承配合应符合公差要求，松旷者应涂镀。

③弯曲量每米小于0.25 mm，总长小于0.5 mm；不得有热塑性变形，否则应报废。

④与小齿轮配合的圆锥摩擦表面不得有粘连现象，否则应光车并重新修配摩擦表面。

2）蜗轮

①齿数$z=66$，模数$m=12$ mm，压力角$\alpha=20°$，螺旋角$\beta=10°18'17"$。

②摩擦表面应光滑，无沟槽，否则应光车并重新修配摩擦表面。

③无破损，裂纹深度不超过10 mm时可用砂轮打磨，或进行焊补、光车。

④$\phi155$ mm大弹簧自由长度小于或等于300 mm时应报废。

3）蜗杆：裂纹深度不得超过蜗杆直径的5%，否则应报废。用砂轮打磨裂纹处，并进行焊补、光车、探伤。蜗杆轴向齿厚小于或等于15 mm时应报废。各段与轴承配合处应无松旷，否则应涂镀；与制动轮配合公差为$\phi95$ h6处应无松旷，否则应涂镀。弯曲量不得大于0.5 mm，且不得有阻塞、卡死现象。

4）回转小齿轮：模数$m=22$ mm，齿数$z=17$，轴向齿厚小于或等于25.55 mm时应报废。圆锥摩擦表面不得有因粘连而出现的小坑，否则应进行焊补、光车，并重新研配圆锥面。

5）上、下摩擦层：摩擦锥面不应有磨损沟槽，否则应进行光车；不得有破损处及深裂纹。裂纹深度小于10 mm时可以用砂轮打磨并进行焊补、光车，经探伤无裂纹后方可使用。

6）轴承套：整体应无变形。装于减速器上时，不应使上、下接触表面产生大于0.03 mm的间隙，否则应进行光车。与轴承配合公差为$\phi200H7$处不得松旷，否则应涂镀。

7）减速器上、下盖应无破裂，否则应予以更换。

8）下固定座圈与套筒配合符合公差要求（$\phi470$ h8），间隙大于0.30 mm时需重新配固定圈，下套筒应光车。

（2）回转制动器的检测标准

1）当制动轮壁厚 $S \leq 5$ mm 时应报废。制动轮不得有破损、裂纹，否则应报废，不得修补。轴孔配合公差为 ϕ70H7。

2）闸架应无晃动，油管应无漏油及弯曲变形，否则应予以更换；总泵、分泵应密封良好，无活塞卡死现象，否则应更换活塞；大修时应更换油封；总泵弹簧的自由长度 $l<85$ mm 时应予以更换；分泵弹簧的自由长度 $l<70$ mm 时应予以更换；ϕ28.5 mm 弹簧的自由长度 $l<39$ mm 时应予以更换。

（3）大齿圈轨道的测量

1）圆度误差不得大于 5 mm，否则应进行光车。

2）小齿轮与大齿圈啮合良好，接触面积应达到要求，无咬偏现象，中心距偏差不得大于 0.4 mm。不得出现一边啮合过松、有冲击，而另一边啮合过紧、出现异常噪声甚至卡死的现象。沿大齿圈整个圆周应啮合一致。

（4）回转减速器的试验及检验

1）跑合试验。回转减速器在装配合格后应进行跑合试验。试验前应按规定注入润滑油，在额定转速及轻微制动下进行正、反方向运转，运转时间不得少于 2 h。

运转中不得有冲击，漏油，不正常的振动、噪声及连接件、紧固件松动现象。

2）负荷试验。回转减速器跑合试验后，应进行负荷试验。负荷试验的条件应与工作条件相同，试验时间在正、反方向各运转不得少于 2 h。

对负荷试验的要求如下。

①在额定负荷下，蜗轮齿面接触斑点应符合要求，且双向运转时蜗轮轮齿两侧接触表面应对称于蜗轮中心平面。

②减速器在额定负荷和额定转速下试验时，油池温升在 60 ℃以下，最高温度不得超过 85 ℃。

③减速器运转应平稳、正常，不得有冲击、异响和噪声。各密封处、接合处不得有漏油、渗油现象。

（5）回转机构试车验收要求

1）启动时无冲击或阻滞现象，自动加速正常。

2）转速均匀，正、反转一致，运行中应轻快、灵活。回转速度误差不得大于5%。

3）小齿轮无下沉现象，而且与大齿圈啮合状态应良好。

4）脚踏制动器有效，制动后制动轮应能缓冲转动，使机房继续回转 1/6~1/4 圈。制动带与制动轮间隙为 0.5~2.0 mm。

5）下支承不得有异常响声。

6）无过热和漏油现象。

第三节 变幅机构的修理

一、变幅驱动装置的拆卸

1. 变幅电动机的拆卸

拆下变幅电动机电源线。拆下电动机与齿轮泵联轴器的连接螺栓，取下缓冲胶垫。将传动带拆下，再拆下电动机底座螺栓。使用规格为 $\phi 13\ mm \times 1\ 000\ mm$ 的钢丝绳通过 $\phi 20\ mm$ 的卡环与电动机吊耳相连。将吊车吊钩落到电动机上方，挂上钢丝绳。并起升吊钩，将电动机吊起，并放于地面。

2. 放油

将油箱回油管与箱盖的连接螺母拆下，取下箱盖。用吊车把吸油泵吊放在机房左侧，将出油管插入空油桶中，吸油管插入油箱中。接通吸油泵电动机电源，启动吸油泵电动机，将废液压油吸出。

3. 齿轮泵的拆卸

拆掉齿轮泵进、出油口的管接头。将规格为 $\phi 11\ mm \times 1\ 000\ mm$ 的钢丝绳系绕在泵体上，将吊车吊钩落于齿轮泵上方，挂上钢丝绳，并略张紧。拆下泵体与支架连接螺栓，起升吊钩将齿轮泵吊走。

4. 叶片泵的拆卸

将叶片泵进、出油管接头拆掉，拆下泵体与支架连接螺栓，取下叶片泵。

5. 电磁阀的拆卸

将电磁阀各进、出油管接头拆掉，拆下电源线，取下电磁阀。

6. 溢流阀的拆卸

（1）将大溢流阀进、出油管接头拆掉，再将泄油管接头拆下，取下溢流阀。

（2）将小溢流阀进、出油管接头拆掉，再将泄油管接头拆下，取下溢流阀。

7. 压力表开关的拆卸

拧下压力表，再将压力表与开关连接的油管接头拧下，取下开关。

8. 变幅液压缸的拆卸

变幅液压缸的结构如图 3-3-1 所示，其拆卸步骤如下。

（1）用一根规格为 $\phi 13\ mm \times 1\ 500\ mm$ 的钢丝绳绕在液压缸缸体 5 中间，另一端挂在吊车钩头上，一人手持一端，用吊车将液压缸吊起，放在支架上。

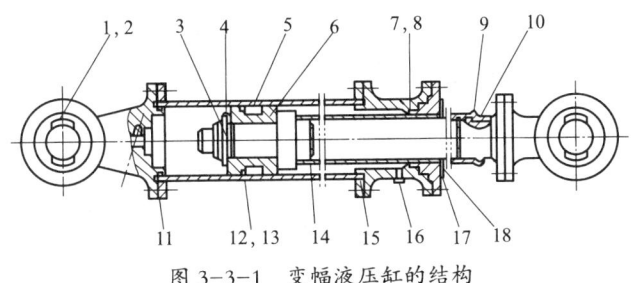

图 3-3-1 变幅液压缸的结构

1，2—球铰、球轴承　3，9—锁紧螺母　4—止退垫圈　5—液压缸缸体　6—活塞　7—上腔油封骨架
8—上腔油封　10—连接键　11—压盖　12—L形密封圈　13—进油孔螺塞　14—O形油封
15—活塞杆　16—活塞油封（U形）　17—活塞油封骨架　18—O形圈

（2）将硬管接头拆掉，拆下硬管；将油桶放在油管出口。

（3）将分配器与液压缸连接的螺栓拆掉，拆下分配器。

（4）将液压缸下铰头与缸体连接的螺栓拆掉，拆下下铰头，并用接油盘接油液，放尽油液。

（5）将主缸体与上缸体的连接螺栓拆掉，用扁铲沿接缝处顶开一条缝，并向外推拉上缸体，使缸体内的废油放尽。放油时在接缝下方放置一个油桶，以免污染环境。

（6）油液放尽后，在主缸体和上缸体之间穿三个长螺栓，用一根规格为 $\phi 13\,mm \times 1\,500\,mm$ 的钢丝绳从液压缸上铰头孔中绕过，另一端挂在吊车吊钩上，并将液压缸下表面立在铺草包的平整地面上。用吊钩放松钢丝绳，将三个螺栓放下，吊起吊钩，将液压缸活塞及上缸体等一同吊出，并放到铺草包的地面上，拆去钢丝绳。

（7）将钢丝绳系在缸体上，将其吊放到液压缸支架上。

（8）将钩形键退回，将连接盘连同上铰头一起旋下，依次拆下锁紧螺母3、止退垫圈4、活塞6和油封。

（9）将压盖11、L形密封圈12拆下。将液压缸端与缸体的连接螺栓拆下，抽出上缸体，取下所有油封。将液压缸上、下球铰1取出。至此，液压缸拆卸完毕。

二、变幅驱动装置的组装

1. 油箱的安装

油箱清理干净后即可开始组装。要先检查下端的放油阀是否好用，若丢失或已损坏，则应安装一个新的放油阀。装妥后，将大方、小圆两个滤油网放入相应孔中，用螺栓紧固大滤油网箱盖，并将小滤油网箱盖盖上（可先不拧紧螺栓）。

2. 各部件的安装

（1）将电动机轴的平键装上，再将电动机半联轴器加热到200～300 ℃后，装在电动机轴上，配合公差为 $\phi 48H7/k6$，冷却后应不松旷。用同样的方法安装齿轮泵、叶片泵的联轴器。

（2）将电动机、齿轮用吊车吊放至底座上，拧上螺栓，调整齿轮泵半联轴器与电动机半联轴器的端面及径向圆跳动，使两部件轴线的同轴度误差在 0.16 mm 以内、倾斜度在 40°以内。端面间隙以能放入橡胶缓冲垫为宜。调整完毕后将电动机座螺栓拧紧，再将齿轮泵进油硬管及接头装上并拧紧。注意，齿轮泵硬管接头平面有 O 形圈，装时勿忘。

（3）将叶片泵安装到支座上，拧上螺栓，将两根 A-970 型 V 带安装至电动机半联轴器的带槽中，另一端装入叶片泵半联轴器的带槽中，调整叶片泵的位置，使 V 带与电动机轴垂直并张紧，再将叶片泵底座螺栓拧紧。注意，叶片泵轴线应尽量与电动机轴线平行。

（4）将大溢流阀 YF-L32H 的进油口硬管接头装上，并安装在油箱上。另一端接到齿轮泵出油口，位置合适后用大扳手将硬管接头拧紧。最后将分配器进油口硬管接头与溢流阀出油口连接好并拧紧。注意，硬管连接时要紧密，不应有间隙；若位置不合适，则用瓦斯火焰将管子烤热矫形，确保其密封性能；硬管分布要尽量平直，要合理安排各管的长短及位置高低，确保连接紧密且无应力；硬管不允许有小于 90°的弯折现象。

（5）安装叶片泵进、出油管，再将出油管连接至小滤油器；从小滤油器出口接出油管，并接到小溢流阀进油口。

（6）安装电磁阀：先将分配器控制油路进、出油管接到电磁阀 A、B 腔，再将电磁阀进油管接到电磁阀 P 腔，另一端接到小溢流阀出油口，位置合适后将各管接头拧紧；将电磁阀出油管接到 O 腔，另一端接到油箱上并拧紧。

（7）将一小段油管及接头装到小溢流阀的另一个出油口，并拧紧。将压力表开关及接头接到油管末端，并装上 4 MPa 压力表。

（8）将分配器各高压软管接头接到相应位置，不可接错。

（9）在液压缓冲器中装满氮气，压力应为 3 MPa，然后接到分配器上。

（10）装上压力表开关及接头，压力表量程应为 25 MPa。

（11）从注油孔将 900 kg 20 号抗磨液压油注入油箱内，盖上小滤油网盖，并用螺栓拧紧。

（12）连接电动机及电磁阀电源线，至此，变幅液压系统安装完毕。

三、变幅机构的修理

1. 变幅机构常见故障和排除方法

（1）变幅启动或制动时有猛烈振动、冲击

1）齿轮齿条传动的变幅系统

①产生原因：齿轮、齿条磨损使啮合间隙变大；齿条变形，使齿轮啮合传动不平稳；缓冲装置中的缓冲橡胶块老化，失去弹性。

②排除方法：调整齿轮、齿条的啮合间隙，若齿轮、齿条的磨损量超过标准，则

应予以更换；校正齿条变形；更换老化的缓冲橡胶块，调整缓冲装置。

2）液压传动的变幅系统

①产生原因：油液流量过大，导致变幅启动、制动时间过短；液压缓冲器中的氮气压力不足。

②排除方法：调整换向阀，减小油液流量，延长变幅启动、制动时间；在调整无效的情况下检查液压缓冲器内的氮气压力是否充足，若不足，则重新充氮气。

（2）变幅动作出现滞移现象

1）产生原因：溢流阀的启动压力过低；油封处严重泄漏。

2）排除方法：调整溢流阀的启动压力；更换损坏或失效的油封。

2. 变幅机构的检修

（1）齿轮齿条传动装置的检修

1）用标准齿形检查齿厚的磨损量：齿轮、齿条的齿厚磨损量不得超过原齿厚的30%，否则应更换新件。

2）若齿条变形，则将齿条与底板拆开，用压力机校直齿条，重新加工底板，再用螺栓将齿条与底板连接。若经过测量底板已平整，则说明齿条变形已修复。

3）齿条导向装置导向滚轮表面的磨损量不得超过30%。若经检查已超过，则应予以更换。

4）若缓冲器的橡胶块已老化，则应予以更换；若因套筒磨损导致套筒与缓冲器中心轴的配合间隙超过要求，则应更换套筒。

（2）臂架系统的检修

臂架在载荷的作用下，翼缘板和腹板会受压变形，侧向翼缘板形成波状鼓曲，腹板可能出现斜向波状鼓曲。臂架的弯曲变形可采用火焰校正法进行修复。如果臂架下挠变形均匀而光滑，则可对称布置加热区；如果臂架下挠变形不规则，则可在下挠变形突出部分多布置几个局部小加热区，集中火焰喷烤这些加热区至 600 ℃ 以上，使金属产生变形，冷却后金属收缩，可使臂架变形恢复原状。

若臂架腹板有凸出的波状鼓曲，则可用螺栓通过圆点加热法加热凸出部位。从波顶上开始，由里向外螺旋移动加热；加热后立即用平锤锤平，先锤边缘，再锤中间；自然冷却后进行第二次加热，再锤平。

由于变幅机构工作速度较快，动载荷较大，因此臂架系统的结构件易发生焊缝开裂，修复时一般先铲除原有的焊缝，再进行焊补。不要使结构件在受拉状态下施焊，应将结构件拆下或采取措施使其在受压状态下施焊。

臂架系统的结构件都是箱形结构。如果发现箱形结构件的外表有缝隙或漏洞，则要焊接封好，以免出现内部锈蚀；若结构件的漆膜脱落，则应先除锈，涂好防锈漆后再刷漆。

（3）齿轮、齿条啮合间隙的调整

齿条导向装置有三个导向压轮，其中一个是上压轮，两个是下压轮。

如图3-3-2所示，下压轮通过轴承支承在偏心轴上，偏心轴一端带有外齿轮，外齿轮与防转齿圈相啮合。防转齿圈用两个螺栓固定在支承板上，而偏心轮也支承在支承板上。齿轮、齿条安装好后，通过调节压轮装置来调整齿轮、齿条的啮合间隙。首先松开防转齿圈的固定螺栓，使防转齿圈与外齿轮脱开，然后转动偏心轴，调节压轮与齿条的接触程度，即可调节齿轮与齿条的啮合状况。当齿轮、齿条的啮合面积沿齿长不小于50%，沿齿高不低于40%，即齿轮、齿条啮合满足要求时，套上防转齿圈，再拧紧防转齿圈固定螺栓，即调整完毕。

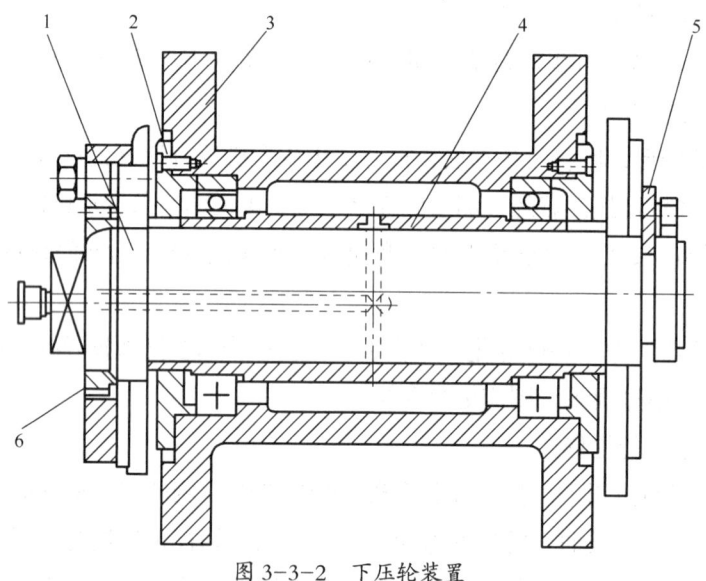

图3-3-2　下压轮装置

1—偏心轴　2—压盖　3—下压轮　4—轴套　5—卡板　6—防转齿圈

第四节　小车运行机构的安装与检测

桥架类起重机的起重小车在装卸工作中需高速往返于桥架轨道上，因此，对小车运行机构的安装质量要求较高。下面对小车运行机构各部件的安装与检测分别进行介绍。

一、小车车轮的安装

1. 小车车轮的安装程序

（1）如图 3-4-1 所示，将车架底面向上平放于地面。

（2）将四组车轮分别吊放于相应位置。

（3）在角形轴承箱垫板涂抹润滑油后，将其装入角形轴承箱槽内。

（4）安装螺栓组。

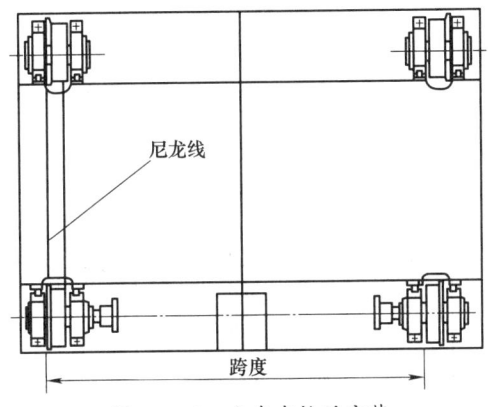

图 3-4-1　小车车轮的安装

（5）用铜锤敲打两轴承箱，使其轴承内、外座圈吻合，拧紧螺栓。

（6）用撬杠撬拨车轮，确认轴承有轴向窜动量（游隙）（见表 3-4-1），用手转动车轮，应松紧均匀、无阻滞现象。若窜动量大，则可打开两边外侧轴承盖，在轴承外座圈处加适当厚度的垫片（见表 3-4-2），加在哪一边要根据跨度尺寸偏差大小而定（即跨度小时加在内侧，跨度大时加在外侧）。图 3-4-2 所示为小车车轮组件的安装。

表 3-4-1　允许的轴承轴向游隙

车轮直径 /mm	轴承型号	允许的轴承轴向游隙 /mm
250	7512	0.08～0.15
350	7518	0.12～0.18
400	7520	
500	7524	

表3-4-2 轴承间隙垫片尺寸　　　　　　　　　　　　　　　　　　　单位：mm

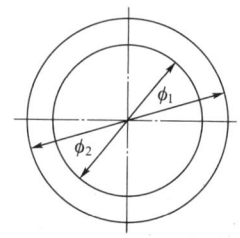

车轮直径	ϕ_1	ϕ_2	垫片厚度δ
250	109	95	2.0
350	159	145	1.0
400	179	165	0.5
500	214	200	0.3

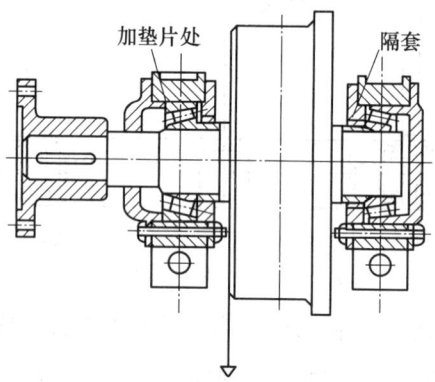

图3-4-2 小车车轮组件的安装

（7）在调整轴承的同时，要检验其跨度、水平度。当水平度不符合要求时，可在垂直方向的垫板后侧加垫片，垫片尺寸见表3-4-3。

表3-4-3 轴承箱安装用垫片尺寸　　　　　　　　　　　　　　　　　单位：mm

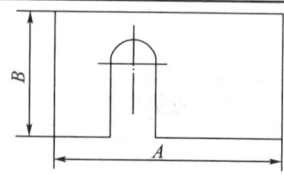

车轮直径	A	B	垫片厚度δ
250	175	30	2.0
350	195	50	1.0
400	220	50	0.5
500	255	50	0.3

(8) 跨度、水平度都符合要求后，将上平台调至水平。

2. 小车车轮调整水平的操作程序

(1) 把小车吊至专用轨道，检验其车轮的垂直度。若不符合要求，则松开螺栓，在轴承箱下加垫片进行调整。

(2) 调整好垂直度后，再调整四个车轮踏面的同一平面性。

(3) 用撬杠撬起从动车轮，测量其车轮踏面与轨道平面间隙，以确定所加垫片的厚度。加垫片时可用千斤顶将车架顶起，然后松动螺栓，再加垫片进行调整。由于悬空的轮子一般出现在靠近起升电动机端的从动轮处，因此，加垫片时可在该轮处测得的间隙数值上加 0.3 mm 以消除虚水平。

(4) 水平调整好后，拿下支架放在地面上，再次检查跨度偏斜及轴向窜动量，方法同上。

(5) 各项要求均符合规定后，焊接车轮垫板两端头。

(6) 在小车翻正前，先安装固定滑轮。

3. 小车车轮安装检测技术要求

(1) 装配好的空负荷小车，各车轮与轨道接触点形成的平面度误差为 Δh_1（见图 3-4-3），此误差应相对于两轨道顶部形成的标准平面进行评估，并按表 3-4-4 取值。

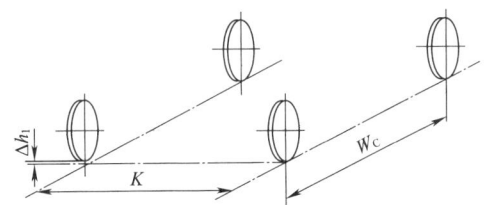

图 3-4-3　小车车轮安装平面度误差 Δh_1

表 3-4-4　各车轮与轨道接触点形成的平面度误差　　　　　　　　　单位：mm

W_c 和 K 中的较小值 m	0.5~1.0	>1.0~1.5	>1.5~2.0	>2.0~2.5	>2.5~3.0	>3.0~3.5	>3.5~4.0
Δh_1	0.7	1.0	1.3	1.3	2.0	2.3	2.7
W_c 和 K 中的较小值 m	>4.0~4.5	>4.5~5.0	>5.0~5.5	>5.5~6.0	>6.0~6.5	>6.5~7.0	>7.0~7.5
Δh_1	3.0	3.3	3.7	4.0	4.3	4.7	5.0

(2) 由小车车轮量出的轨距（图 3-4-3 中 K 值），其极限偏差不得超出 ±2 mm。

(3) 在车轮架空的情况下测量车轮垂直偏斜，应符合下列规定。

1) 当采用镗孔直接安装车轮轴时，对双梁起重机小车车轮的轴线垂直偏斜，允许

在 $-0.0005 \leqslant \tan\alpha \leqslant 0.0025$ 范围内（见图3-4-4）。

2）当采用角形轴承箱，通过测量车轮截面来控制这种偏斜时，测量值 a 应不大于 $l/400$（l 为测量长度），且小车车轮端面上侧应偏向外侧，如图3-4-4所示。

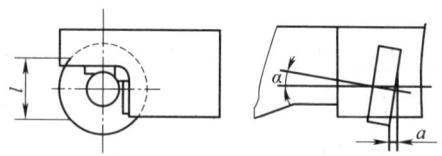

图3-4-4 小车车轮的垂直偏斜

（4）起重小车车轮轴线在水平面的偏斜角应符合以下规定：当采用角形轴承箱结构，通过测量车轮端面来控制这种偏斜时（见图3-4-5），测量值 $|P_1-P_2|$ 对于小车应不大于表3-4-5所列要求。但在同一轴线上的两个小车车轮偏斜方向应相反。

（5）如果车轮轴承为锥形滚子轴承，则其轴向游隙应按表3-4-1的要求调整。

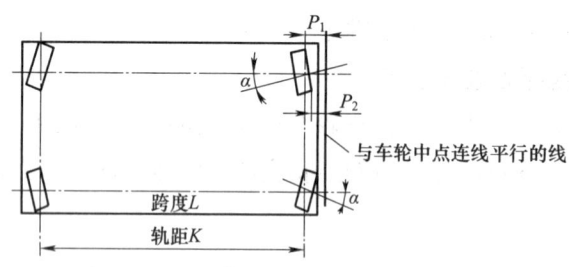

图3-4-5 小车车轮轴线在水平面的偏斜

表3-4-5 测量值 $|P_1-P_2|$ 的范围

机构的工作级别	M1	M2～M5	M6，M7
$|P_1-P_2|$（不大于）	$l/800$	$l/1000$	$l/1200$

（6）小车车轮的安装过程中，在角形轴承箱下加垫垫片的层数应不超过三层。

二、小车行走减速器的安装

1. 小车行走减速器的号孔及钻孔

（1）先把号孔胎挂在两个主动车轮伸出轴端的轴接手上，再将其推靠至减速器座板上，注意号孔板上、下应无间隙；然后向左移动号孔胎，靠紧左边接手盘，用划针在紧贴号孔胎的 B 面划刻线，如图3-4-6所示。

（2）向右移动一次号孔胎，同样贴 B 面划刻线。最后把号孔胎 B 面移于两刻线中间，即可号孔。

（3）取下号孔胎，打上样冲眼，画基准圆，钻孔。

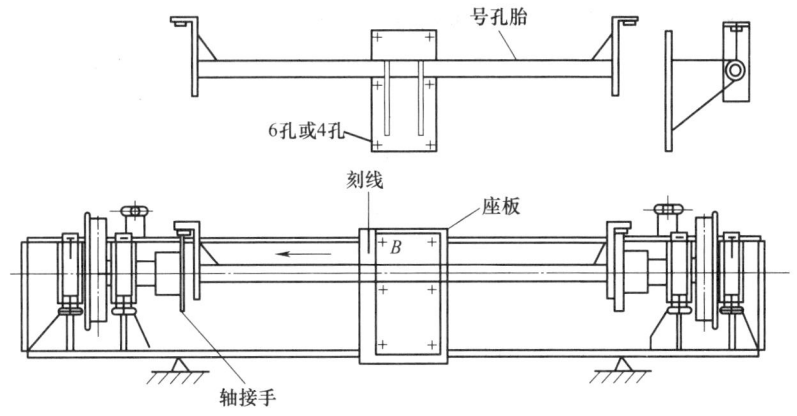

图 3-4-6 小车行走减速器的号孔

2. 小车行走减速器的安装工艺（见图3-4-7）

（1）将小车架倒置于安装平台上，并将主动侧吊起垫高约 400 mm。

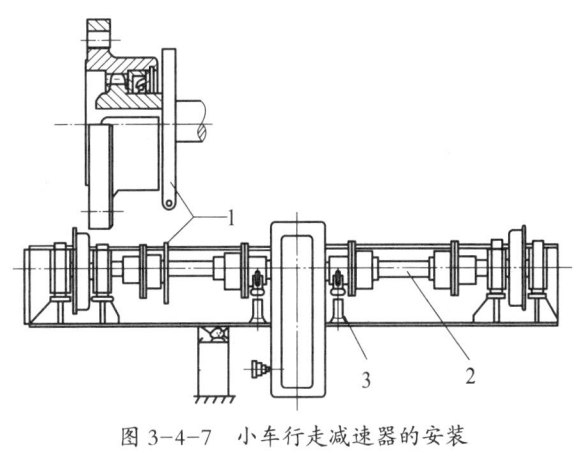

图 3-4-7 小车行走减速器的安装
1—平尺 2—慢速轴 3—V形千斤顶

（2）将固定减速器用的螺栓和垫板装于车架上。

（3）将低速轴和减速器安装在一起，注意加润滑脂和纸垫。

（4）吊起减速器组件，与车架一同穿入螺栓，拧上螺母，暂不拧紧。

（5）连接两个半联轴器，注意加润滑脂和纸垫，拧紧所有接手螺栓。

（6）用V形千斤顶在减速器下加垫板，调整其同轴度。具体方法如下：先拧上减速器螺栓，同时调整千斤顶，用平尺检查慢速轴两端外齿圈与内齿圈端面间隙大小，在水平和垂直方向分别检查并调整一致（水平方向歪斜时，调整减速器座下垫板厚度；垂直方向歪斜时，调整V形千斤顶）；左右拖动慢速轴，检查两边轴向窜动量，两边轴向窜动量相对差不得大于3 mm；调整完成后，拧紧减速器螺栓，焊接垫板和挡铁。

（7）当小车架翻转时，拧紧行走减速器上端的两个螺栓，减速器下方可加垫板。

3. 小车运行机构电动机、制动器的安装（见图3-4-8）

（1）按照电动机装制动轮的方法，将装好的电动机制动轮组件吊装到小车架指定位置，并穿上螺栓。

（2）按联轴器型号所规定的间隙，用卡板检查尺寸 K。

（3）对于电动机轴线与减速器主动轴轴线，若可用卡板在上方和前、后两侧卡平，则为同轴。

（4）点焊电动机座。

（5）连接联轴器，检查齿壳窜动量大小。

（6）安装制动器，使制动瓦与制动轮轴向对中，其同轴度误差不得大于 3 mm。调整制动轮或制动臂，使对角线尺寸差不大于 2 mm。

（7）同时调整制动轮与制动瓦，使其在宽度方向一致。制动带与制动轮的平行度误差在带宽为 100 mm 时不得超过 0.1 mm。

（8）将制动轮安全挡板焊接于制动座上。

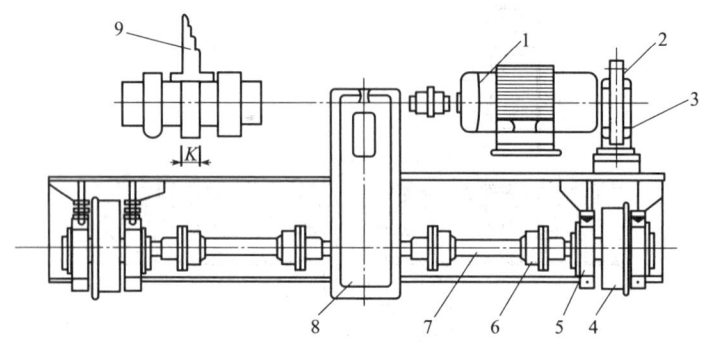

图 3-4-8　小车运行机构电动机、制动器的安装

1—电动机　2—制动器　3—挡板　4—车轮　5—角形轴承箱
6—联轴器　7—传动轴　8—减速器　9—卡板

第五节　大车运行机构的安装与检测

桥式起重机、装卸桥及门座式起重机大车运行机构的安装归纳起来有以下几部分。

一、大车桥架垫水平

在大车运行机构安装前,应先将桥架垫水平(见图3-5-1),以便下一步安装与检测。桥架垫水平的技术要求及操作如下。

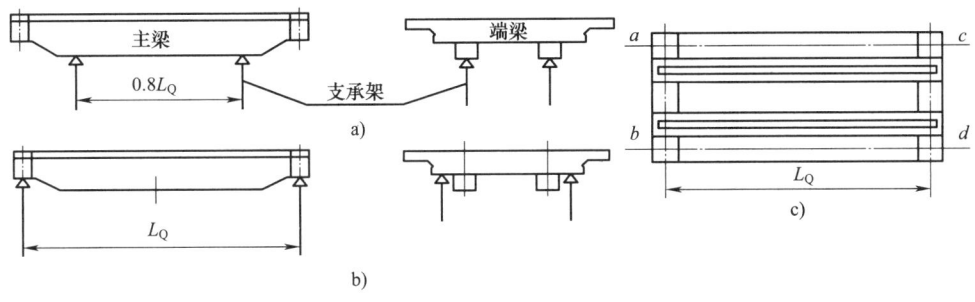

图3-5-1 大车桥架垫水平

1. 跨度 L_Q>22.5 m 的桥吊,支点应垫在主梁下方,且相距 $0.8L_Q$,如图3-5-1a 所示。

2. 跨度 L_Q<22.5 m 的桥吊,支点应垫在端梁下方,如图3-5-1b 所示。

3. 在 a、b、c、d 四点水平偏差应小于 5 mm,如图3-5-1c 所示。

4. 水平偏差可用水罐或水平仪测量。

二、大车车轮的安装与检测

1. 大车车轮的安装

(1)把车轮垫板装入瓦机槽内。如图3-5-2所示,捆好钢丝绳(起吊钢丝绳应按图示方法相绑,便于安装主动车轮,也可避免轴伸出端与走台相碰)。

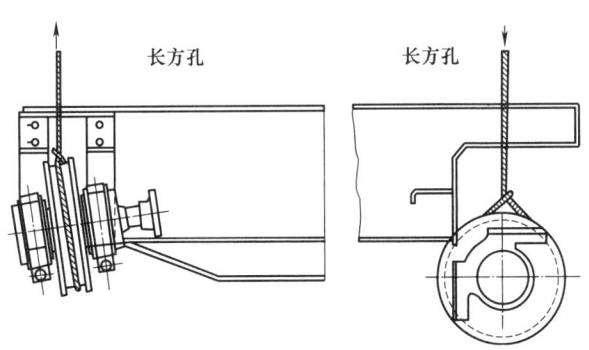

图3-5-2 大车车轮的安装

(2)从动车轮的吊装。将钢丝绳穿入长方孔内,一次起吊,靠上弯板,装好螺栓。

(3)主动车轮的吊装。先把主动车轮起吊到上走台,并将车轮上轮毂卡于横梁弯板内;然后松下钢丝绳,使其穿入方孔内起吊,靠上弯板,装好螺栓。吊装中要注意安全,防止松绳时车轮滑出。

2. 大车车轮垂直倾斜的检测与调整

（1）如图3-5-3所示，在车轮外端基准面悬吊线锤，大车车轮精加工时在基准端面车有一条沟，安装时此沟应在跨度外侧，作为装配、检查、测量的基准。

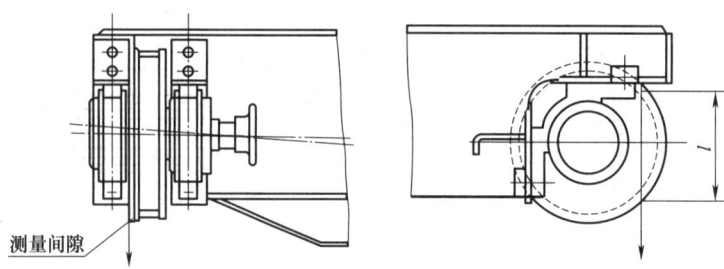

图3-5-3　大车车轮垂直倾斜的检测

（2）测量垂直倾斜间隙 δ 值，不得超过 $l/400$（l 为测量长度）。

为了确保满足技术要求，δ 值尽可能控制在 $l/1\,400 \sim l/800$ 为宜，可加垫板进行调整。同时还需要考虑温度变化及大梁支点位置的影响。

当支点不在端梁下方时（即在大梁下盖板转弯处），车轮的倾斜间隙值应该加大 $0 \sim 0.3$ mm。

（3）调整好后，焊接垫板的两端头。注意调整垫板的层数不得超过三层。

3. 大车车轮水平偏斜的检测与调整

（1）在同一端梁，主、从动车轮两侧的下方，用 $\phi 0.5 \sim 0.8$ mm 的尼龙线拉两条线 A—A 和 B—B，如图3-5-4所示，调整和检测内、外侧与拉线之间的间隙，根据水平偏斜应不大于 $l/1\,000$ 的要求和车轮偏斜方向的规定，判断调整部位并进行调整。调整时可在轴承箱垫板下加调整垫片，但最多不得超过三层。

（2）检测与调整的技术要求

1）水平偏斜不得大于 $l/1\,000$，如图3-5-4所示。

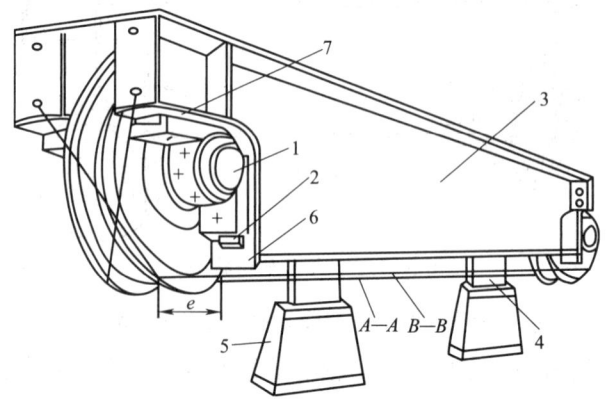

图3-5-4　大车车轮水平偏斜的检测与调整

1—角形轴承箱　2—垫板　3—端梁　4—垫块　5—支承架　6—弯板垂直处　7—弯板水平处

2）在水平偏斜的允许范围内，车轮的偏斜方向应相反，同时一端梁与另一端梁上两主动车轮与从动车轮的偏斜方向也应相反。

大车车轮水平偏斜允许的组合形式如图 3-5-5 所示。

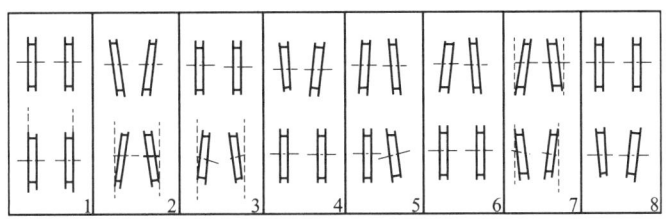

图 3-5-5　大车车轮水平偏斜允许的组合形式

4．大车车轮跨度的测量

（1）测量跨度的技术要求

1）跨度应为 $L_Q \pm 5$ mm。

2）同一台车上，两侧跨度相对差应小于 5 mm。

3）钢卷尺需根据表 3-5-1 进行修正。

表 3-5-1　钢卷尺本身的检查修正值

跨度 /m	拉力 /N	钢卷尺截面尺寸 /（mm×mm）			
		修正值 /mm			
		10×0.25	13×0.20	15×0.20	15×0.25
10.5	100	2	2	1	1
13.5		2	2	2	1
16.5		2	2	2	0
19.5		3	2	1	0
22.5	150	6	5	4	2
25.5		6	6	4	2
28.5		7	6	4	2
31.5		7	6	4	1

4）测量时，钢卷尺自由下垂，中间不用托起。

（2）测量方法

1）如图 3-5-6 所示，将钢卷尺一端用钢卷尺卡子卡紧，把卡子平面卡在车轮外端面上，另一端用弹簧秤拉到规定拉力，用钢直尺卡在另一车轮的内端面，钢卷尺读数值与钢直尺和钢卷尺重合时钢卷尺读数值之差即为测量跨度值。若测量值不符合要求，应松开螺栓进行调整。

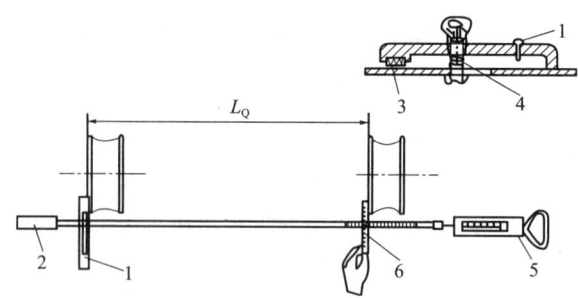

图 3-5-6 大车跨度的测量

1—钢卷尺卡子 2—钢卷尺 3—橡胶垫 4—弹簧 5—弹簧秤 6—钢直尺

2）在调整车轮跨度时也应调整水平偏斜，检查垂直倾斜，即垂直、水平、跨度三者是互相影响的，不能顾此失彼。

3）测量时需考虑修正值，还必须考虑钢卷尺本身的检查修正值，具体修正值见表 3-5-1。

注：测量所得钢卷尺上的读数加上修正值即为起重机大车车轮的实际跨度。

例如，大车车轮跨度为 25.5 m，用截面尺寸为 15 mm×0.20 mm 的钢卷尺来测量。由表 3-5-1 查得，应该使用的拉力为 150 N，修正值为 4 mm。这样测量大车跨度时，钢卷尺上的读数应为 25 500 mm−4 mm=25 496 mm。

三、大车驱动机构的安装与检测

大车驱动机构的常见类型有两种，一种是分别驱动（见图 3-5-7），另一种是集中驱动（见图 3-5-8）。

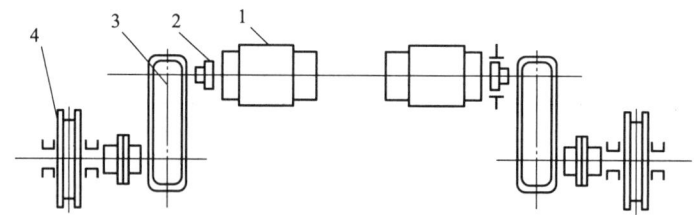

图 3-5-7 大车分别驱动机构

1—电动机 2—联轴器 3—减速器 4—卷筒

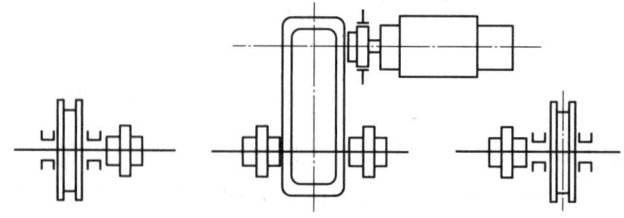

图 3-5-8 大车集中驱动机构

1. 大车集中驱动机构的安装与检测

（1）检测技术要求

1）传动系统安装的上拱度不得大于 $L_0/1\,000$。

2）传动系统浮动轴窜动量应符合相关规定。

3）传动轴的径向摆幅应不大于 1 mm。

（2）安装操作程序

大车集中驱动机构的安装如图 3-5-9 所示。

1）垫上提前做好的减速器垫板，安装减速器，拧上螺栓。

2）在车轮最外点用 ϕ0.8 mm 的尼龙线拉出线 C—C。

3）拨动减速器，确保减速器两边轴接手高度相等。

4）用钢卷尺测量，确认 $l_1=l_2$，然后拧紧减速器螺栓。

5）连接减速器两边传动轴各法兰接手，通过 D—D 和 E—E 线测量前后位置。

6）通过 A—A 和 B—B 线确定上下位置及轴承座垫板厚度。

7）推动浮动轴，检查轴向窜动量，其值应符合规定。

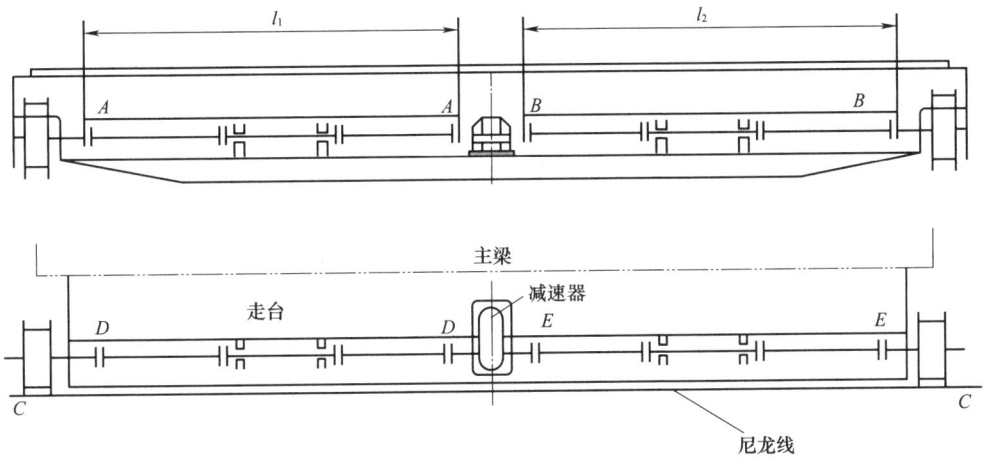

图 3-5-9 大车集中驱动机构的安装

8）检查各轴承座的通盖孔和轴的间隙大小，调整轴承的歪斜。

9）焊接垫板、挡板等。

2. 大车分别驱动机构的安装与检测

（1）检测技术要求

1）减速器安装完成后，其中心应略高于车轮中心。

2）装配好的联轴器外座圈窜动量应符合规定。

3）高速轴的轴向窜动量应符合规定。

4）制动器安装后按图 3-1-5 检查对角线，L_1 与 L_2 之差应不大于 2 mm；其中心

高 H 在 $D<200$ mm 时应不大于 2 mm，$D\geqslant200$ mm 时应不大于 3 mm。

（2）安装操作程序

大车分别驱动机构的安装如图 3-5-10 所示。

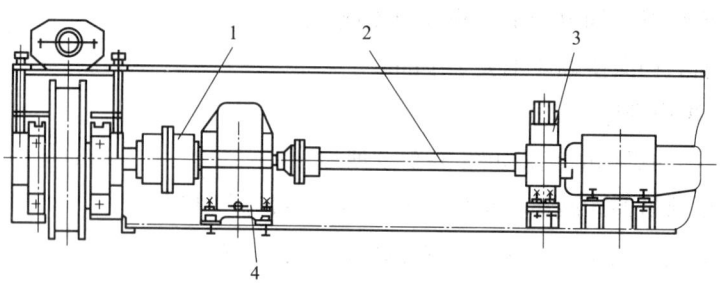

图 3-5-10 大车分别驱动机构的安装
1—联轴器 2—快速轴 3—制动器 4—减速器

1）安装减速器。

2）安装联轴器。

3）安装高速轴和电动机（制动器预先套在轴上）。

4）调整及安装制动器。

5）装配高速轴两端的密封环。

3. 高速轴和电动机、制动器的安装

（1）先将高速轴上应装配好的零件全部安装好，如图 3-5-11 所示。然后把已准备好的高速轴一端装入电动机制动轮联轴器的内齿圈内。

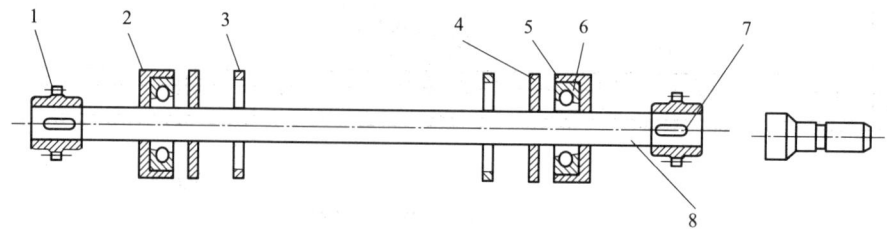

图 3-5-11 高速轴的装配
1—外齿圈 2—挡圈 3—胀圈 4—挡环 5—弹簧 6—密封圈 7—键 8—轴

（2）套上制动器，扶起轴的另一端，装入减速器内齿圈内。

（3）用钢直尺卡在减速器主动轴外齿圈端面和制动轮联轴器外齿圈端面，确定啮合歪斜情况及窜动量，不符合要求时应调整电动机的前后和高低，直至窜动量符合要求。

（4）调整好后，点焊电动机座。

（5）安装和调整制动器，调整好后焊接制动座加以固定。

(6)安装高速轴密封圈。

4. 大车分别驱动减速器的安装

大车分别驱动减速器的安装如图3-5-12所示。

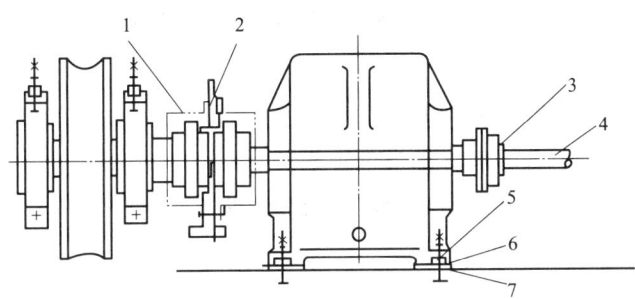

图3-5-12 大车分别驱动减速器的安装

1—全齿联轴器 2—卡板 3—半齿联轴器 4—浮动轴 5—挡铁 6—垫板 7—调整垫片

(1)将已确定好的减速器垫板和减速器安装就位,并装上螺栓。

(2)调整轴头间隙:把外齿圈分别拨开,用卡板测量轴头间隙,确保其为10 mm。

(3)用卡板的另一端卡在轴肩的指定位置,使其轴头对中。

说明:第一,调整轴头间隙和同轴度时,在减速器垫板下需加垫片来使其达到要求;第二,安装减速器时,要求其中心略高于车轮中心,其原因一是垫板焊接后减速器会下沉,二是大车承载后减速器会产生向下位移。

5. 低速浮动轴的安装

(1)安装技术要求

1)键与轴槽、壳槽的配合应符合规定。

2)键四边倒角应为$C0.5$ mm,端头倒角应为1.5 mm$\times 30°$。

3)加热装配外齿圈,加热温度不得超过180 ℃。

(2)安装操作程序

1)除去零件的毛刺和污物,并配键。

2)把两组装配好的齿轮联轴器内齿圈套在轴上,注意其正反。

3)在轴端涂抹白铅油与机油的混合油。

4)把加热的外齿圈套在轴上加垫胎打入,注意其正反。

6. 带轴承座低速轴的安装

(1)安装技术要求

1)键与轴槽、壳槽的配合应符合规定。

2)键四边倒角应为$C0.5$ mm,端头倒角应为1.5 mm$\times 30°$。

3)加热装配外齿圈和轴接手,加热温度不得超过180 ℃。

（2）安装操作程序

1）去除零部件的毛刺和污物。

2）打开轴承箱，铲油沟，然后经轴承添加润滑脂，清理后装配轴承箱组件。

3）先取下隔套，用套筒胎把轴承箱装在轴上（注意其正反），然后把隔套套在轴承上。

4）把齿形联轴器组件套在轴的另一端。

5）配键，检查轴、孔的配合是否符合要求。

6）在轴头配合表面涂抹白铅油与机油的混合油。

7）热装外齿圈和轴接手。

第四章
金属结构的检测和修理

第一节 金属结构概述

一、金属结构的作用
1. 金属结构作为机械设备的基础,承托起整个设备。
2. 金属结构作为结构件,承载因机构运行而产生的各种力量。
3. 金属结构作为附属构件,完善设备的性能。

二、金属结构的构成与种类
1. 结构构成

金属结构由单独构件和连接件组成。

2. 结构种类

金属结构按形状可分为板梁式、箱形梁式、桁架式和组合式等;按受力不同可分为受拉、受压、受弯、受扭及组合受力等种类;按材料不同可分为单一种类材料、组合材料等。

三、金属结构的设计要求

金属结构设计的目的在于确定可靠程度和使用寿命。目前,国家已经制定了港口机械设备结构设计规范。在进行具体设计时,金属结构设计要考虑的主要问题如下。

1. 强度设计
要求结构件及连接的净截面上各项应力不能超过钢材相应的设计强度。

2. 稳定设计
要求对轴心、偏心受压结构件和受弯结构件进行稳定计算和严格验算。

3. 刚度设计
应满足规范规定的各项刚度要求，如变形和长细比等不能超过容许值。

4. 疲劳强度设计
对直接承受重复作用动力载荷的结构件及连接处需进行疲劳强度计算，应力幅度不能超过容许值。

5. 风载荷的验算
因机械设备所处位置不同，故其对风载荷的要求也有所不同。在进行以上各种验算后，还需进行整机的稳定性验算。

6. 外观要求
应具有顺畅的外观造型，且与环境和谐匹配。

7. 防腐要求
金属结构外表应进行涂装与表面处理，以保证基体的力学性能指标不降低。

8. 其他特殊要求
根据用户要求，在不违反有关标准的前提下，应设计出满足用户要求的产品。

四、金属结构的连接方法

1. 焊缝连接
焊缝连接主要采用电弧焊。焊接过程中连接件局部受热和焊接后不均匀冷却会产生焊接残余应力和焊接变形，这会影响金属结构的强度和疲劳强度，应尽量减少焊接应力和焊接变形。

2. 螺栓连接
螺栓连接可使用普通螺栓和高强度螺栓。普通螺栓受力分为抗剪连接和抗拉连接，或同时抗剪和抗拉，主要依靠螺栓杆与孔壁的相互挤压传力。

高强度螺栓是用高强度的钢材（20锰钛硼钢、40硼钢、45钢）经热处理制成。它需采用特殊扳手，依靠抗剪连接传力。高强度螺栓主要分摩擦型和剪压型两种。

3. 铆钉连接
铆钉由锻性好的铆钉钢制成，利用其热铆合后冷却收缩的原理，对连接件产生夹紧力。铆钉连接的韧性和塑性较好。

几种连接方式比较：铆钉连接性能好，但费用高；焊缝连接成本最低。具体选型应根据应用情况决定。

五、金属结构用材的基本要求

1. 钢结构选材的原则

钢结构选材应综合考虑载荷特征、连接方法、使用环境等因素，重点考虑用材的抗拉强度，伸长率，屈服点，硫、磷的极限含量。对冷弯成形的结构件，要保证冷弯试验合格。

目前常用的钢材大部分采用普通低碳钢和普通低合金钢，含碳量在 0.22% 以下，保证可塑性和可焊性。对承载重，应力大或低温使用场合，常用 Q235A 镇静钢或 Q345、Q390 钢等。

2. 其他材料

为了延长结构件的使用寿命，有时采用有色金属或其他复合材料用于各结构件间的连接部位，以减少磨损，如工程塑料套、铜合金套等，这些材料应用非常广泛。

第二节 常用的修复技术

一、钳工修复技术

钳工和机械加工是零件修复过程中最主要、最基本、最广泛应用的工艺方法，它们既可以作为一种独立的手段直接修复零件，也可以作为其他修复方法，如焊、镀、涂等工艺必不可少的准备工序或最后加工工序。

但是必须指出，机械加工修复的零件是旧件，其表面除磨损外还会产生变形，原有的加工基准又被破坏，因此，加工余量小。修复时不能只考虑表面本身的精度要求，还要保证加工表面与其他不修复表面之间的相互位置精度要求，所以具有一定难度。在实际生产中，要区别不同情况，合理选择加工基准和工艺方法。

1. 铰削

铰削是一种利用铰刀进行精密孔加工和修整性加工的工序，它能实现很高的尺寸精度和较小的表面粗糙度，主要用来修复各种配合的孔。

2. 珩磨

珩磨是利用珩磨工具，在对工件表面施加一定压力的同时，做相对旋转和直线往复运动，以切除工件上极小余量的精加工方法。珩磨是修复圆柱内表面的一种精加工工艺。

3. 研磨

研磨是一种用研磨工具和研磨剂，从工件上去除一层极薄表面层的精加工方法，常用于修复高精度的配合表面。

4. 刮削

刮削是用刮刀从工件表面上刮去一层极薄金属层的手工操作，一般在机械加工之后进行。刮削后的表面精度较高，表面粗糙度较小，常用于零件上互相配合的重要滑动表面，如机床导轨、滑动轴承等，使它们能彼此均匀接触。由于刮削生产效率低、劳动强度大，因此，常用磨削等机械加工方法代替。

5. 钳工修补

（1）键槽

当轴或轮毂上的键槽只磨损或损坏其中一个时，可把磨损或损坏的键槽加宽，然后配制阶梯键。当轴或轮毂上的键槽全部损坏时，允许将键槽扩大10%～15%，然后配制大尺寸键。当键槽磨损大于15%时，可按原槽位置旋转90°或180°，重新按标准开槽，开槽前需用气焊或电焊填满并修整旧槽。

（2）螺孔

当螺孔产生滑丝或螺纹剥落时，可先将螺孔钻去（所用钻头直径应等于所需螺孔的小径），然后攻出新螺纹，配上特制的双头螺栓。如果损坏的螺孔不允许加大，则可配上螺塞，然后在螺塞上重新钻、攻出原规格的螺纹孔。

（3）铸铁裂纹修补

对于铸铁裂纹，在没有其他修复方法时，可采用加固法修复，如图4-2-1所示。一般使用钢板加固，并用螺钉连接。脆性材料裂纹应钻止裂孔。

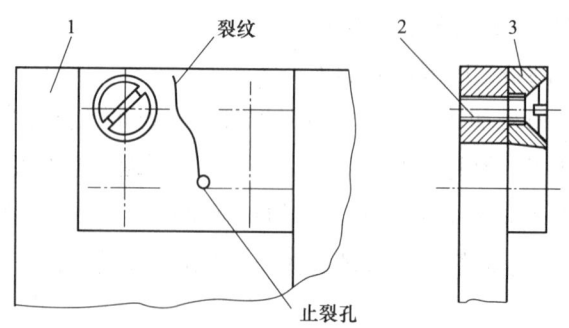

图 4-2-1　铸铁裂纹用加固法修复
1—被修复件　2—螺钉　3—补强钢板

二、机械加工修复技术

1. 局部更换法

若零件的某个部位局部损坏严重,而其他部位仍完好,则不宜将整个零件报废。可把损坏的部分除去,重新制作一个新的部分,并以一定方法将新换上的部分与原有零件的基本部分连接在一起成为整体,从而恢复零件的工作能力,这种维修方法称为局部更换法。例如,重型机械齿圈损坏,可将损坏的齿圈退火后车掉,再压入新齿圈。新齿圈可事先加工好,也可压入后再加工。新齿圈与原齿轮间可使用键或过盈连接,还可用紧固螺钉、铆钉或焊接等方法固定。局部更换法尤其适用于多联齿轮局部损坏或结构复杂齿圈损坏的情况,它可简化修复工艺,扩大修复范围。

2. 换位法

有些零件由于使用特点,通常产生单边磨损,或磨损有明显的方向性,即发生磨损的对称侧磨损较小。如果结构允许,则可在不具备对零件进行彻底修复的条件下,利用零件未磨损的一侧,将其换一个方向安装继续使用,这种方法称为换位法。例如,两端结构相同,且只起传递动力作用,没有精度要求的长丝杠,其发生局部磨损后可调头使用;对于大型履带行走机构,其轨链销大部分是单边磨损,维修时将它转动180°安装便可恢复履带功能,同时可使轨链销得到充分利用。

3. 镶套法

镶套法是指把内衬套或外衬套以一定的过盈量安装在磨损的轴承孔或轴颈上,然后加工到最初的基本尺寸或中间的修理尺寸,从而恢复组合件的配合间隙,如图4-2-2所示。

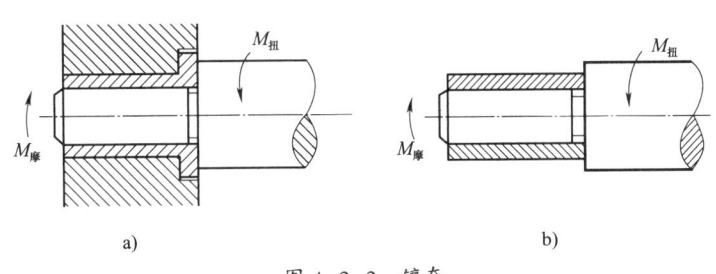

图 4-2-2 镶套
a) 加内衬套(轴承衬套) b) 加外衬套(轴颈衬套)

图4-2-2a、图4-2-2b分别表示加内衬套和外衬套承受的摩擦转矩$M_{摩}$。内、外衬套均用过盈配合安装到被修复零件上,其过盈量的大小应根据所受力矩和摩擦力进行计算。有时还可用螺钉、点焊或其他方法固定。如果需要提高内、外衬套的硬度,则应在压入前先进行热处理。这种方法只有在允许减小轴颈或扩大孔的情况下才能使用,如套筒锥孔镶套的修复,如图4-2-3所示。

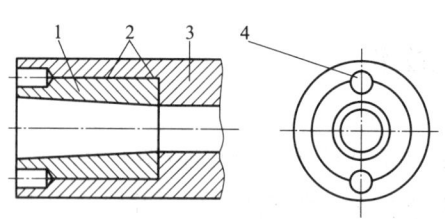

图 4-2-3 套筒锥孔镶套修复
1—内套 2—无机黏结层 3—套筒 4—定位销

套筒锥孔已磨损，且此套筒已变形，因此黏结后应加装两个定位销。为保证镶套后内套与主轴保持同轴度，黏结时在主轴箱主轴中先安装一个标准芯轴，再将内套镶套在标准芯轴上，涂以胶黏剂，然后将尾座移近主轴箱，待胶黏剂固化后，再将尾座退回。

镶套法又称附加零件法，附加零件磨损后可以更换，可以为后续维修提供方便，因此在维修领域中应用很广。有些机械设备的某些结构，在设计和制造时就应用了这一原理。

在使用镶套法时还要特别注意镶套的材料应尽量与基体一致，尺寸要合适，尽量选择合理的过盈量。此外，镶套法对配合表面的加工精度和表面粗糙度均有一定的要求。

4. 金属扣合法

当不易焊补的钢件、不许有较大变形的铸件发生裂纹或断裂时，可使用金属扣合法进行修复。它是利用扣合件的塑性变形或热胀冷缩性质实现扣合作用，以达到修复零件的目的。

金属扣合法的特点是，整个过程在常温下进行，排除了热变形和应力集中的影响，不需特殊设备，方法简便，可用于人工现场作业，能实现快速修理。金属扣合法主要包括强固扣合法、强密扣合法、加强扣合法和热扣合法。

（1）强固扣合法

强固扣合是指先在垂直于损坏零件的裂纹面或折断面上，铣或钻出具有一定形状和尺寸的波形槽，然后镶入形状与波形槽相吻合的波形键，再在常温下铆击，使其产生塑性变形而充满槽腔，甚至嵌入零件的基体内。波形键的凸缘和波形槽相互扣合，可将开裂的两边重新牢固连接为一个整体。

（2）强密扣合法

对有密封要求的零件，如承受高压的气缸或容器等，应采用强密扣合法。这种方法是在强固扣合的基础上进行的。先用波形键把损坏的零件连接成牢固的整体，然后在两波形键之间、裂纹或折断面的对合线上，每间隔一定距离加工缀缝栓孔，并使第二次钻的缀缝栓孔稍微切入已装好的波形键和缀缝栓，形成一条密封的"金属纽带"，以达到阻止流体受压渗漏的目的。

缀缝栓有螺栓形和圆柱形两种。前者适用于承受较低压力的零件，后者适用于承受较高压力、密封要求较高的零件。缀缝栓材料及与零件的连接方式与波形键相同。用螺栓时可涂以环氧树脂或无机胶黏剂，然后一件件旋入。使用圆柱形缀缝栓时，应分片装入，逐步铆紧。

（3）加强扣合法

加强扣合法主要用于修复承受重载荷的厚壁零件，如水压机横梁、轧机主架、辊筒等。这种零件单纯使用波形键扣合不能保证修复质量，必须在垂直于裂纹面或折断面上镶入钢制砖形加强件来承受载荷，使载荷能够分布到更大的面积上，并使其更远离裂纹或折断位置。钢制砖形加强件和零件的连接，大多使用缀缝栓。缀缝栓的中心安排在它们的接合线上，一半嵌在加强件上，另一半则留在零件基体内，必要时还可再加入波形键。加强件根据需要可设计成十字形、X形、楔形、矩形等。

（4）热扣合法

热扣合法利用金属的热胀冷缩原理，将选定的、具有一定形状的扣合件进行加热，然后放入位于零件损坏处的与扣合件形状相同并已加工好的凹槽中。扣合件在冷却过程中收缩，可将破裂的零件重新密合。热扣合法比其他扣合法更加简便实用，常用于修复大型飞轮、齿轮和重型机架等。

根据零件损坏部位的形状和安装的可行性，热扣合件可设计成不同的样式。圆环状热扣合件常用于修复损坏的轮廓部分，而工字形热扣合件则适用于修复零件壁部的裂纹或断裂。

金属扣合法对大型铸件裂纹或断裂的修复效果更为显著。金属扣合法在常温下进行，避免了热变形的影响；其波形槽分散排列，波形键分层装入，逐步铆击，也避免了应力集中。金属扣合法具有工艺简便、不需特殊设备、成本低、质量好、适合手工作业、便于就地和快速维修等特点。

5. 调整法

调整法是指用增减垫片或调整螺钉的方法来弥补因零件磨损而引起的配合间隙增大，这是修理中最常用的方法。例如，因摩擦片摩擦而造成的圆锥滚子轴承磨损引起的游隙增大，就可通过调整法进行修复。

6. 修理尺寸法

在失效零件的修复中，修复后能使零件达到原设计尺寸和其他技术要求的方法称为标准尺寸修理法。修理时不考虑原来的设计尺寸，采用切削加工和其他加工方法恢复其形状精度、位置精度、表面粗糙度和其他技术条件，从而获得的新尺寸，称为修理尺寸。而与此相配合的零件则按修理尺寸制作新件或修复，这种方法称为修理尺寸法。修理尺寸法的实质是在修复中调整或重新建立尺寸链。

确定修理尺寸，即去除表面层的厚度时，应考虑零件结构上的可行性和修理后零件的强度、刚度是否满足使用需要。例如，轴颈尺寸减小量一般不超过原设计尺寸的10%；轴上键槽可扩大一级；对于淬硬的轴颈，应考虑修理后能否满足硬度要求。为了得到有限的互换性，有时可将零件修理尺寸标准化。例如，内燃机气缸套的修理尺寸，通常规定了几个标准尺寸，以适应不同尺寸分级的活塞备件。标准尺寸的大小与级别还取决于气缸套的磨损量、加工余量、安全系数和磨损后几何形状的变化等条件。

修理尺寸法在汽车、拖拉机和电动装卸机械等行业的维修中应用极为广泛，常用于修复曲轴主轴颈、连杆轴轴颈、凸轮轴轴颈、缸套、气缸、活塞等多种零件。修理尺寸法通常是工作量最小的修理方法，此方法工作方便、设备简单、经济性好，在一定的修理尺寸范围内能保持零件的互换性，对于贵重和复杂的零件优势尤其明显。但是，修理尺寸法降低了零件的强度和刚度，同时配合件的更换或修复也会使零件互换性复杂化；此外，有关部门也需扩大供应备件。

三、焊接修复技术

焊接修复技术是利用焊接的方法对失效的金属零件或构件等添加防磨、耐蚀等熔敷层或进行必要修补的技术。在零件修复中，可使用焊接的方法将断裂的零件重新连接起来，使磨损失效的零件重新恢复尺寸，还可修复有缺陷的毛坯。焊接修复技术的优点是：适用性较广，能修复多种材料和多种缺陷的零件；修复质量较高，有的零件修复后更耐用；不受零件尺寸和工作场地的限制；焊修设备简单，操作容易；生产效率高，便于现场抢修；成本较低。它的缺点是：易产生焊接变形、裂纹、气孔等焊接缺陷。

1. 铸铁件的焊接修复

（1）普通铸铁件的焊接修复

由于铸铁件具有突出的性能优势，因此，至今依然是制造形状复杂、尺寸庞大、易于加工、防震抗磨的基础零件的主要材料。在机械设备中，铸铁件的种类和数量占一半以上。

铸造铸铁件的故障或失效，多为铸铁件的气孔、砂眼、裂纹、疏松、浇铸不足等铸造缺陷。对已加工好的铸铁件来说，其故障或失效多为使用过程中发生的裂纹、磨损等现象。铸铁件的生产工艺过程较长，因此工艺费用在铸铁件价值中占有很大的比重，尤其是尺寸庞大、形状复杂、加工量大的铸铁件，凝结着机械设备大部分原材料和加工制造成本，也是大部分设备的残值体现。对于许多大型铸铁件，如机床床身、机器底座、大型箱体等，使用单位一般无法自行铸造和加工，因此在维修过程中要想方设法修旧利废，补偿自然磨损。铸铁件的焊补，不仅适用于失效零件的修复，而且也适用于修复铸铁件的局部缺陷，可大幅降低生产成本。进一步研究铸铁件的修复，具有十分重要的意义。

铸铁件在焊补时加热和冷却的温度变化很大，这会造成其可焊性变差，使修复更加困难。为此，在对铸铁件进行焊补时，应采取如下必要的技术措施以保证其焊补质量：要选择性能好的铸铁焊条；做好焊前的准备工作，如清洗、除锈、预热；控制冷却速度；保证焊后缓冷等。

铸铁件的焊补，主要适用于裂纹、破断、磨损、铸造时产生的气孔、熔渣杂质等缺陷的修复。焊补的铸铁主要是灰铸铁，很少应用于白口铸铁。铸铁件的焊补分为热焊和冷焊两种，可根据铸铁件的外形、强度、加工性、工作环境、现场条件等特点进行选择。

铸铁冷焊工艺大致如下。

1）焊前准备。根据零件的结构、尺寸、损坏情况及原因、组织状态、焊接操作条件、应达到的要求等，确定修复方案及措施；清洗工件；检查损伤情况，对未断件应找出裂纹的端点位置，钻止裂孔；对裂纹零件进行合拢夹固、点焊定位；坡口制备，一般为V形坡口，薄壁件开较浅的尖角坡口；烘干焊条，工件火烤除油；低温预热工件，小件用电炉均匀预热至50～60℃，大件用氧炔焰对焊接部位周围较大面积区域进行低温烘烤。

2）施焊。使用小电流，分段、分层施焊，并锤击焊缝以减少焊接应力和变形，限制基体金属成分对焊缝的影响，这是电弧冷焊的工艺要点。

施焊电流对焊补质量的影响很大。若电流过大则熔深大，基体金属成分和杂质向熔池转移，不仅会改变焊缝性质，也会在熔合区产生较厚的白口层。若电流过小，则会影响电弧稳定，导致焊不透、气孔等缺陷产生。

分段焊的主要作用是减少焊接应力和变形。每焊一小段后熄弧，并立即用小锤从弧坑开始轻击焊缝周围，松弛焊件应力，直到焊缝温度下降到不烫手时，再引弧继续焊接下一段。

工件较厚时，应采用多层焊，后焊的一层对先焊的一层有退火软化作用。使用镍基焊条时，可先用其焊接两层，再改用较经济的低碳钢焊条填满坡口，以节省镍合金用量。

多裂纹焊件用分散顺序焊补，即先焊支裂纹，再焊主裂纹，最后焊主要的止裂孔。焊缝经修整后，可使组织更加致密。

施焊时要合理选择焊接参数，包括焊接电流强度、焊条直径、坡口形状和角度、电源极性的连接、电弧长度等。

进行手工气焊冷焊时应注意采用加热减应焊补。加热减应又称对称加热，就是在焊补时，另外使用焊炬对焊件已选定的部位加热，以减少焊接应力和变形，这个加热部位称为减应区。采用加热减应焊补的关键在于确定合适的减应区。减应区加热或冷却不能影响焊缝的膨胀和收缩,因此,它应选在零件棱角、边缘和肋等强度较大的部位。

3)焊后处理。为缓解内应力,焊后工件必须保温和缓慢冷却,清除焊渣,并检查焊接质量。

对于大、中型非关键或非受力的铸铁件,以及焊后不再进行切削加工的铸铁件,也可以使用低碳钢焊条进行冷焊。使用此焊接方法形成的焊缝具有钢的化学成分,在钢与铸铁的交界区,通常是不完全熔化区,易产生白口组织,焊缝强度降低。为增加焊缝的强度,可在现场使用加强螺钉法进行焊补,即将螺钉插入焊补部分的边缘和坡口斜面。

当铸铁件裂纹处的厚度小于 12 mm 时,可不开坡口。当裂纹厚度大于或等于 12 mm 时应开 V 形或 X 形坡口,其深度应为裂纹深度的 0.5~0.6 倍。螺钉直径可按焊件厚度选择,一般是焊件厚度的 0.15~0.20 倍,可取 3~12 mm。螺钉的插入深度为其直径的 1.5~2.0 倍,螺钉的间距为其直径的 4~10 倍,螺钉露出部分的长度等于直径,插入螺钉的数量要根据剪应力进行计算。若焊件不允许焊缝凸出表面,则要开 6~20 mm 深的沟槽,使焊料填满沟槽即可满足焊缝的强度。

(2)球墨铸铁

球墨铸铁比普通铸铁焊接难度大,其主要原因是:作为球化剂的镁在焊补时极易烧损,这会造成焊缝中的碳球化困难,同时,镁是白口化元素,若在焊补和焊后热处理不当,则易使焊缝和熔合区产生白口;球墨铸铁的弹性模量和体积收缩量均比普通铸铁大,因此焊补区产生的拉应力及由此而产生的裂纹倾向要比后者大得多。

为保证球墨铸铁件的焊补质量,必须正确选择焊补方法、焊接工艺、焊接材料、焊后热处理工艺等。

2. 有色金属零件的焊接修复

机械设备中常用的有色金属有铜及铜合金、铝及铝合金等。它们的导热性高,线胀系数大、熔点低、高温状态下脆性较大、强度低,很容易氧化,所以可焊性差,焊补比较复杂和困难。

(1)铜及铜合金

在焊补过程中,铜易氧化并生成氧化亚铜,这会使焊缝的塑性降低,导致裂纹产生;铜的导热性强,其导热系数是钢的 5~8 倍,因此焊补时必须用温度高且热量集中的热源;铜的热胀冷缩量大,其焊件易变形,会引起焊件内应力增大;铜合金元素的氧化、蒸发和烧损会改变合金成分,引起焊缝力学性能降低,产生热裂纹、气孔、夹渣;铜在液态时能溶解大量氢气,冷却时过剩的氢气来不及析出,会在焊缝熔合区形成气孔，这是铜及铜合金焊补后常见的缺陷之一。

（2）铝及铝合金

铝的氧化比铜容易，它容易生成致密难熔的氧化铝薄膜，其熔点很高，焊补时很难将其熔化，会阻碍焊缝与基体金属的融合，造成焊缝金属夹渣，降低力学性能及耐蚀性；铝的吸气性大，液态铝能溶解大量氢气，快速冷却及凝固时，氢气来不及析出，易产生气孔；铝的导热性好，需要温度高且热量集中的热源；铝的热胀冷缩严重，焊缝易产生变形；由于铝在固液态转变时无明显的颜色变化，因此，焊补时不易根据颜色变化来判断熔池的温度；铝合金在高温下强度很低，焊补时易引起塌落和焊穿现象。

3. 钢件的焊接修复

对钢件进行焊补主要是为修复裂纹和补偿磨损尺寸。由于钢材的种类繁多，其所含各种元素在焊补时都会对焊缝产生一定影响，因此，钢件的可焊性差别很大，其中以含碳量的变化最为显著。低碳钢和低碳合金钢在焊补时发生淬硬的倾向较小，具有良好的可焊性；随着含碳量的增加，可焊性降低；高碳钢和高碳合金钢在焊补后因温度降低而发生淬硬倾向较大，且由于焊区氢气的渗入，会使马氏体脆化，易形成裂纹。焊补前的热处理状态对焊补质量也有很大影响，含碳或合金元素含量很高的材料都需经热处理后才能使用，损坏后若不经退火就直接焊补，会比较困难，且易产生裂纹。钢件的裂纹可分为焊缝金属在冷却时发生的热裂纹以及近焊缝区母材上由于脆化发生的冷裂纹两类。

（1）低碳钢：焊接性能良好，不需要采取特殊的工艺措施。

（2）中碳钢：焊补的主要困难是，在焊缝内，特别是弧坑处非常容易产生热裂纹。

（3）高碳钢：焊接特点与中碳钢基本一致。

4. 堆焊

堆焊是焊接工艺方法的一种特殊应用。它的目的不是形成接头焊缝，而是在零件表面上堆敷一层金属，得到一定尺寸，弥补基体金属的损失，或赋予零件表面一定的特殊性能，如提高耐磨、耐蚀性能，从而节约材料和费用，延长使用寿命。堆焊在机械设备维修中应用广泛。

由于堆焊与焊接的任务不同，因此，在材料的应用及生产工艺上，两者均有其自身特点。但是，作为焊接工艺方法的一种特殊应用，堆焊的物理实质、工艺原理、热过程及冶金过程的基本规律和焊接一致，绝大多数的熔焊方法均可用于堆焊。

堆焊可按照其焊接方法进行分类，包括气体火焰堆焊、电弧堆焊、等离子弧堆焊、电渣堆焊、激光堆焊等。在必要时，可在名称前冠以堆焊材料的形态（粉末、丝材）、电极的熔化情况（熔化电极、不熔化电极）、保护介质（气体保护、自保护、熔渣保护）、自动化程度（手工、半自动、自动）等。目前应用最广的有手工电弧堆焊、氧炔焰堆焊、振动堆焊、埋弧堆焊、等离子弧堆焊等。

堆焊的主要工艺特点是：堆焊层金属具有很好的耐磨性和耐蚀性，且与基体金属有很好的结合强度；堆焊形状复杂的零件时，对基体金属的热影响最小，可防止焊件变形或产生其他缺陷；可以快速得到大厚度的堆焊层，生产效率高。

（1）手工堆焊

手工堆焊是利用电弧或氧炔焰产生的热量熔化基体金属和焊条，采用手工操作进行堆焊。它适用于工件数量少，且没有其他堆焊设备的情况，或工件外形不规则，不利于机械化、自动化堆焊的场合。这种方法不需要特殊设备，工艺简单，应用广泛；但对于合金材料，此方法烧损严重，劳动强度大、生产效率低。

（2）自动堆焊

自动堆焊与手工堆焊的主要区别是引燃电弧、焊丝送进、焊炬和工件的相对移动等全部由机械自动执行，克服了手工堆焊生产效率低、劳动强度大等主要缺点。

1）振动堆焊是金属焊丝以一定频率和振幅振动的脉冲电弧焊，是特殊形式的自动堆焊。

2）埋弧堆焊是在焊剂保护下的自动堆焊。

3）等离子弧堆焊是利用等离子弧作为热源将添加的金属熔化，使其与基体金属实现冶金结合的一种堆焊方法。

4）宽带极堆焊是利用金属带作为填充材料的一种焊剂层下的堆焊方法。

5. 钎焊

钎焊是指将熔点比基体金属低的材料作为钎料，将其放置在焊件连接处一同加热到高于钎料熔点而低于基体金属的熔点的温度，利用熔化后的液态钎料润湿基体金属，填充接头间隙，并与基体金属产生扩散作用而把分离的两个焊件连接起来的一种焊接方法。

钎焊具有温度低、对焊接件组织和力学性能影响小、接头光滑平整、工艺简单、操作方便等优点；但同时又有接头强度低、熔剂有腐蚀性等缺点。

钎焊适用于焊接薄板、薄管、硬质合金刀头及焊修铸铁件、电气设备等。钎焊根据钎料熔化温度的不同可分为以下两类。

（1）软钎焊

软钎焊又称低温钎焊，是指用熔点在450 ℃以下的钎料进行钎焊，如锡焊等。软钎焊常用的钎料是锡铅焊料。

（2）硬钎焊

硬钎焊是指用熔点高于450 ℃的钎料进行钎焊，常用的钎料有铜锌、铜磷、银基、铝基等，其中前两种应用最广。

钎焊按采用的热源不同又可分为火焰钎焊、炉中钎焊、高频钎焊等。为焊接牢固，钎焊时必须使用熔剂（又称焊剂），它的作用是熔解和清除零件钎焊部分表面的氧化物，保护钎焊表面不受氧化，改善液态钎料对焊件的润湿性。熔剂的选择应依基体金属的种类而定，选择不当会影响焊接质量。常用的熔剂有铝钎焊熔剂和银钎焊熔剂两类。软钎焊还可使用松香或氯化锌等作为熔剂。当用铜锌钎料时，也可用100%硼砂或50%硼砂加50%硼酸等作为熔剂。

综上所述，焊接修复技术在机械设备维修中应用十分广泛，能修复零件的各种缺陷，并可用于各种金属材料；焊接修复的设备简单、操作容易，能在任何场合下工作；焊接修复的结合强度高、质量好、效率高、成本低、灵活性大，能节约大量金属材料。尽管焊接修复要求较高的技术水平，容易产生气孔、夹渣、裂纹等缺陷，且其热影响区大，会引起基体金属的组织结构和性质改变，但是，随着焊接修复技术的发展以及采取相应的工艺措施，其大部分缺陷都是可以避免的。

四、热喷涂修复技术

1. 概述

热喷涂技术是一种利用热源将喷涂材料加热至熔融状态，并通过气流吹动使其雾化，再将其高速喷射到零件表面而形成喷涂层的表面加工技术。近年来，因热喷涂技术具有多样性、喷涂层种类的广泛性和良好的经济性，故在机械设备维修中得到广泛应用。喷涂材料需要热源加热，喷涂层与零件基体之间主要是机械结合。

热喷涂技术主要以热源形式进行分类，并在此基础上必要时再冠以喷涂材料的形态（粉材、丝材、棒材）、材料的性质（金属、非金属）、能量级别（高能、高速）、喷涂环境（大气、真空、负压）等。热喷涂可分为四大类，即火焰喷涂、电弧喷涂、等离子喷涂和特种喷涂。

火焰喷涂通常是指以氧炔焰为热源的喷涂，又可分为线材、粉末、棒材、塑料、超声速以及气体爆燃（爆炸）喷涂等。电弧喷涂是以电弧为热源，将金属丝熔化并用气流雾化，再使熔融粒子高速喷到工件表面形成喷涂层的技术。等离子喷涂是以等离子弧为热源的热喷涂。特种喷涂则是以特种方法获得喷涂层的技术。

2. 几种主要的热喷涂技术

（1）氧炔焰粉末喷涂

氧炔焰粉末喷涂是以氧炔焰为热源，将需要喷涂金属、合金或氧化铝粉末借助气流输送到火焰区，待加热到熔融状态后以一定的速度射向工件表面形成涂层。图4-2-4所示为氧炔焰粉末喷涂原理简图。

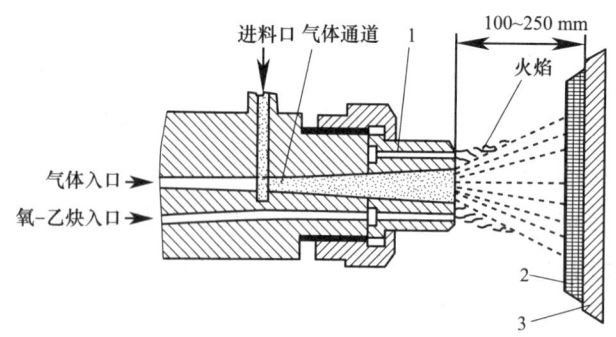

图 4-2-4 氧炔焰粉末喷涂原理简图
1—喷嘴 2—喷涂层 3—工件

喷涂的粉末从上方料斗通过进料口送入气体通道中，与气体一起在喷嘴 1 出口处遇到氧－乙炔燃烧气流而被加热，同时喷涂到工件 3 的表面上。

氧炔焰粉末喷涂的主要设备有喷枪、氧气和乙炔供给装置、压缩空气及控制装置等。这种喷涂方法适用于修理已完成预保护、已经精加工或不允许变形的零件，如轴类、轴套等。

（2）氧炔焰线材喷涂

氧炔焰线材喷涂是将用来喷涂的线状金属材料不断送入氧气、乙炔混合气体强烈燃烧的火焰区，线材不断被加热熔化，并借助压缩空气将熔化的金属雾化成微粒，最后喷向清洁而毛糙的工件表面，形成喷涂层。

氧炔焰线材喷涂的主要设备有射吸式气体金属喷涂枪（简称气喷枪），氧气和乙炔供给装置，压缩空气及干燥、过滤、控制装置，供丝装置等。

这种喷涂方法应用很广。例如，在曲轴、机床主轴、柱塞、轧辊轴颈、机床导轨等磨损部位上喷钢；在桥梁、高压铁塔、钢闸门、碳化塔及化工、化肥厂区的钢铁设施上喷铝、喷锌防腐；在轴瓦上喷铜、喷巴氏合金；在食品容器上喷锡等。

（3）金属电弧喷涂

金属电弧喷涂的过程如图 4-2-5 所示。

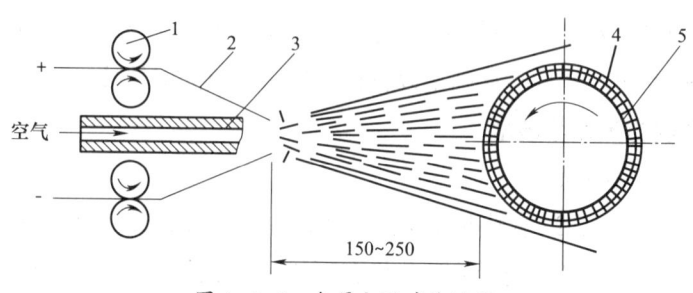

图 4-2-5 金属电弧喷涂过程
1—送丝轮 2—金属丝 3—喷嘴 4—喷涂层 5—工件

两根金属丝 2 作为两个消耗电极，由电动机通过变速驱动装置将其等速向前送进，金属丝 2 在喷嘴 3 的喷口处相交时，因短路产生电弧。金属丝 2 不断被电弧熔化，随即又被压缩空气吹成细小微粒，并高速喷向工件 5，在清洁而毛糙的工件表面上堆积形成喷涂层 4。

金属电弧喷涂的主要设备有直流电焊机、控制箱、空气压缩机及供气装置、供丝装置、电弧喷涂枪和其他附属辅助装置。

这种方法广泛应用于曲轴、一般轴、导辊、负荷轴的修复，也可制备各种功能性的喷涂层。由于金属电弧喷涂技术生产效率高、使用成本低，所用的设备和工艺都比较简单，因此，该技术得到迅速发展并已成为使用最广泛的一种喷涂方法。

（4）等离子喷涂

等离子喷涂是以电弧放电产生的等离子体作为高温热源，将喷涂材料迅速加热至熔化或熔融状态，在等离子射流加速下获得较高速度，喷射到经过预处理的零件表面形成喷涂层。

等离子喷涂使用的主要设备有电源、控制柜、送粉器、等离子喷涂枪等，设备的辅助部分有喷砂机、空气压缩机、油水分离器、清洗装置、喷涂室或喷涂柜及加温设备等。

等离子喷涂的焰流温度高，涂层材料不受熔点高低的限制，焰流速度大，喷涂层较细密，质量较好，能在普通材料上形成耐磨、耐蚀、耐高温、导电、绝缘的喷涂层，零件的寿命可提高 1～8 倍，因此这种方法可喷涂各种金属、非金属、塑料及高熔点材料。等离子喷涂主要用于喷涂耐磨层，可用于修复动力机械中的阀门、阀座、气门等磨损部位，并能取得良好成效。

（5）爆炸喷涂

爆炸喷涂是将经过严格定量的氧气和乙炔的混合气体送到喷枪的水冷燃烧筒内，同时利用氮气流注入一定量的喷涂粉末，粉末悬浮于氧气和乙炔混合气体中，此时通过火花塞点燃氧气和乙炔，产生燃爆，利用爆炸能加热熔化粉末，并在爆炸力的加速下，将熔化粒子以很高的速度喷向工件形成喷涂层。爆炸喷涂的喷射能量大、密度高，所以喷涂层与基体金属的结合强度较高。它可喷涂高熔点、高硬度的陶瓷粉末材料，制成优良的抗磨层，可用于修复汽轮机叶片、刀具、模具等。爆炸喷涂虽然黏结强度极高，但成本也极高，且沉积速度很慢，因此应用较少。

3. 喷涂材料

用于喷涂的材料品种很多，就其形状只有两种，即线状和粉末状。线状喷涂材料供电弧喷涂用时直径一般为 1.6～1.8 mm；供氧炔焰喷涂用时直径为 2～3 mm，其材质主要是钢铁和非铁金属，也有用陶瓷材料制成棒状。粉末状喷涂材料粒径一般为

77～125 μm，超细粉末粒径为 5～40 μm。氧炔焰喷涂使用的多为金属、自熔合金及熔点较低的陶瓷和金属陶瓷材料；等离子喷涂及爆炸喷涂，还可使用熔点高于 2 700 ℃ 的材料。这些材料，有的可直接喷涂在基体金属上，有些则需要先在基体金属上喷涂结合层。

主要喷涂材料可归纳为以下几大类。

（1）自熔性合金粉末

自熔性合金粉末是在合金粉末中加入适量的硼、硅等强脱氧元素，达到降低合金熔点，增加液态金属的流动性和润湿性的目的。它主要包括镍基合金粉、铜基合金粉、铁基合金粉和钴基合金粉等。此类粉末形成的涂层在常温下具有较高的耐磨性和耐蚀性。

（2）喷涂合金粉末

喷涂合金粉末分为打底层粉末和工作层粉末两大类。

（3）复合粉末

复合粉末是由两种或两种以上性质不同的固相物质组成的粉末，能发挥多材料的优点，得到具有综合性能的喷涂层。按复合粉末喷涂层的使用性能，大致可将其分为硬质耐磨复合粉末、抗高温耐热和隔热复合粉末、放热型复合粉末和减摩、润滑、密封复合粉末等。

（4）丝材

丝材主要有钢质丝材，如 T12，T9A，80 及 70 高碳钢丝等，用于修复磨损表面；此外还有纯金属丝材，如锌、铝等，用于防腐。

4．喷涂工艺过程

（1）喷前准备

零件喷涂前的表面准备对涂层和基体金属的结合强度影响很大。为使涂层和基体金属能牢固地结合，零件表面不应有氧化物、油脂、水和其他污物，并应具备一定的表面粗糙度，因此，必须做好喷涂前准备工作。

1）用碱水和清水清除零件表面油污，用砂布打磨零件表面锈层，保持零件表面的清洁。

2）将零件加热到超过喷涂时的温度，烘干 2～3 h 后进行喷涂前整形。

3）对修复表面进行加工和粗糙处理，常用方法包括喷砂、电火花拉毛、压花、车槽、车螺纹等。

4）对不喷涂的表面进行保护。例如，轴上有键槽和油孔时，可用装上键和使用碳棒堵塞油孔的方法进行保护。

零件表面处理完毕后，必须在 3～6 h 内进行喷涂，以免重新氧化。

（2）喷涂过程

喷涂时先将基体金属预热到 100～250 ℃，以减少喷涂层与基体金属的温度差。首先喷涂一薄层（0.06～0.13 mm）作为过渡，然后立即喷涂工作层。在丝材的电弧喷涂和氧炔焰喷涂中，过渡层的材料为钼；在氧炔焰粉末喷涂及等离子喷涂中，除过渡层有时采用钼材料外，多数采用镍包铝粉或铝包镍粉。喷涂层的厚度根据零件的磨损量、表面准备时的加工量和喷涂后的加工余量而定。为保证较高的结合强度，对直径为 30～150 mm 的零件，每侧喷涂层厚度不得小于 0.6～1.0 mm；平面和孔的喷涂层厚度最好不要超过 3～4 mm，以免喷涂层脱落。

为保证喷涂材料得到充分熔化，获得高质量的喷涂层，必须选择合理的工艺参数。喷涂要连续进行，喷涂过程中，零件温度不得超过 80 ℃。

（3）喷后处理和加工

喷涂完毕后，要对喷涂层进行检查，通常用锤子轻轻敲击喷涂层，若声音清脆，则表示喷涂层结合良好；若声音低哑，则表示喷涂层不够紧密，应除掉重新喷涂。

喷涂后的工件非常粗糙，必须经过机械加工，加工后应认真清洗。

为提高喷涂层的耐磨性，零件喷涂后应进行渗油处理，即把清洗后的零件放入 80～100 ℃ 润滑油中浸泡 1～10 h，使润滑油尽可能多地渗入喷涂层的孔隙中。

影响喷涂层质量的主要因素有：零件喷涂前的表面状态，包括是否清洗干净、粗糙情况、预热温度的高低等；喷涂规范、工艺参数的选择；喷涂材料等。

5. 热喷涂修复技术的应用

由于热喷涂具有适应性强、可喷涂的材料种类多、不受可焊性限制、修复后零件具有复合性能、工艺简单、生产效率高、设备简单轻便、移动方便、不受场地限制等特点，目前已广泛应用于机械、矿山、石油、化工、轻纺、水电、铁路、交通、航空航天、船舶以及军工国防等工业领域，并被国家列入重点推广项目。热喷涂修复技术主要应用在以下几个方面。

（1）恢复磨损零件的尺寸，对圆柱体、内圆、平面等均能进行喷涂，如轧辊、机床主轴、机床导轨、汽车拖拉机的曲轴、缸套、凸轮轴、半轴、活塞环、阀门、压模等。

（2）修补铸造和机械加工的废品，填补铸件的裂纹。

（3）制造和修复带有减摩材料的轴瓦，即在铸造或冲压出来的轴瓦上或在合金已脱落的瓦背上喷涂一层铅青铜或磷青铜。这种方法不但造价低，而且含油性能强，可增加零件耐磨性。

（4）喷涂特殊的合金材料，可以得到耐热、耐蚀的喷涂层，如室外金属构架、壳体结构、铁塔、炉用耐热构件、泵壳内表面、泵零件、搅拌器等。

（5）用于防腐和装饰。

6. 喷焊

喷焊是在热喷涂的基础上发展起来的。它将喷涂层再进行一次重熔过程，使喷涂层与基体金属表层材料达到熔融状态，进一步形成更紧密的冶金结合层，在零件表面获得一层类似堆焊性能的涂层。喷焊可以看作合金喷涂和金属堆焊两种工艺的复合，它克服了热喷涂层结合强度低、硬度低的缺陷；同时使用高合金粉末，可使喷焊层具有一系列特殊性能，这是一般堆焊所不易得到的。但是，喷焊又不同于堆焊，堆焊时基体金属的熔池较深且不规则，而喷焊时基体金属表面的熔化层薄且均匀；喷焊也不同于热喷涂，热喷涂时工件表面未熔化，而喷焊时工件表面会产生熔化的熔敷层。

喷焊不仅可以用来修复表面磨损的零件，它还可用于新零件表面的强化、装饰等，当使用合金粉末喷焊时，修复件比新件更耐磨。喷焊可以使零件的使用性能更好、寿命更长，因此，其日益受到设计、制造和维修部门的重视，并已得到广泛应用。

五、黏结修复技术

黏结是一项古老而又实用的技术，它是利用胶黏剂对两个分离、断裂或磨损的零件进行连接、密封、堵漏、修复或补偿尺寸的一种工艺方法。由于其具有快速、牢固、节能、经济等优点，目前已取代了部分传统的铆、焊及螺纹连接等工艺，成为一种应用领域非常广泛、经济效益十分显著的维修技术。

1. 原理

（1）机械连接理论

从微观上看，任何物体表面都是粗糙、多孔的。黏结时，各种胶黏剂会渗入物体的孔隙中，固化后形成无数微小的"销钉"将两个物体镶嵌在一起，起到机械固定作用。

（2）物理吸附理论

任何物质分子之间都存在着物理吸附作用，这种力虽然弱，但由于分子数目多，因此总的吸附力还是很强的。当物质分子接触得越紧密、越充分时，物理吸附力就越大。但这种理论无法解释某些非极性高分子聚合物，如聚异丁烯和天然橡胶等之间具有很强的黏附现象。

（3）扩散理论

胶黏剂的分子呈链状结构且在不停运动。在黏结过程中，胶黏剂的分子通过运动进入被黏物体的表层；同时，被黏物体的分子也会进入胶黏剂中。这样相互渗透、扩散，会使胶黏剂和被黏物体之间牢固地结合。

（4）化学键理论

胶黏剂与被黏物体表面之间通过化学作用，形成像铁链一样的化学键，从而产生紧密的化学结合。例如，当环氧、酚醛等树脂与金属铝表面黏结时，就有化学键的形成。

实际上，胶黏剂与被黏结物体之间的黏合是由机械连接、物理吸附、分子间互相扩散和化学键的形成等多种形式综合作用的结果。

2. 特点

（1）黏结时温度低，不产生热应力和变形，不改变基体金相组织，密封性好，接头的应力分布均匀，不会产生应力集中现象，疲劳强度比焊、铆、螺纹连接提高3～10倍，接头质量小，有较好的加工性能，表面光滑美观。

（2）黏结工艺简便易行，一般不需复杂的设备，胶黏剂可随身携带，使用方便，成本低、周期短，便于推广应用，适用范围广，几乎能连接任何金属和非金属、相同的和不同的材料，尤其适用于产品试制、设备维修、零部件的结构改进。对某些极硬、极薄的金属材料，以及形状复杂、不同材料、不同结构、微小的零件采用黏结修复最为方便。

（3）胶黏剂具有耐蚀、耐酸、耐碱、耐油、耐水等特点，接头不需进行防腐、防锈处理，连接不同金属材料时，可避免电位差的腐蚀。胶黏剂还可作为填充物填补砂眼和气孔等铸造缺陷，也可用于密封补漏、紧固防松，修复已松动的过盈配合表面；还可赋予接头绝缘、隔热、防振以及导电、导磁等性能，防止电化学腐蚀。

（4）黏结技术有许多难以克服的不足之处，如不耐高温。黏结后的工件一般只能在300 ℃以下工作，且黏结强度比基体金属强度低得多。胶黏剂性质较脆，耐冲击力较差，易老化变质，且有毒、易燃。某些胶黏剂需配制，工艺要求严格，黏结工艺过程复杂，质量难以控制，受环境影响较大，分散性也较大。对于黏结工艺目前还缺乏有效的非破坏性质量检验方法。

3. 胶黏剂

胶黏剂简称胶，由黏料、增塑剂、稀释剂、固化剂、填料和溶剂等配制而成。

（1）无机胶黏剂

在维修中应用的无机胶黏剂主要是磷酸-氧化铜胶黏剂。它由两部分组成，一部分是氧化铜粉末，另一部分是磷酸与氢氧化铝配制的磷酸铝溶液。这种胶黏剂能承受较高的温度（600～850 ℃），黏附性能好，抗压强度可达90 MPa，套接抗拉强度可达50～80 MPa，平面抗拉强度为8～30 MPa。无机胶黏剂制造工艺简单，成本低；但性脆、耐酸碱的性能差。该胶黏剂可用于黏结内燃机缸盖进、排气门座过梁上的裂纹、硬质合金刀头、套接折断钻头、量具等。

（2）有机胶黏剂

以高分子有机化合物为基础制成的胶黏剂称为有机胶黏剂，常用的有机胶黏剂有环氧树脂和热固性酚醛树脂。

1）环氧树脂。环氧树脂因分子中含有环氧基而得名。环氧基是一个极性基团，在黏结中能与某些物质发生化学反应而产生很强的分子作用力。因此，环氧树脂具有强度高，黏附力强，固化后收缩小，耐磨、耐蚀、耐油，绝缘性好的优点，其工作温度在 150 ℃以下，是一种使用最广泛的胶黏剂。

2）热固性酚醛树脂。热固性酚醛树脂也是一种常用的胶黏剂材料，其黏附性很好，但脆性大、机械强度差，一般需要用其他高分子化合物对其改性后再使用，如与环氧树脂或橡胶混合使用。

此外还有一种是厌氧密封胶，它是由甲基丙烯酸酯或丙烯酸双酯以及它们的衍生物为原料，再加入由氧化剂或还原剂组成的催化剂和增稠剂等组成的。由于丙烯酸酯在有氧环境中会因氧的抑制作用而不易聚合，只有在缺氧的情况下才能聚合固化，因此，称为厌氧胶。厌氧胶黏度低，不含溶剂，常温可固化，固化后收缩小，能耐酸、碱、盐及水、油、醇类溶液等介质，在机械设备维修中可用于螺栓紧固、轴承定位、堵塞裂缝、防漏，但它不适宜黏结多孔性材料和超过 0.3 mm 的缝隙。

4. 工艺

黏结的工艺过程大致如下：根据被黏物的结构、性能要求及客观条件，确定黏结方案，选用胶黏剂；按尽可能增大黏结面积、提高黏结力的原则设计黏结接头；对物体被黏表面进行处理，包括清洗、除油、除锈，以及可增加微观表面粗糙度的机械处理和化学处理；调制胶黏剂；涂胶黏剂，厚度一般为 0.05～0.2 mm，要均匀薄涂；固化，要掌握固化温度、压力和保持时间等工艺参数；检验抗拉、抗剪、冲击和扯离等强度，并修整加工。

工艺要点如下。

（1）胶黏剂的选用

目前市场上供应的胶黏剂没有一种是"万能胶"。选用时必须根据被黏物体的材质、结构、形状、承受载荷的大小、方向和使用条件，以及黏结工艺条件的可行性等，选择适用的胶黏剂。

（2）接头设计

接头的受力方向应在黏结强度最大的方向上，且尽量使其承受剪切力。接头的结构尽量采用套接、嵌接或扣合连接的形式。接头采用斜接或台阶式搭接时，应增大搭接的宽度，尽量减少搭接的长度。接头设计应尽量避免对接形式，条件允许时，可采用粘－铆、粘－焊、粘－螺纹连接等复合形式的接头。针对接头结构设计，目前尚没有准确的计算方法与标准模式，在实践中对重要的零件黏结应进行模拟试验。

（3）表面处理

表面处理是保证黏结强度的重要环节。一般结构黏结，需对被黏物体表面进行预加工。表面处理后，表面清洗与黏合的时间间隔不宜太长，以避免清洗后的表面重新被玷污。被黏物体的材质和选用的清洗剂决定了表面处理与清洗的效果，因此，应正确选用。

（4）黏合

按胶黏剂的形态（液体、糊状、薄膜、胶粉）不同，可采用刷涂、刮涂、喷涂、浸渍、粘贴或滚筒布胶等方法进行黏结。胶层厚度一般控制在 0.05～0.35 mm 为最佳，要完满、均匀涂覆。

（5）固化

固化包括加压和加温。加压是为了挤出胶层与被黏物体之间的气泡和加速气体挥发，从而保证胶层均匀。加温要根据胶黏剂的特性或规定的温度进行，应逐渐升温使其达到胶黏剂的流动温度，同时还需保持一定时间，才能完成固化反应。因此，温度是固化过程的必要条件，时间是充分条件。固化后要缓慢冷却，以免产生内应力。

（6）质量检验

质量检验主要检查黏结层表面有无翘起和剥离现象，有无气孔和夹空，以及确认是否固化完成。一般不允许做破坏性试验。

（7）安全防护

大多数胶黏剂固化后是无毒的，但固化前有一定的毒性和可燃性，因此在操作时应注意通风，防止中毒或发生火灾。

5. 应用

黏结有许多优点。随着高分子材料的发展，伴随新型胶黏剂的出现，黏结在修复中的应用日益广泛，尤其在应急维修中，其优势表现更为明显。

（1）用于零件的结构连接。例如，轴的断裂、壳体的裂纹、平面零件的碎裂、环形零件的裂纹与破碎，输送带运输机中输送带的黏结等。

（2）用于补偿零件的尺寸磨损。例如，机械设备的导轨研伤修复以及尺寸磨损的恢复，可采用粘贴聚四氟乙烯软带、涂抹高分子耐磨胶黏剂、使用 101 聚氨酯胶黏结氟塑料等方法。

（3）用于零件的防松紧固。可以使用胶黏剂替代防松零件，如开口销、止动垫圈、锁紧螺母等。

（4）用于零件的密封堵漏。铸件、有色金属压铸件、焊缝等微气孔的渗漏，可使用胶黏剂浸渗密封。该方法现已广泛应用于发动机的缸体、缸盖、变速箱壳体、泵、阀、液压元件、水暖零件以及管道类零件螺纹连接处的渗漏修复中。

（5）用黏结替代过盈配合。例如，轴承座孔出现磨损或变形时，可将座孔镗大后黏结一个适当厚度的套圈，经固化后镗孔至要求尺寸；轴承座孔与轴承外圈的装配，可用黏结取代过盈配合，这样就避免了因过盈配合而造成的变形。

（6）用黏结替代焊接时的初定位，可获得较准确的焊接尺寸。

6. 特种黏结技术

特种黏结技术是指使用特殊黏结材料、特种胶黏剂和特殊黏结工艺进行黏结操作的一种技术。使用复合材料、智能材料和纳米材料是其一个显著特点。

特种黏结技术分为纯特种黏结技术和复合特种黏结技术两大类。

纯特种黏结技术是指使用单纯的特种胶黏剂，依靠或调整其性能完成黏结的全过程。使用这种技术需注意施胶的方法和黏结工作环境的条件等。施胶常用刷涂、喷涂、点涂等方法；黏结工作环境主要指温度、湿度、清洁度等。

复合特种黏结技术不仅要依靠特种胶黏剂的特点，而且还要结合其他特定技术来完成黏结。例如，当黏结面积受到限制，单一的黏结方案不能获得较理想、较可靠的黏结强度，或被黏处要承受较大的冲击载荷等情况时，就可选择复合特种黏结技术，即黏结与铆接、黏结与焊接、黏结与机械连接、黏结与贴敷层等相结合。

特种黏结技术是在跨学科、跨专业、跨领域、跨行业的交叉点上成长起来的高新技术。它不仅能解决焊、铆、螺栓连接，过盈配合及一般黏结技术不易或不能解决的问题，还能解决表面处理、热处理等许多传统技术不易解决的难题。由于特种黏结技术在节省能源和原材料、节约人力成本和人才资源、提高产品质量和工作效率、杜绝事故和挽回经济损失等方面发挥了重要作用，因此该技术越来越被人们重视，目前已成为黏结技术的重要组成部分，有着广阔的应用前景。

第三节 金属结构的故障原因与检修

金属结构是起重机的骨架，用于装置起重机的机械和电气设备，承受和传递作用在起重机上的各种载荷。当金属结构发生故障时会有使起重机失去功能的潜在危险，一旦出现起重臂折断等重大故障，将会给生产和人身安全以及其他相关设备设施带来巨大的危害。因此，金属结构的故障诊断与检修对大型港口起重机械具有重要意义。

一、常见故障现象和原因分析

1. 故障现象

在港口起重机械中,起重机金属结构的常见故障现象,主要有以下几种。

(1)结构件折断(屈曲)。以门座式起重机为例,其臂架、象鼻梁、大拉杆、小拉杆、支承圆筒、转台主梁等均会发生弯折、断裂等现象。

(2)连接焊缝开裂。起重机械的金属结构件在转折处及其连接焊缝处易发生焊缝开裂现象。

(3)结构件的连接销轴严重磨损,最终导致连接螺栓剪断或拉断。

(4)箱形结构件的腹板(或盖板)出现局部失稳现象。

2. 金属结构的故障原因

诱发起重机械金属结构产生故障的原因十分复杂,但从实际问题分析,其原因主要可归纳为以下几个方面。

(1)设计考虑不周,结构力流不畅,制造工艺不合理

有些箱形结构在集中载荷作用处的支承加强筋板设计不合理,筋板单薄,自身刚度及稳定性较差,达不到传力及加强作用,导致结构承载后面板产生严重的局部变形;有些结构截面变化急剧,力流不畅,造成局部应力集中导致变形或开裂;有些受压板件的高厚尺寸比(或宽厚比)太大,承载后产生局部失稳,部分结构件未能起到应有的承力作用,改变了截面的几何特性,导致截面上应力重新分布,与设计时的理想状态不一致,最终导致结构破坏;有些结构的几何尺寸设计不合理,刚度偏小,导致结构工作不正常。

(2)制造及安装质量不好

制造及安装质量问题主要为:结构件在制造时未充分满足设计的技术条件;焊缝质量不符合有关规范,存在漏焊、假焊、气泡、夹渣等现象,焊缝接头不好,这些都会造成局部应力集中;不平度(尤其是受压翼缘板)太大,制造及安装过程中未注意到这些问题造成局部失稳,因而丧失了应有的承载能力;制造及安装精度达不到设计要求,导致结构件在起重机作业过程中承受较大的冲击载荷。

(3)使用维护不当

未按安全技术操作规程操作,经常使机械超负荷工作;维修保养不及时;缺乏对机械的检查;安全装置失灵等。

二、金属结构的故障诊断方法

为了及时发现并防止金属结构发生故障,就需要对其进行监测与诊断。其方法有直接经验法与仪器设备法两种。

1. 直接经验法的工作内容

直接经验法是指利用人的感官和经验对金属结构进行观察和判断，其主要监测、诊断内容如下。

（1）金属结构的铰接点、连接部位等，在作业过程中工作是否平稳、灵活，有无异常响声和卡滞现象，润滑是否良好，磨损是否严重，芯轴有无窜动等。

（2）各铆接、螺栓连接处，有无松动现象。

（3）各主要连接件、构件焊缝处及其附近有无油漆起皱、剥落或焊缝开裂等现象。

（4）各结构件是否发生整体或局部变形，是否有弯、折、扭、损伤等现象。

（5）安全装置是否齐全，性能是否可靠。

2. 仪器设备法的工作内容

对于起重机械金属结构的监测与诊断，在仪器设备法中最常用的是电测应力（应变）法，它能够对金属结构进行强度、刚度测试，以及细致定量的检测，从而对金属结构的状态作出科学的判断。

（1）静应力测试

静应力测试主要是采用应变片电测法测试金属结构在静载荷作用下的承载能力是否符合设计和有关标准要求。静应力检测的测点应布置在设计人员提供的计算应力较大、受力较大和受力较复杂的结构件截面，以及结构件截面的突变、变形或损伤处。

（2）动应力测试

动应力测试主要是检测金属结构承受动载荷结构件的承载能力是否满足要求。其测点主要根据静应力的测试结果，选择在静应力值较大的截面，以及各主要结构件中承受动载荷最大的截面。

通过动应力测试，可以得出结构件的最大动应力（应力幅峰值）、动载荷系数及结构的振动频率，从而得到结构的动态响应参数。

（3）刚度测试

刚度测试主要是检测金属结构在外载荷作用下的变位是否在设计允许范围内，是否满足作业要求。刚度的测试点，应根据机械的类型不同及作业特点，选择在结构件变位较大且又必须加以控制的点，如门座式起重机的臂架端部、人字架头部、转台后部，桥式起重机的主梁下端等。

在结构应力检测中，应对检测数据进行认真整理，注意检测数据的重复性、平稳性。对异常数据要进行分析，必要时要重测，还要对有效数据进行分析，这样才能得出比较科学的结论和判断。

第四节 金属结构变形的检查测量

一、测量大车跨度

对大车跨度一般采用钢卷尺测量,如图 4-4-1 所示。但由于跨度大,容易造成大的测量误差,因此,测量时必须注意两个不利因素:一是钢卷尺因施力而伸长,测出的读数大于实际尺寸;二是钢卷尺因重力而下挠,测出的读数大于实际尺寸。因此,测量读数应加上修正值,才是实际的跨度值。

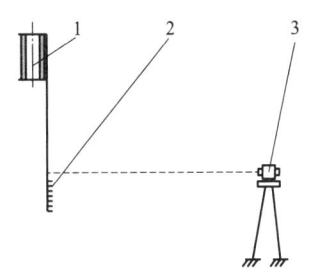

图 4-4-1 用钢卷尺测量大车跨度
1—主梁 2—钢卷尺 3—水平仪

二、测量下挠度

1. 钢丝法

电动装卸机械载荷试验时对主梁跨中下挠度的测量如图 4-4-2 所示。用钢丝法测量主梁下挠度方法如下:将测量用的细钢丝一端固定在主梁的一个端部,另一端用弹簧秤和重锤拉紧,如图 4-4-3 所示。钢丝两端均用高度为 H 的支架支承,测出主梁上盖板到钢丝的距离 h_1,钢丝在重力作用产生的下挠度为 h_2,则主梁的上拱度实际值为

$$h = H - (h_1 + h_2)$$

式中　H——支架高度;

　　　h_1——主梁跨中上盖板到钢丝的距离;

　　　h_2——钢丝在重力作用下产生的下挠度,见表 4-4-1。

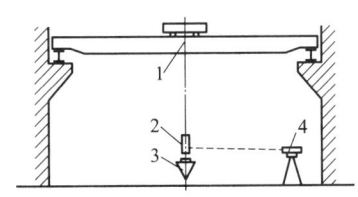

图 4-4-2 电动装卸机械载荷试验时
对主梁跨中下挠度的测量
1—主梁 2—标尺 3—铅锤 4—水平仪

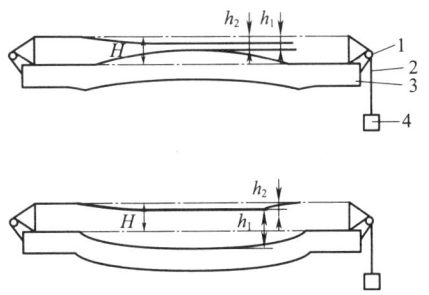

图 4-4-3 钢丝法测量下挠度
1—支架及滑轮 2—钢丝绳 3—主梁 4—重锤

表 4-4-1　不同跨度钢丝在重力作用下产生的下挠度

跨度 /m	10.5	13.5	16.5	19.5	22.5	25.5	28.5	31.5
h_2/mm	1.5	2.5	3.5	4.5	6.0	8.0	10.0	12.0

2. 连通器法

将盛有带颜色水的水桶放置在桥架上最恰当的位置，用软管连接测量管与水桶底部，然后沿主梁移动带有刻度的测量管测得主梁各点的水位高度，各测点的读数与跨端的读数差便是测点的拱度（挠度）值。测量时，必须注意排除连接软管中的空气且勿使软管受到挤压、打结、扭曲，否则将造成较大的测量误差。如图 4-4-4 所示。

三、测量腹板波浪变形

如图 4-4-5 所示，用 1 m 长的直尺 1 放在腹板 2 的被测部位，测量腹板波浪变形的数值。对腹板波浪变形值有如下规定：在受压区 $h_1<0.786$ mm；在受拉区 $h_1<1.286$ mm。

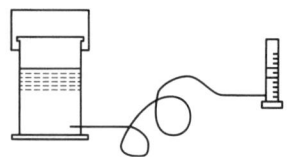

图 4-4-4　连通器法测量下挠度

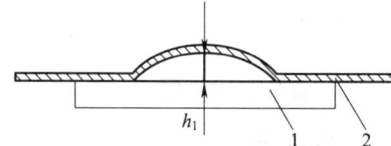

图 4-4-5　腹板波浪变形测量
1—直尺　2—腹板

四、测量主梁上盖板水平倾斜度

将水平尺放到没有筋板的主梁上盖板部位，通过垫块把水平尺垫平，如图 4-4-6 所示。此垫块高度即为上盖板的水平倾斜度。

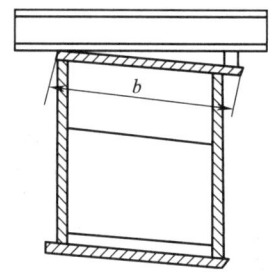

图 4-4-6　主梁上盖板倾斜度测量

五、测量腹板垂直倾斜度

在主梁没有筋板的上盖板部位挂一个重锤，用直尺量垂线到腹板的距离 a 和 b，两值之差就是腹板的垂直倾斜度，如图 4-4-7 所示。

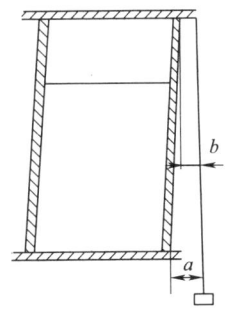

图 4-4-7 腹板垂直倾斜度测量

六、测量主梁水平旁弯

通常采用拉钢丝的方法测量主梁水平旁弯，如图 4-4-8 所示。钢丝 1 固定在主梁 2 的上盖板中心线处，分别测出其两点距离 X_1、X_2，两数值之差的 1/2 即为主梁水平旁弯数值。

七、测量桥架对角线误差

桥架对角线误差可用线锤和直角尺测量。方法是将四个车轮的踏面中心引到轨道面上，画出标记点后，移开起重机，利用轨道的四个点测量对角线，将两对角线数值相减，即得出桥架对角线误差，如图 4-4-9 所示。

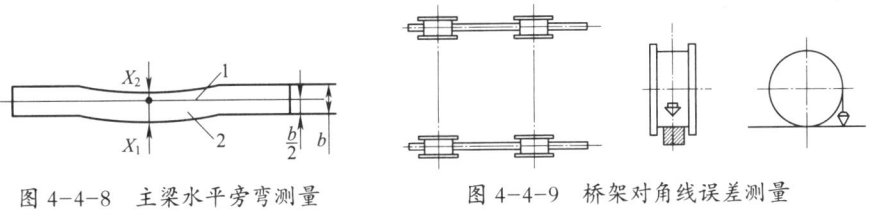

图 4-4-8 主梁水平旁弯测量
1—钢丝 2—主梁

图 4-4-9 桥架对角线误差测量

第五节 金属结构变形的修理方法

一、预应力法

预应力法是在主梁下盖板处增设拉杆（材料为冷拔钢筋），其数量通过计算确定。

拉杆对主梁实施偏心压缩，使主梁向上弯曲产生上拱。其原理是：旋紧螺母拉紧拉杆，给支承架一个外力 P，根据力的平移原理，可把力 P 移到中性线 AB 两点，加上两个大小相等、方向相反的力 $P_1=P_2=P$，P 与 P_2 共同作用形成力偶矩 M，在两个力偶矩 M 的作用下，使主梁产生上拱，如图 4-5-1 所示。

预应力法使主梁产生的应力正好与外力作用于主梁的应力相反，即起重机在工作时产生的拉力区预先受到压应力。这个压应力将抵消一部分或全部外力作用下产生的拉应力。

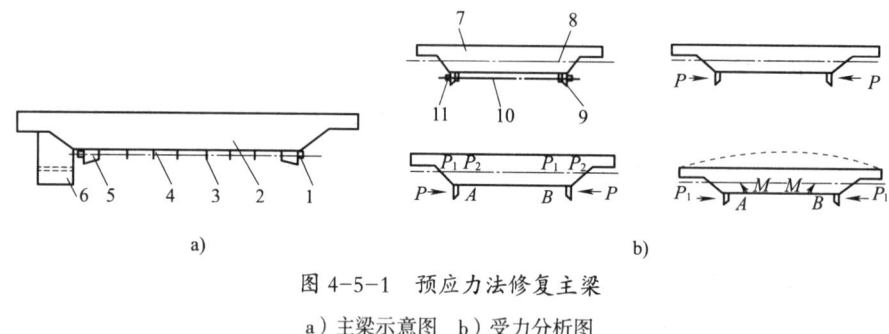

图 4-5-1 预应力法修复主梁
a）主梁示意图　b）受力分析图
1—螺栓　2，7—主梁　3—吊梁　4—拉杆　5，9—支架　6—司机室
8—主梁中心线　10—预应力钢筋　11—拉紧螺母

1. 预应力法的特点

预应力法的优点是施工简单易行、周期短；缺点是主梁下挠变形较大时，其效果不及火焰矫正法。此外，它无法解决主梁的局部变形、腹板波浪变形、端梁变形、对角线偏差超差等问题。目前修复桥式起重机主梁变形（下沉）的预应力张拉器技术使预应力法有了新的进步。

预应力张拉器的技术特点如下。

（1）施工时起重机桥架保持原位，不需要吊离轨道，不占用车间场地。

（2）张拉工艺性好，工作量小，施工方便。

（3）起重机停机时间短，一般不超过 24 h，修复费用低，能可靠地恢复主梁拱度。

（4）预应力张拉系统制造容易，安装方便，除能恢复主梁上拱外，还能增加结构的强度和刚度，提高承载能力。

（5）主梁修复后，如使用中发现预应力减小，则可随时调整预应力张拉器，以维持张拉效果。

（6）预应力张拉器已系列化、标准化，适用于 5～75 t 箱形、桁架式主梁结构下沉的修复。

2. 预应力装置的结构

采用预应力法修复主梁下沉的基本方法有两种：一种是手工张紧，另一种是机械张紧。前者用于小起重量起重机，后者用于较大起重量起重机。机械张紧式预应力拉杆端部结构如图 4-5-2 所示。

（1）拉杆

拉杆由端杆与圆钢拉杆组焊而成，组焊时必须保证它们的同轴度，组焊后需仔细检查，有条件应作探伤检查。圆钢拉杆一般使用 16Mn 钢；两端带螺纹部分的端杆一般使用 45 钢制作，并需经过热处理才可使用。为避免端杆断裂和滑扣，其外形尺寸如图 4-5-2 所示。预应力拉杆可分为单排和双排，对称于主梁轴垂直排列，其布置宽度不应超过主梁宽度，且任何情况下均不应超过 50 mm。拉杆的间距根据操作需求确定。单根拉杆的张拉力以不超过 150 kN 为宜。

端杆上的螺母分为工作螺母和构造螺母，工作螺母在张拉时通过拧紧施加预应力并紧固端杆，以保持预应力的长期作用。工作螺母要求较厚，并要求使用与端杆相同的材料制造，其结构如图 4-5-3 所示。

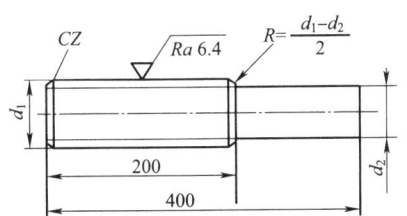

图 4-5-2　机械张紧式预应力拉杆端部结构

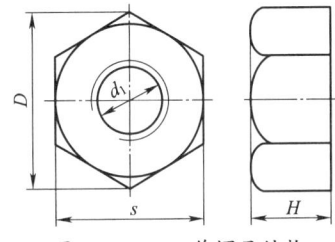

图 4-5-3　工作螺母结构

（2）支承架结构

支承架结构如图 4-5-4 所示，它由底板、端板和筋板焊成，底板和端板要求外表面平整，保证支承架与主梁上、下盖板及工作螺母紧贴。支承架底板的宽度应略宽于主梁下盖板的宽度，底板厚度可与主梁下盖板厚度相等。端板为主要受力件，一般较厚，筋板间的距离与拉杆中心距相等，边孔到边缘的距离应不小于 80 mm。

（3）吊架

起重机每根主梁下均设置有吊架，一般为三个，主梁长度 $L>22.5$ m 时可设置五个，图 4-5-5 所示为其中一种形式。吊架只允许焊接在主梁下盖板上，不能与腹板焊接。

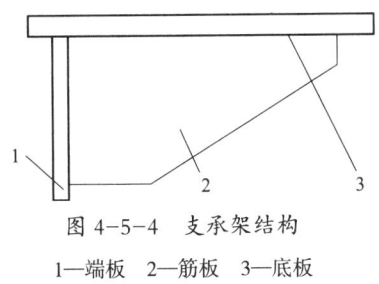

图 4-5-4　支承架结构

1—端板　2—筋板　3—底板

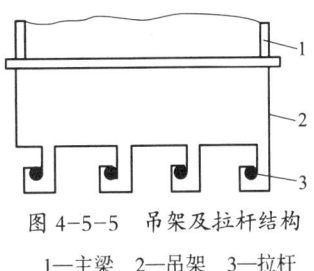

图 4-5-5　吊架及拉杆结构

1—主梁　2—吊架　3—拉杆

安装支承架、吊架及拉杆，可用起重机小车提升吊笼进行，无须卸下起重机。

张拉预应力是安装预应力拉杆的关键工作，应允许将一端螺母全部拧上，然后在另一端收紧紧固螺母，直到上拱度符合修理规范为止。预应力拉杆如果转动，则易拉断，预应力拉杆长度大于 24 m 时，最好两端同时张紧。

二、火焰矫正法

1. 火焰矫正法原理

在桥式起重机主梁底部加热，同时在主梁跨中加力 P 使主梁顶起，如图 4-5-6 所示。主梁在外力的作用下，其中性层以下结构承受压力，每个小加热区相当于一个纵向压力组，这样对整个主梁就有一个作用于中性层下的偏心压力；在偏心压力的作用下，主梁恢复上拱。

2. 确定加热面积

主梁加热区的加热面积如图 4-5-7 所示。加热区形状是一个长方形，其面积为 Bb，通常 b 取 80~100 mm，即加热三角形的底边。其高度 h 为 $H/4$ 或 $H/3$，其中 H 为腹板高度。

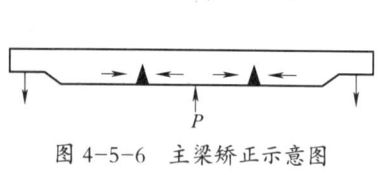

图 4-5-6 主梁矫正示意图

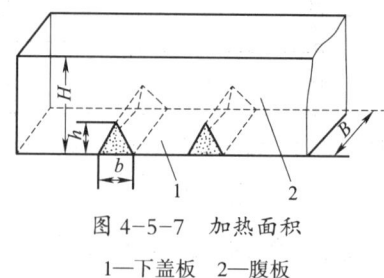

图 4-5-7 加热面积
1—下盖板　2—腹板

3. 支承桥架

矫正开始之前，应把小车开到司机室对侧跨端，并用支柱和千斤顶支承在主梁跨中位置，使一侧端梁上的车轮离开轨道面适当高度，以增加矫正效果，如图 4-5-8 所示。

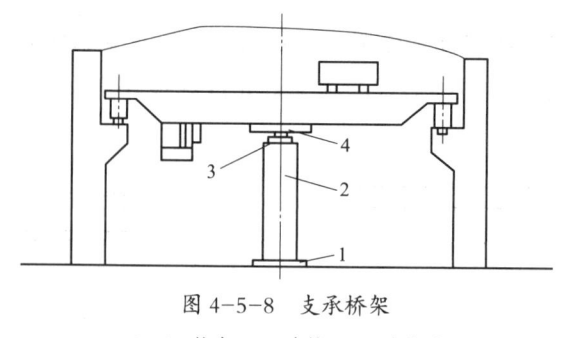

图 4-5-8 支承桥架
1，4—垫木　2—支柱　3—千斤顶

4. 布置加热区

如果两主梁下挠变形对称且平滑，可以对称于跨中布置加热区；如果主梁下挠变形不规则，则可以在下挠变形突出的部位多布置几个局部小加热区。主梁加热区的布置如图4-5-9所示。

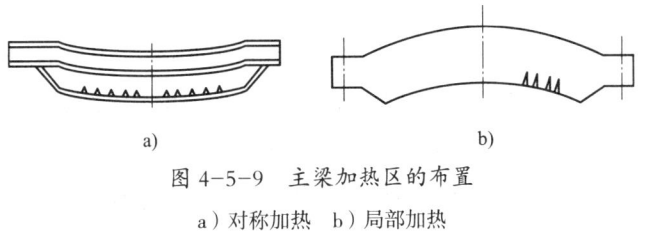

图 4-5-9　主梁加热区的布置

a）对称加热　b）局部加热

矫正端梁时，为避免矫正应力和焊接应力叠加，加热区应离开主梁。加热区位于波浪的凸起部分，不要选在凹部，这样可以在矫正端梁的同时，部分矫直腹板的波浪变形。端梁加热区的布置如图4-5-10所示。这种方法对主梁水平旁弯过大的变形矫正效果较好。

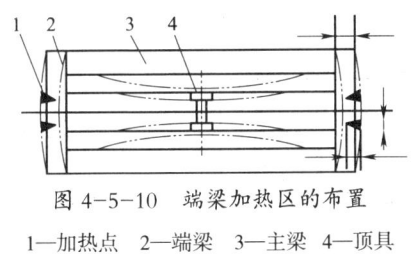

图 4-5-10　端梁加热区的布置

1—加热点　2—端梁　3—主梁　4—顶具

5. 矫正内侧水平旁弯

对于由于主梁下挠变形而造成的主梁内侧水平旁弯的变形矫正，可以和主梁下挠变形矫正同时完成，其方法是在设置恢复主梁上拱的加热面的同时，设置矫正主梁内侧水平旁弯的加热面。主梁内侧腹板的三角形加热面应比外侧腹板的三角形加热面大，三角形底边的长度也应不同。

为使矫正效果明显，可采用顶推工具将两主梁顶推至比事先所要求的矫正量稍大的位置，顶推部位可以选择在主梁中间的小筋板下部，如图4-5-11所示。

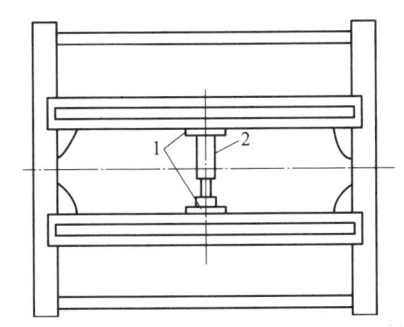

图 4-5-11　利用顶推工具矫正主梁内侧水平旁弯

1—垫木　2—千斤顶

6. 腹板波浪变形矫正

主梁下沉常常会使腹板产生波浪变形，过大的波浪变形也会削弱主梁抵抗下挠的程度。

凸起变形的矫正方法如图 4-5-12 所示。在凸起的部位用点圆加热法加热，并用平锤敲平。点圆加热面可取直径为 60～100 mm，加热时应使用割嘴从里向外绕螺旋线移动。当加热到 700～800 ℃时，立即用平锤敲击，顺序为先边缘后中间。矫正凹陷变形时，可采用拉具（如马鞍形挡板）及螺栓，将凹陷部位钢板锤平。矫正方法如图 4-5-13 所示。

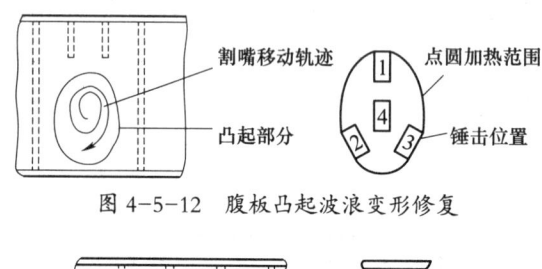

图 4-5-12 腹板凸起波浪变形修复

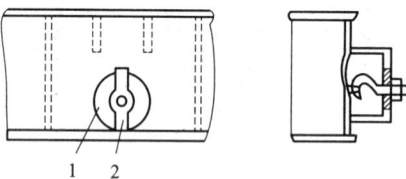

图 4-5-13 腹板凹陷波浪变形修复
1—凹陷部位　2—马鞍形挡板及螺栓

7. 桥架对角线误差的矫正

桥架对角线超差会影响起重机正常运行，所以必须进行矫正。其方法是加热主梁与端梁的连接处，并配合拉具进行矫正，如图 4-5-14 所示。如果连接处轴线夹角为直角，则应矫正端梁，其加热部位如图 4-5-15 所示。

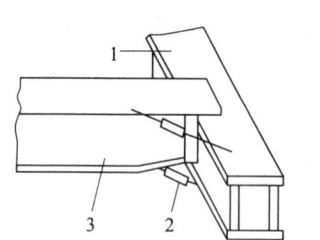 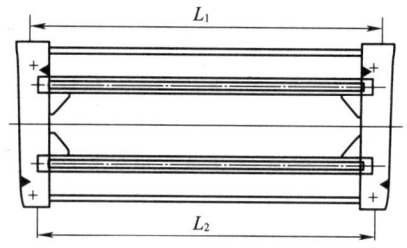

图 4-5-14 采用拉具矫正桥架对角线误差　　图 4-5-15 矫正桥架对角线的加热部位
1—端梁　2—拉具　3—主梁

8. 火焰矫正后主梁加固

经过火焰矫正后的主梁上拱度得到恢复，接下来要对主梁加固。选取适当型号的槽钢加焊在主梁下面,每根主梁下加焊两根槽钢为宜,其结构如图 4-5-16 所示,这是目前应用最为广泛的一种形式。

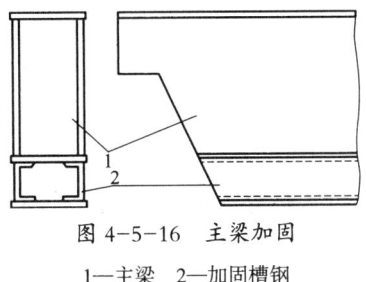

图 4-5-16　主梁加固

1—主梁　2—加固槽钢

第五章
液压系统的维修与装配

第一节 液压系统概述

一、液压系统的表示及注意事项

液压系统的组成、工作原理、功能、工作循环及控制方式等，通常利用标准图形符号绘制的液压系统原理图进行表示。由于此种表示法所使用的图形符号仅表示液压元件的功能、操作（控制）方法及外部连接口，并不表示液压、气动元件的具体结构、性能参数、连接口及元件的实际位置，因此，液压系统原理图仅用于表达系统中各类元件的作用和整个系统的组成、油路联系及工作原理。液压系统原理图简单明了，便于绘制和技术交流。利用专门开发的计算机图形库软件，可大幅提高液压系统原理图的设计、绘制效率及质量。我国的液压图形符号的标准为《流体传动系统及元件　图形符号和回路　第 1 部分：图形符号》（GB/T 786.1—2021），在绘制液压系统原理图的过程中，应严格执行这一标准。图 5-1-1 所示为采用图形符号绘制的液压系统原理图示例。

采用国标 GB/T 786.1—2021 绘制液压系统原理图时一般应注意以下事项。

1. 元件图形符号可根据图纸幅面大小以清晰美观为原则，选择适当比例增大或缩小绘制。

2. 元件一般以静态或零位（如电磁换向阀应为断电后的工作位置）画出。

3. 元件的方向可视具体情况进行水平、垂直或反转 180°绘制，但液压油箱必须水平绘制且开口向上。

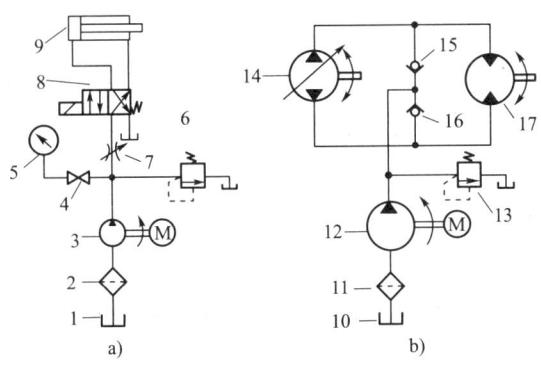

图 5-1-1 采用图形符号绘制的液压系统原理图示例
a）开式系统 b）闭式系统
1，10—油箱 2，11—过滤器 3，12—单向定量液压泵 4—截止阀 5—压力表 6，13—溢流阀
7—节流阀 8—二位四通电磁换向阀 9—活塞式单杆液压缸 14—双向变量液压泵
15，16—单向阀 17—双向定量液压马达

二、液压系统的分类

1. 按油液循环方式分类

（1）开式系统

开式系统的液压泵从油箱吸油，执行器回油返回油箱，此系统需要较大容积的油箱。开式系统目前应用最为广泛，其示例如图 5-1-1a 所示。单向定量液压泵 3 经过滤器 2 从油箱 1 吸油，再经节流阀 7、二位四通电磁换向阀 8 进入活塞式单杆液压缸 9（也可以是液压马达或摆动液压马达），活塞式单杆液压缸 9 或液压马达的回油经二位四通电磁换向阀 8 排回油箱 1，工作油液在油箱 1 中冷却及沉淀后再进行工作循环。

（2）闭式系统

闭式系统中，执行器排出的油液会返回液压泵的进口。该系统需使用补油装置补油，并用冲洗阀通过换油进行热交换。闭式系统工作效率较高，多用于车辆、起重运输机械、船舶绞车、造纸和纺织等机械设备中。闭式系统示例如图 5-1-1b 所示。双向变量液压泵 14 的吸油管路直接与双向定量液压马达 17 的回油管路连通，形成一个闭合回路，单向定量液压泵 12 经单向阀 15 或 16 向高压侧补油，以补偿系统中各液压元件的泄漏损失。

2. 按用途分类

（1）固定设备用液压系统

固定设备用液压系统多为开式系统，可用于各类工业设备，如机床（工件夹紧、工作台进给、换向、主轴驱动）、压力机（压制、压边、换向、工件顶出）、压铸机及注塑机（合模、脱模、预塑、注射机构）。此外，该系统还可用于公共设施，如医疗器械、垃圾压榨等机械设备和工作装置中。

（2）行走设备用液压系统

行走设备用液压系统既有开式系统也有闭式系统，可用于车辆行驶（驱动、转向、制动及其工作装置）、物料传送装卸搬运设备（传递机构、转位机构）以及航空、航天、航海工程等领域中。

3. 按工作特征分类

（1）液压传动系统

液压传动系统一般为不带反馈的开式系统其原理框图如图5-1-2所示。液压传动系统以传递动力为主，以传递信息为辅，追求传动特性的完善。该系统的工作特性由各组成液压元件的特性和它们的相互作用来确定，其工作质量受工作条件变化的影响较大。液压传动系统应用较为广泛，大多数工业设备的液压系统属于此类。

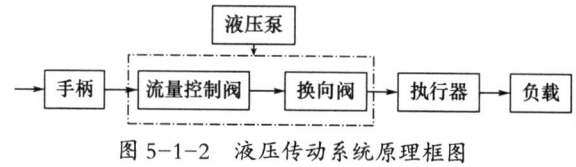

图5-1-2 液压传动系统原理框图

（2）液压控制系统

液压控制系统多为采用伺服阀等电液控制阀组成的带反馈的闭式系统其原理框图如图5-1-3所示。液压控制系统以传递信息为主，以传递动力为辅，追求控制特性的完善。由于该系统加入了检测反馈，因此，用一般元件即可组成精确的控制系统，其控制质量受工作条件变化的影响较小。

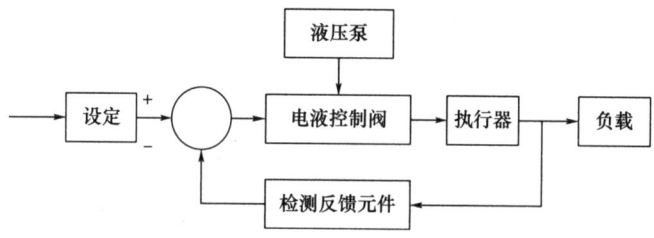

图5-1-3 液压控制系统原理框图

液压控制系统示例如图5-1-4所示，这是一个泵控式电液速度控制系统，通过改变双向变量液压泵5的排量对双向定量液压马达6进行调速。而双向变量液压泵5的排量调节通过电液伺服阀2和双杆液压缸3组成的阀控式电液伺服机构（经常附设在变量泵的内部）的位移调节来实现。负载与指令机构间设有测速电动机（速度传感器）9，从而构成一个闭环速度控制系统。当系统输入指令信号后，控制液压源的液压油液经电液伺服阀2向双杆液压缸3供油，使其驱动双向变量液压泵5的变量机构在一定位置下工作；双向定量液压马达6的输出速度由测速电动机9检测，并转换为反馈信号，与输入指令信号相比较，得到偏差信号以控制电液伺服阀2的阀口开度，从而使双向变量液压泵 5 的变量机构，即变量泵的排量保持在设定值附近，最终保证双向定量液压马达 6 在希望的转速值附近工作。位置传感器 4 构成内部反馈环节，用于提高系统的控制精度。

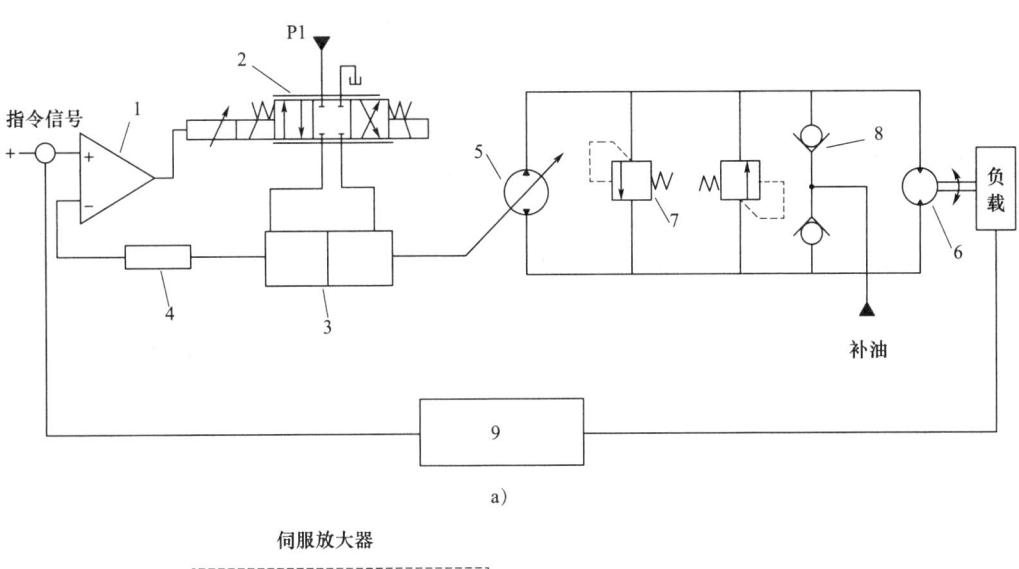

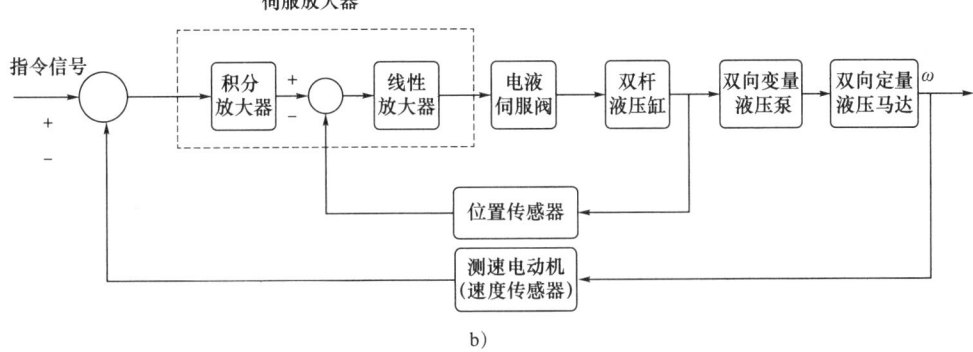

图 5-1-4 泵控式电液速度控制系统
a）原理图　b）原理框图
1—伺服放大器　2—电液伺服阀　3—双杆液压缸　4—位置传感器　5—双向变量液压泵
6—双向定量液压马达　7—安全溢流阀组　8—补油单向阀　9—测速电动机

4. 按执行器速度控制方式分类

（1）阀控制系统

阀控制系统通过改变阀的节流口开度控制流量，从而控制执行器的速度。由于此类系统存在节流和溢流损失，因此，通常效率较低。阀控制系统几乎可用于各种机械设备。

（2）泵排量控制系统

泵排量控制系统通过改变变量泵的排量进行速度无级控制，或通过多台定量泵组合供油来控制流量并进行有级速度控制。由于此类系统无节流和溢流损失，因此，效率较高。泵排量控制系统主要用于压力加工机械、橡胶塑料机械等大功率液压设备。

（3）泵转速控制系统（变频调速泵控制系统）

泵转速控制系统通过改变驱动液压泵电动机的转速调节液压泵的输出流量，以实现系统的流量调节和执行器的速度控制。由于此类系统可以减少油箱容量和介质消耗，因此，能量损失小，运行成本低，是一种极具发展前景的液压系统。

（4）执行器控制系统

执行器控制系统可通过改变作为执行器的变量液压马达的排量、改变复合液压缸的作用面积，或通过多定量液压马达组合工作来控制流量，从而控制执行器的速度。与泵排量控制系统类似，由于此类系统无节流和溢流损失，因此，效率较高。执行器控制系统主要用于行走机械、压力加工机械等液压设备。

变量液压马达控制系统原理图如图5-1-5所示。多定量液压马达组合工作控制系统原理图如图5-1-6所示，其中并联的两个定量液压马达1和2的输出轴刚性连接在一起，二位四通手动换向阀3在左位工作时，液压油仅驱动定量液压马达1，而定量液压马达2空转；二位四通手动换向阀3切换至右位时，定量液压马达1与2并联。若两定量液压马达排量相等，则并联时进入每个定量液压马达的流量会降低一半，而转矩则增加一倍。

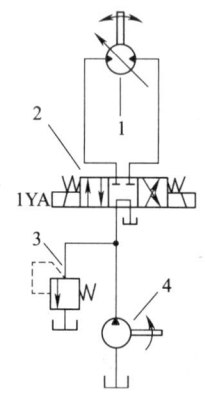
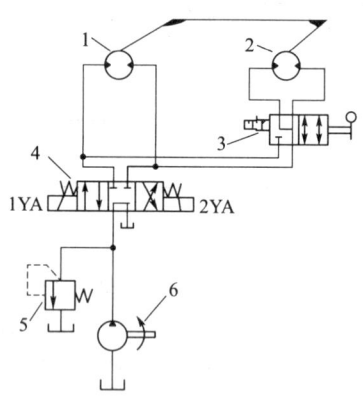

图5-1-5 变量液压马达控制系统原理图　　图5-1-6 多定量液压马达组合工作控制系统原理图
1—变量液压马达　2—三位四通电磁换向阀　　1，2—定量液压马达　3—二位四通手动换向阀
3—溢流阀　4—定量液压泵　　　　　　　　　4—三位四通电磁换向阀　5—溢流阀
　　　　　　　　　　　　　　　　　　　　　　　　　6—定量液压泵

复合液压缸作为执行器的液压系统原理图如图5-1-7所示。具有三个工作腔（a腔、b腔、c腔，作用面积分别为A_a，A_b，A_c）的复合液压缸5，通过三位四通电磁换向阀2和二位四通电磁换向阀4改变油液的循环方式及复合液压缸在各工况的作用面积，实现快慢速及运动方向的转换；单向阀1作为背压阀使用，以防止复合液压缸在上、下端点及换向时产生冲击。液控单向阀3用于防止立置的复合液压缸5在系统

卸荷及不工作时，其活塞（杆）及工作机构因自重而自行下落。液压泵可通过三位四通电磁换向阀 2 的 H 型中位机实现低压卸荷。

5. 按主换向阀在中位时液压泵的工作状态分类

（1）中开式系统

中开式系统的主换向阀在中位时，内泄漏极小，可使液压泵卸荷，油液以低压返回油箱（所以，该系统的主换向阀为 M 型、H 型等中位机能换向阀）。此类系统一般采用定量泵供油。能量传递从基本为零的低值开始，换向后能量上升，液压油进入执行器，用于克服负载。通常在满足相同功能的情况下，中开式系统回路能耗较低。中开式系统多用于需间歇运动或支承负载，且不希望频繁启停原动机的工况中。

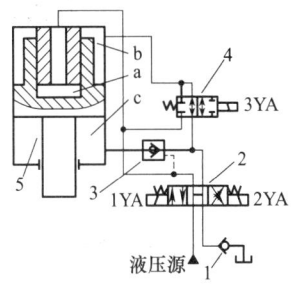

图 5-1-7　复合液压缸作为执行器的液压系统原理图

1—单向阀　2—三位四通电磁换向阀
3—液控单向阀　4—二位四通电磁
换向阀　5—复合液压缸

（2）中闭式系统

中闭式系统的主换向阀在中位时，其所有油口均封闭（O 型中位机能），若采用定量泵供油，则液压泵的油液经溢流阀高压返回油箱（见图 5-1-8a）。换向阀在中位时，能量传递从高值，即从系统的最大调压值开始，只要换向，其能量就可以为执行器所利用。换向阀在中位时，有时会承受系统的全部压力，因此，中闭式系统内泄漏比中开式系统要严重。通常在满足相同功能的情况下，中闭式系统回路能耗较高，但如果增加中位卸荷措施（如采用电磁溢流阀，如图 5-1-8b 所示）或改用压力补偿式变量泵供油（见图 5-1-8c），则可大幅降低中闭式系统的能耗。中闭式系统在多种设备中均有应用。

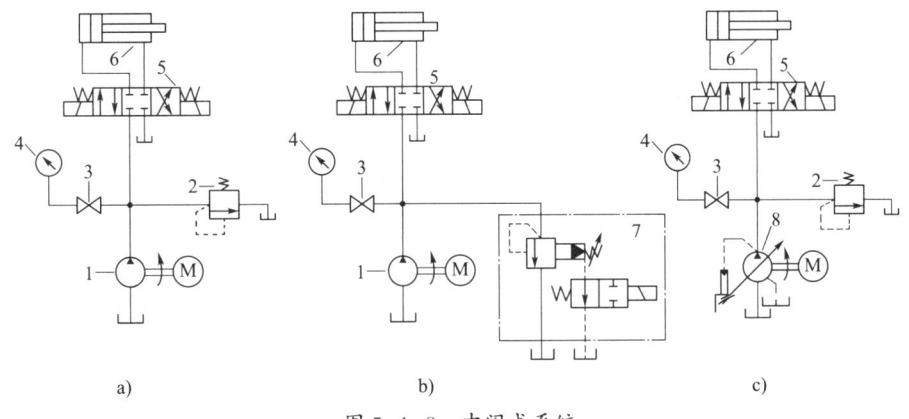

图 5-1-8　中闭式系统

a）定量泵＋溢流阀　b）定量泵＋电磁溢流阀　c）压力补偿式变量泵＋溢流阀
1—定量泵　2—溢流阀　3—压力表开关　4—压力表　5—三位四通电磁主换向阀
6—液压缸　7—电磁溢流阀　8—压力补偿式变量泵

第二节 液压维修工具的使用及测量工具

一、基本维修工具

"工欲善其事，必先利其器"，进行液压元件维修工作必须配备图 5-2-1 所示的基本维修工具。

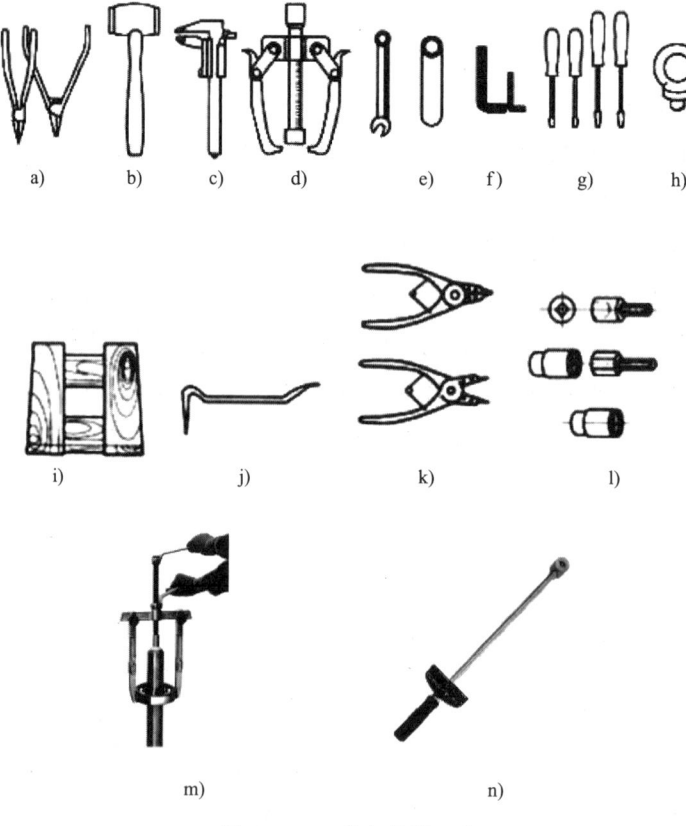

图 5-2-1 基本维修工具

a）尖嘴钳 b）橡胶锤 c）卡尺 d）拉马 e）扳手套筒 f）内六角扳手 g）旋具
h）吊环 i）零件摆放桌 j）密封拆卸工具 k）各种钳子
l）套筒扳手 m）轴承拆卸工具 n）力矩扳手

二、去毛刺工具

去毛刺工具如图 5-2-2 所示。在液压元件维修中可使用这些工具和其他手工工具

（如刮刀、锉刀、刷子、油石砂条以及金相砂纸等）来手工消除液压元件尖边处的毛刺。

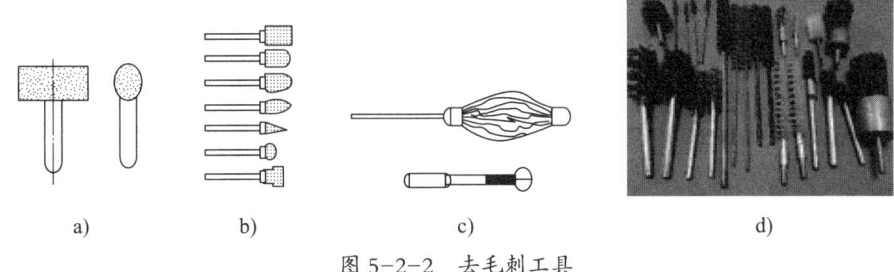

图 5-2-2 去毛刺工具

a）砂轮式去毛刺工具　b）去毛刺用特异铣刀　c）镀有金刚石的去毛刺工具　d）去毛刺刷

三、基本测量工具

维修中的基本测量工具如图 5-2-3 至图 5-2-6 所示。

图 5-2-3　深度千分尺　　　　　　图 5-2-4　外径千分尺

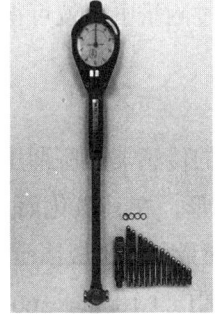 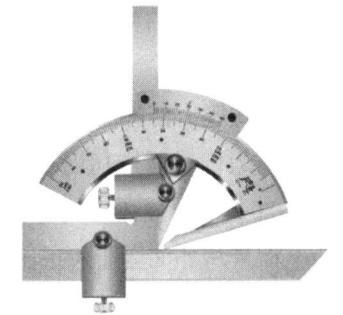

图 5-2-5　内径百分表　　　　　　图 5-2-6　万能角度尺

四、压力的测量

1. 利用弹簧管式压力表测量压力

弹簧管式压力表利用截面为腰形的弹簧管（波登管）在受压后产生弹性变形，带动指针摆动来测量压力，图 5-2-7 所示为其结构。

标注在表盘上的测量精度等级有 0.5、1.0、1.5、2.0、2.5、4.0 六个等级，一般使用 1.5 级精度的压力

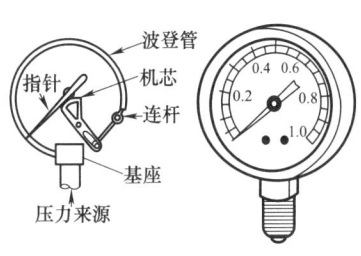

图 5-2-7　弹簧管式压力表结构

表测量即可，0.5 级精度的压力表用于校正其他精度压力表的精度。被测压力的最大值不应超过压力表量程的 2/3，但也不可过于放宽。

2. 利用压力传感器测量压力

压力传感器主要指电测压式压力仪器，其种类很多，如电感式压力传感器、电容式压力传感器、电阻应变式压力传感器、压阻式压力传感器、压电式压力传感器以及半导体式压力传感器等。不同的压力传感器常配有专用的测量电路或通用的测量仪器。

（1）电感式压力传感器

电感式压力传感器的压力敏感元件多采用金属制的圆形膜片（平形与波纹形）。为了减少温度和非线性对测量精度的影响，常设有补偿电路。

（2）电容式压力传感器

电容式压力传感器是利用压力的作用，通过改变平板电容两极板之间的距离来改变其电容量，并通过测量电容量的变化达到测量液体压力的目的。

（3）电阻应变式压力传感器

电阻应变式压力传感器由电阻应变片和压力敏感元件组成。压力敏感元件有膜片式、溅射薄膜式、应变筒式、应变筒支梁式和组合式等。

（4）压阻式压力传感器

压阻式压力传感器是指利用单晶硅材料的压阻效应和集成电路技术制成的传感器。单晶硅材料在受到力的作用后，电阻率发生变化，通过测量电路就可得到正比于力变化的电信号输出。

（5）压电式压力传感器

压电式压力传感器是利用晶体的正压电效应制成的传感器。所谓压电效应是指压电晶体在外部载荷（液体压力）的作用下产生机械变形，在其极化面上会产生电荷，且产生的电荷量与外部载荷成正比，从而通过测量电荷量可测出液体压力的大小。

压电式压力传感器结构简单，性能优良，测压范围广（100 Pa～60 MPa），工作频带宽，耐冲击，可在高温环境下工作，应用较广泛。

（6）半导体式压力传感器

半导体晶体在受到一个外力作用时，因半导体的压阻效应，其内部电阻会发生较大改变，利用测量电阻改变量制成的压力传感器称为半导体式压力传感器。

3. 几种压力测量仪表

（1）数字式压力表

数字式压力表（见图 5-2-8）用于测量和显示的压力值范围为 0～1.6 MPa，其精度可达全刻度值的 0.1～1.0 级，是测量液压系统压力的理想新型压力表，可用于检测液压系统压力变化,是发现并排查液压系统故障的基本工具。德国西德福公司生产的SPWF电子压力控制器将压力开关、压力变送器及数字显示功能结合于一体,采用陶瓷元件进行压力检测,可通过显示面板下的按键对显示设置和触点输出等参数进行现场编程,并配有LED显示,显示部分可任意旋转,方便读数。SPWF电子压力控制器的应用领域包括液压系统和机械加工。

(2)压力传感器

压力传感器(见图5-2-9)精度高,其测压元件为陶瓷,测压范围为10~630 bar[①],精度为0.1~1.0级。

图 5-2-8　数字式压力表　　　　图 5-2-9　压力传感器

图5-2-10所示为德国力士乐公司生产的HM14和HM15型压力传感器,其用于压力测量以及将测量值转化为电信号。该传感器的高精度和高温度稳定性使它非常适用于控制回路中的压力测量。由于其输出的是标准信号,因此,HM14型(电压输出)和HM15型(电流输出)压力传感器广泛适用于各类液压系统。

(3)压力变送器

压力变送器由压力传感器和专用放大电路组成。

五、流量的测量

测量液体流量的仪器或装置有很多,如动压式流量计、浮子式流量计、椭圆齿轮流量计、罗茨流量计、计量马达流量计、转子或活塞式流量计、文丘里管差压式流量计、超声波流量计、涡轮式流量计、利用超声波振动测量流量的小流量计等。

1. 涡轮式流量计

涡轮式流量计由前置放大器、涡轮流量变送器和指示仪表所组成。它利用液体流动的动压使涡轮转动,涡轮的转动速度与平均流速大致成正比,因而测得涡轮的转速便可求得瞬时流量,由涡轮转数的累计值便可求得累计流量。

涡轮式流量计测量精度高,测量范围大,反应速度快,压力损失小,能承受高压,并能远距离测量,可用于静态与动态测量。但其测量精度受液体黏度的影响较大,且

---

① 1 bar=1×10^5 Pa。

测量时要避开周围磁场的影响。

2. 超声波流量计

超声波流量计是利用超声波在流体中的传播速度会随被测流体的流速而变化制成的流量计。

3. 动压式流量计

动压式流量计在与流体流动方向相垂直的方向安设钟形罩板，并通过测量钟形罩板受到的动压（与流动液体的动量成比例），以求出流量。

4. 利用超声波振动测量流量的小流量计

利用超声波振动测量流量的小流量计通过流体动压的改变，使振动片的振荡频率发生变化，读出该变化，即可测量出流量。

第三节 液压泵的维修及装配

液压泵的作用是将电动机或发动机输出的机械能转换成油液的压力能，为液压系统提供所需的液压油，再通过执行器（液压缸或液压马达）去做功，以完成各种不同液压设备所承担的各项工作。液压泵是液压系统的心脏。

一、液压泵的分类

液压泵的分类见表 5-3-1。

表 5-3-1　液压泵的分类

种类	说明
液压泵	将机械能转换为液压能的装置
容积式泵	油液能量的增加来自压力能的泵，其输出流量与轴的转速有关
变量泵	排量可改变的泵
定量泵	排量不可改变的泵
齿轮泵	由两个或多个齿轮啮合作为油液能量转换件的泵
叶片泵	转子旋转时，由一组与凸轮环接触的径向滑动叶片输出油液的泵

续表

种类	说明
螺杆泵	具有一个或多个螺杆在腔体内转动工作的泵
柱塞泵	通过一个或多个柱塞往复运动输出油液的泵
轴向柱塞泵	柱塞轴线与缸体轴线平行或略有倾斜的柱塞泵，柱塞可由斜盘或凸轮驱动
径向柱塞泵	柱塞径向排列的柱塞泵
斜轴式柱塞泵	驱动轴线与缸体轴线呈一定角度的轴向柱塞泵
手动泵	用手操作供油的泵
多级泵	几个串联工作的泵。前一级泵的出口为后一级泵的进口，可逐级提高泵的压力
多联泵	用一个公用轴驱动的两个或两个以上并联的泵，可共用或单独使用进油管或出油管

二、维修时更换液压泵的注意事项

1. 不同的应用场合往往使用不同种类的泵，维修时需确认设备上使用的泵种类。

2. 所购液压泵的主要性能参数要与原使用的液压泵相同或相近，液压泵铭牌和产品目录中常标有性能参数，特别是所更换的液压泵的压力与流量必须与原使用的液压泵相同或相近。

3. 注意所购液压泵的安装法兰和轴伸尺寸要与原使用的液压泵一致，维修时要确保所购液压泵的安装尺寸符合实际尺寸。

三、液压泵使用与安装的注意事项

1. 液压泵的使用

（1）转速和压力不能超过规定值。

（2）若液压泵的旋转方向有规定，则不得反向旋转，特别是齿轮泵和叶片泵，反向旋转会引起低压密封装置甚至整个液压泵的损坏。

（3）液压泵的自吸真空度应在规定范围内，否则吸油不足，会引起气蚀、噪声和振动。

（4）若液压泵的进油口有规定供油压力，则应予以充分保证。

（5）通常低速液压马达的回油口应有足够的背压，对于内曲线液压马达更应如此，否则可能因滚轮脱离曲面而产生撞击，轻则产生噪声，降低使用寿命；重则击碎滚轮，损坏整个液压马达。

2. 液压泵的安装

（1）安装液压泵时要充分考虑液压泵的正常工作要求。

1）液压泵的主动轴与其他机械连接时要保证同心，或采用挠性联接。

2)要了解液压泵的主动轴承受径向力的能力,对于不能承受径向力的液压泵和液压马达,不得将皮带轮等传动件直接装在主动轴上。

3)液压泵泄漏油管要通畅,一般不设置背压,当泄漏油管太长或因某种需要必须接背压时,其压力不得超过低压密封所允许的数值。

4)安装外接的泄油管时应能保证液压泵的壳体内充满油液,以防停机时壳体里的油液全部流回油箱。

5)对于停机时间较长的液压泵,不能直接满负荷运转,应先空负荷运转一段时间。

(2)对大功率液压泵,泵-电动机组件不要安装在油箱上,且安装台应选用刚性材料,液压泵和电动机应选用共同的基础并以共同的基准支承,且支脚要固定牢靠。

(3)液压泵支架座要安装牢固,并应能充分吸收振动。

(4)每台液压泵的泄油管都应单独连接回油箱,不可与系统共用一条回油管。因为系统回油管经常会出现背压较高的情况,如果两管合一,则会使泵内泄油压力因总回油管背压的增高而增高,出现液压泵轴油封处外泄漏和油封被冲破的现象。一般液压泵泄油管的背压应不超过 0.3 MPa。

(5)液压泵的进油管不能与溢流阀的回油管连接,因为溢流阀的回油管排出的是热油,如果热油不经油箱冷却直接吸入液压泵内,会造成液压系统温度恶性循环升高,温度过高会导致诸多故障。

(6)电动机底座(见图 5-3-1)与电动机之间应安装一层防震用的硬橡胶。液压泵与电动机之间的联轴器最好使用挠性联轴器;液压泵轴与联轴器的连接长度最少应在 2/3 以上,且应配合良好;拆卸联轴器要用拉马等专门工具,装入联轴器务必小心,避免敲打到液压泵轴。

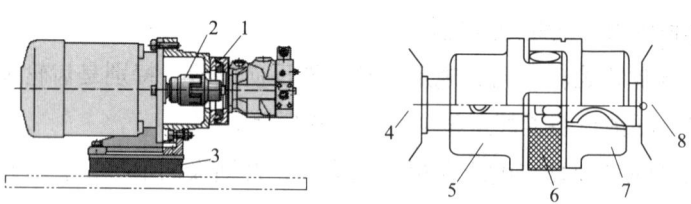

图 5-3-1 电动机底座
1—钟形安装座 2—联轴器 3—缓冲垫块 4—液压泵 5—液压泵联轴器
6—橡胶件 7—电动机联轴器 8—电动机

(7)应尽量使用挠性联轴器,避免使用刚性联轴器。液压泵与电动机之间的联轴器可以使用图 5-3-2b 至图 5-3-2e 中的任一种。

驱动轴端与液压泵轴端应保持 2～3 mm 的距离,若采用弹性销联轴器,则两轴端面应留有 3 mm 间隙,以免液压泵轴与电动机轴顶死。

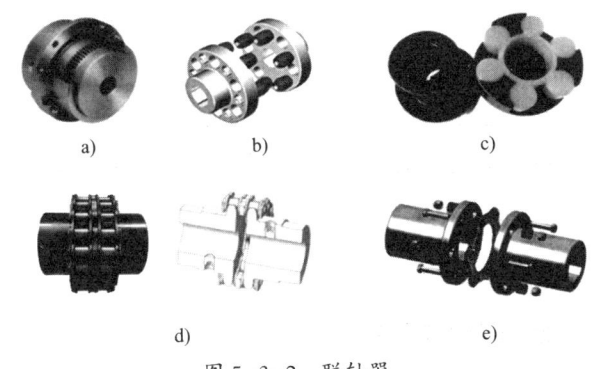

图 5-3-2 联轴器

a) 刚性联轴器（凸缘式联轴器） b) 弹性销联轴器 c) 梅花联轴器 d) 链条联轴器 e) 膜片联轴器

（8）液压泵的吸油高度不得大于最低油位 500 mm。

（9）尽量不使用传动带、链条和齿轮等带动液压泵，因为这样会使液压泵承受较大的径向载荷，造成液压泵内零件出现偏磨，缩短液压泵的使用寿命。当必须使用传动带、链条和齿轮时，要在液压泵轴上采取减轻径向力的措施。例如，使用图 5-3-3 所示的安装推力轴承支座消除径向力。

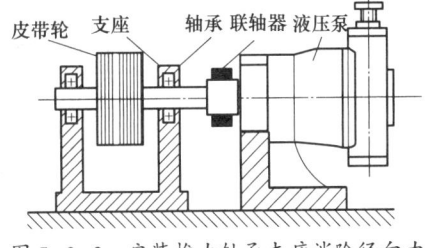

图 5-3-3 安装推力轴承支座消除径向力

（10）液压泵的吸入管道通径应不小于其入口通径，吸油滤油器通流量应不低于液压泵流量的 2 倍。

3. 液压泵的运转

（1）一定避免在液压泵内无油的情况下启动液压泵，液压泵启动前要通过油口向泵内灌满油，否则可能损坏液压泵。

（2）避免承载启动液压泵。应先旋松系统溢流阀调压手柄，使溢流阀调至最低工作压力，空负荷启动液压泵，观察液压泵的旋向，如果为反向则应立即停止液压泵并纠正；如果转向正确，则需空负荷运转一段时间。

（3）启动时，先稍微拧松液压泵出油口的管接头排气，最好能在液压泵出油口装设排气阀（有些进口液压泵本身带有排气阀）。

（4）避免在油温过低和过高的情况下启动液压泵。温度过低时，油液黏度大会造成吸油困难；油温过高时，油液黏度下降，可能造成内泄漏增大，并导致不能很好地形成润滑油膜，加剧液压泵内相对运动件之间的磨损。

（5）避免在长时间满载（高压大流量）下运转液压泵，这可能会缩短液压泵的使用寿命。

（6）由发动机带动的液压泵（如工程机械）要避免长时间高速或低速运行。

（7）液压泵进油口滤油器要定期清洗。

(8) 低速启动时,应限制油液最大黏度,否则液压泵可能无法吸油。

(9) 进油口的过滤器。有些液压泵(如轴向柱塞泵)的自吸能力较差,因此进油口过滤器应尽量安装在靠近油箱油面的位置;柱塞泵的进油口一般不安装滤油器;一定要在进油管路安装线隙式滤油器,过滤精度应为 30~50 μm,过流能力应为液压泵流量的 3 倍以上;在系统的回油管路要安装过滤精度为 10~20 μm 的回油滤油器。

四、齿轮泵的维修及装配

1. 齿轮泵装拆的操作步骤与要领

以图 5-3-4 所示的典型外啮合齿轮泵为例,说明齿轮泵装拆的操作步骤与要领。

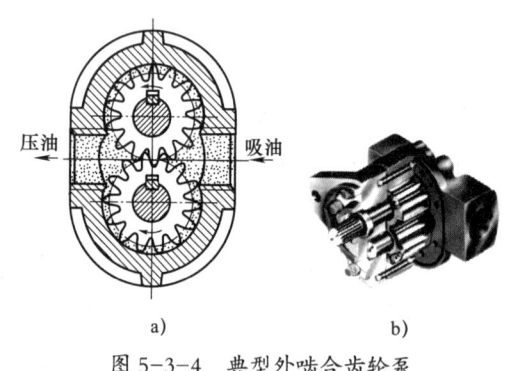

图 5-3-4 典型外啮合齿轮泵
a) 工作原理图 b) 剖面结构图

(1) 拆卸步骤

第一步:用套筒扳手卸下螺钉取下泵盖。

第二步:卸下后端盖。

第三步:从后端盖卸下端面密封圈。

第四步:取出泵体与主、从动齿轮轴。

第五步:卸下浮动侧板。

第六步:从浮动侧板上卸下密封圈和挡圈。

第七步:用专用工具取出扣环。

第八步:用螺钉拧入并拔出油口塞子。

(2) 装配步骤

装配前需对所有零件进行仔细清洗,装配步骤如下。

第一步:将密封圈安装至前端盖。

第二步:对正并套上泵体。

第三步:将新的密封圈和挡圈安装至浮动侧板。

第四步:将装好的浮动侧板放入泵体孔内。

第五步：装入主、从动齿轮轴。

第六步：将密封圈安装至后端盖。

第七步：以定位销定位，并将后端盖翻面装入齿轮轴上，对角拧紧齿轮泵各安装螺钉，最后装入油封和挡圈。

2. 拆卸后的检查、修理与装配要领

齿轮泵拆卸后，要对拆卸后的零件进行检查与修理。

（1）拆卸后的检查

检查内容包括齿轮各相对滑动面产生的磨损和刮伤情况。例如，端面磨损使轴向间隙增大，从而导致内泄漏增大；齿顶圆磨损导致径向间隙增大；齿形磨损导致噪声和压力振摆增大。

（2）拆卸后的修理

磨损拉伤不严重时可稍加研磨（对研）抛光后继续使用；若磨损拉伤严重，则需根据情况予以修理或更换。

（3）拆卸后的装配要领

装拆中要注意观察齿轮泵泵体中铸造的油道，骨架油封的密封唇口方向，主、从动齿轮的啮合，各零部件间的装配关系、安装方向等，随时做好记录，以便进行下一步安装。

装配时要特别注意骨架油封的装配。骨架油封的外侧密封唇口应向外，内侧密封唇口应向内，且装配主动轴时应防止其擦伤骨架油封密封唇口。装配时用手转动齿轮泵应均匀无过紧感觉。

3. 齿轮泵的常见故障排查

（1）齿轮泵吸不上油，无油液输出

1）检查电动机转向是否正确。

2）检查电动机轴或齿轮泵轴上是否漏装了传动键。

3）检查进油管路O形圈是否损坏或漏装，导致进气。

4）检查进油管焊接位置焊缝是否未焊好导致进气，焊缝需保证不漏气。

5）检查进油管是否有裂缝，如有裂缝，则需焊补或更换。

6）检查油面是否过低，若过低，则应加油至规定的油标高度。

7）检查进油过滤器是否裸露在油面之上而导致吸不上油，如果存在此情况，则须加油至规定的油标高度。

8）检查齿轮泵的转速是否过高或过低。齿轮泵的转速过高或过低均可能吸不上油，应使齿轮泵在允许的转速范围内运转。

9）检查齿轮泵的安装位置距油面是否太高，而导致吸不上油。

（2）齿轮泵的输出流量不够，系统压力上不去

1）检查进油滤油器是否堵塞，若滤油器堵塞，则应予以清洗。

2）检查前、后端盖端面或侧板端面是否有因严重拉伤而产生的内泄漏过大，若有，则研磨或平磨修复前、后端盖或侧板端面。

3）检查电动机转速是否过低。电动机转速应符合规定。

4）检查油温是否过高。油温过高会导致油液黏度降低，内泄漏增大，需查明油温过高的原因，并采取对策。

5）检查选用的油液黏度是否过高或过低。需选用黏度适合的油液。

6）检查是否有污物进入齿轮泵内，导致拉伤相关配合表面。

（3）齿轮泵噪声大并出现振动

1）检查齿轮泵是否从油箱中吸入了含有气泡的油液。

2）检查电动机与齿轮泵联轴器的橡胶件是否破损或漏装，若有，应更换或补装。

3）检查齿轮泵与电动机安装的同轴度，齿轮泵的安装应满足图5-3-5所示要求。

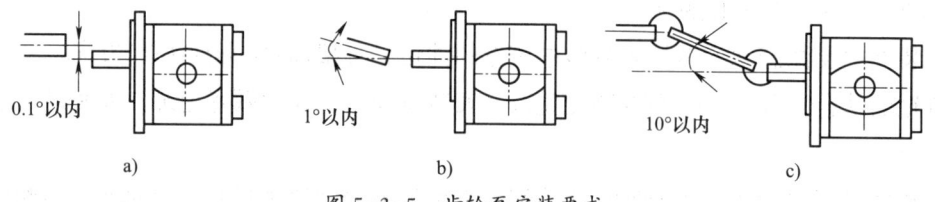

图 5-3-5　齿轮泵安装要求

a）与联轴器的同轴度　b）与联轴器的夹角　c）与万向节的连接

4）检查联轴器的键或花键磨损造成回转件的径向跳动量是否符合要求。

5）检查泵体与两侧端盖相接触的端面之间是否存在进气，特别是靠近吸油区域的部位。

6）检查齿轮泵的端盖孔与压盖外径之间的过盈配合接触处（如CB-B型齿轮泵）是否配合良好。若配合不好，则容易由此接触处侵入空气。压盖为塑料材质时，若其损坏或因温度变化而产生变形，也会导致密封不严而进入空气，此时可涂覆环氧树脂等胶黏剂进行密封。

7）检查齿轮泵内零件损坏或磨损情况。齿轮泵内零件损坏或磨损严重将产生振动与噪声。

（4）齿轮泵内、外泄漏严重

1）齿轮端盖与齿轮端面、侧板与齿轮端面或浮动轴套与齿轮端面之间的接触面面积大，是出现内泄漏的主要部位，由于这些部位磨损、拉伤或间隙过大而造成的内泄漏量占全部内泄漏量的50%~70%。减少内泄漏的方法是修复磨损拉伤部位和保证这些部位合理的配合间隙。

2）造成内泄漏的其他可能原因包括：卸压片老化变质，失去弹性，对高压油腔和低压油腔失去了密封隔离作用，会导致高压油腔的油液被压往低压油腔；径向不平衡力会使齿轮尖部靠近泵壳体，磨损泵壳体的低压腔部分；油液不净会导致相对运动表面之间的磨损等。

第四节 液压缸的维修及装配

一、液压缸的拆卸

以下以美国派克汉尼汾公司生产的带缓冲装置的液压缸为例，说明液压缸的装拆方法与步骤。

1. 拆卸步骤

第一步：松开四个螺钉，卸下前缸盖组件。

第二步：松开四个螺钉，卸下后缸盖组件。

第三步：从缸体中抽出活塞杆、活塞组件。

第四步：分解各组件。

（1）活塞与活塞杆组件的拆卸：拧下骑马螺钉，将活塞组件（活塞、支承环、密封组件）从活塞杆上卸下。

（2）导向套组件的拆卸：用带钩扳手从法兰盖上卸下导向套，即可更换密封件等。

2. 拆卸后的检查和修理

液压缸各部分拆卸后，应检查下述重点零件和重要部位，以确定哪些零件可以继续使用，哪些需要经修理后再使用，哪些应予以更换。拆卸后的所有零件用塑料布盖好，注意防尘防水；小的零件可浸泡在油盘中；活塞杆应用铁丝垂直吊起悬挂，以免变形。对于在野外工作的工程机械更应注意这些要求。

（1）缸体（缸筒）拆卸后应检查的项目

1）缸体内孔的尺寸及公差（一般为 H8 或 H9，活塞环密封时为 H7，间隙密封时为 H6）。

2）内孔表面粗糙度（$Ra0.2 \sim 0.8 \, \mu m$）。

3）缸体内孔的几何精度（圆度与圆柱度误差应小于直径尺寸公差的 1/3～1/2）。

4）缸体内孔轴线直线度误差（在 500 mm 长度上不得大于 0.03 mm）。

5）缸体端面对轴线的垂直度误差（在 100 mm 直径上不得大于 0.04 mm）。

6）耳环式液压缸耳环孔的轴线对缸体轴线的位置误差（参考值为 0.03 mm）和垂直度误差（在 100 mm 长度上不得大于 0.1 mm）。

7）轴耳式液压缸的轴耳轴线与缸体轴线的位置误差（不得大于 0.1 mm）和垂直度误差（在 100 mm 长度上不得大于 0.1 mm）。

8）缸体内孔表面伤痕情况。

（2）活塞杆拆卸后应检查的项目

1）活塞杆外径尺寸及公差（f7～f9）。

2）活塞杆与活塞内孔的配合情况（H7/f8）。

3）活塞杆外圆的表面粗糙度（Ra 约 0.32 μm 左右）。

4）活塞杆外径各台阶及密封沟槽的同轴度（允差为 0.02 mm）。

5）活塞杆外径圆度及圆柱度误差（不大于尺寸公差的 1/2）。

6）活塞杆螺纹及各圆柱表面的拉伤情况。

7）活塞杆表面镀硬铬层的剥落情况。

8）活塞杆全长直线度误差（在任意 100 mm 长度上不得大于 0.02 mm）。

（3）导向套拆卸后应检查的项目

1）导向套内孔尺寸与公差（公称尺寸与活塞杆一致，公差为 H8 左右）。

2）导向套外径尺寸。

3）导向套内孔磨损情况。

（4）活塞拆卸后应检查的项目

1）活塞外径尺寸及公差（f7～f9）。

2）活塞外圆的表面粗糙度（Ra 不低于 0.32 μm）及磨损拉毛情况。

3）活塞外径和内孔的圆度、圆柱度误差（不得大于尺寸公差的 1/2）。

4）活塞端面对轴线的垂直度误差（不得大于 0.04 mm）。

5）活塞与活塞杆配合的内孔尺寸（以 H7 为宜）。

6）活塞密封沟槽与活塞内孔外圆的同轴度误差（不得大于 0.02 mm）。

（5）密封

观察密封唇部（唇形密封）有无损伤，O 形圈是否有因挤入间隙（挤出）而造成的缺损。

3. 拆卸要领

（1）拆卸液压缸前，应先拧松溢流阀等调压元件的手轮，使液压回路卸压，即压力降至接近于零。然后切断电源，使液压设备停止运转，并停在一个容易拆卸的位置（如一个末端位置）。

放掉液压缸两腔油液，然后拆卸缸盖。拆前需先修正螺纹，灌煤油，放置一段时间后轻轻敲打缸盖，使螺纹振松，必要时适当加热，一般即可拆下缸盖。

拆卸后将零件按顺序摆放好，长的活塞杆要用钢丝绳竖直吊起以免弯曲变形。

（2）活塞和活塞杆组件从缸体拆出之前要先清理缸体中的污物，不可强行将活塞从缸体中打出，以免污物损伤缸体内孔。

拆卸时，应防止损伤活塞杆顶端螺纹、油口螺纹、活塞杆及活塞表面，不应暴力敲打零件，须避免零件不小心掉在地面出现碰伤等情况。

（3）液压缸修理完成进入装配时，原则上所有密封件应全部换新，换新前应先查明原密封件破损原因，以免再次因同样原因损坏密封件。所有零件经仔细清洗后方能开始装配。

二、液压缸的装配

液压缸的装配顺序与拆卸顺序相反，注意事项如下。

1. 仔细清除各零部件尖角锐边处的毛刺，然后清洗干净。

2. 正确安装各处密封件，对有方向性的密封件需注意不要搞错装配方向，对难以装配的密封件要使用导向装配工具装配，严禁用硬物硬顶塞入，这样会破坏密封性能。装配时注意不要拧扭密封件。

3. 活塞与活塞杆装配后，应放置在两V形块上，用百分表测量其同轴度误差和全长上的直线度误差。

活塞和活塞杆同轴度误差应在 0.04 mm 内，活塞杆全长直线度误差应在 0.20 mm 以内。测量方法如下：将活塞和活塞杆连成一体，放在V形铁上，用百分表找正，在校正器中调整，使活塞和活塞杆的同轴度在 0.04 mm 范围之内，如图 5-4-1a 所示；图 5-4-1b 所示为活塞杆直线度的校正。

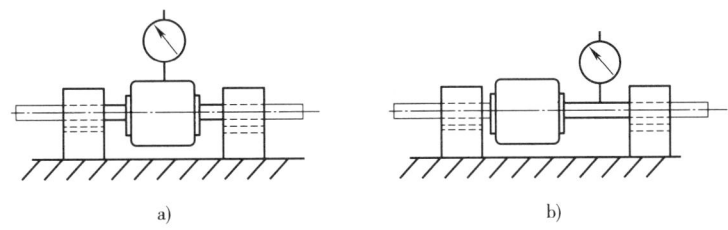

图 5-4-1 校正活塞杆的方法
a）活塞和活塞杆同轴度的调整 b）活塞杆直线度的测量

4. 向缸体内孔加入液压油，可帮助活塞进入缸体内孔。活塞组件装入缸体内孔后，应能轻轻敲入，且敲入时无阻滞和轻重不均匀现象。

5. 缸盖装上缸体时，应均匀对角拧紧螺栓或螺钉，推荐使用扭力计扳手。装上缸盖后，用力应能移动活塞杆。如果卡死，则说明缸盖未装正。

6. 装配后的液压缸内孔轴线对两端支座的安装面，其平行度允差为 0.05 mm，可液动也可手动测量，但均需在活塞杆未连接负载的工况下进行。

7. 液压缸装于主机上时，以导轨或安装面为基准，调整液压缸，使液压缸轴线（可通过活塞伸出检查）与导轨安装面平行（允差在 0.05～0.10 mm 范围内），推荐铲刮修正，不推荐垫铜片。

三、液压缸的性能试验

1. 在规定压力下，观察接合处是否有渗漏。
2. 检查油封装置是否过紧，导致活塞杆移动卡滞。
3. 检查往复速度是否均匀。

四、液压缸的常见故障排查

1. 液压缸不动作

（1）检查是否有液压油进入液压缸，引起液压缸不能动作。

1）系统未供油。检查是否因液压泵和主要液压阀的故障所引起，并排除故障。

2）液压缸前的换向阀未换向。例如，图 5-4-2a 所示回路中回路设计不合理，该系统采用 M 型电液换向阀控制液压缸换向，由于换向阀是 M 型中位机能，中位时液压泵卸荷，而此时电液换向阀又是内供，导致与液压泵供油路相连的控制油压无法上升，控制油液便没有足够的压力推动电液换向阀中的主阀芯换向，主阀芯仍处于中位，从而液压缸也就无法进行换向动作。可改成图 5-4-2b 所示的两种回路，即使用在回路加背压的方法，保证系统始终有一定的最低压力提供给电液换向阀，作为控制压力使其换向，从而保证液压缸的换向。

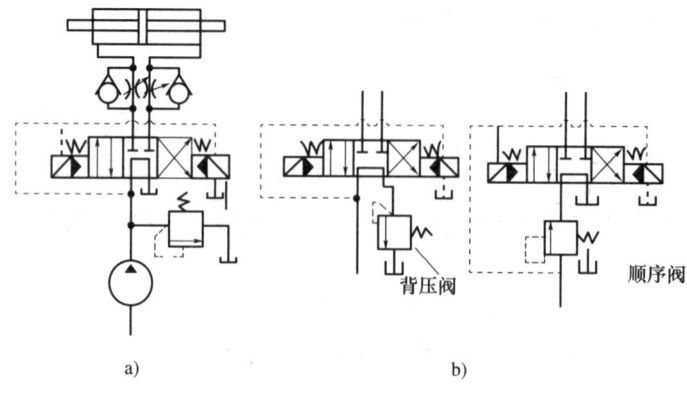

图 5-4-2　回路设计不合理导致液压缸不动作

a）设计不合理　b）优化设计

（2）检查液压缸是否因安装连接不良造成卡滞，导致液压缸不能动作。

图5-4-3a中，液压缸活塞杆中心线与载荷中心线不重合，两者之间产生力矩，加大了导轨摩擦力，导致液压缸不能动作。安装时应按图5-4-3b所示方法检查安装精度。

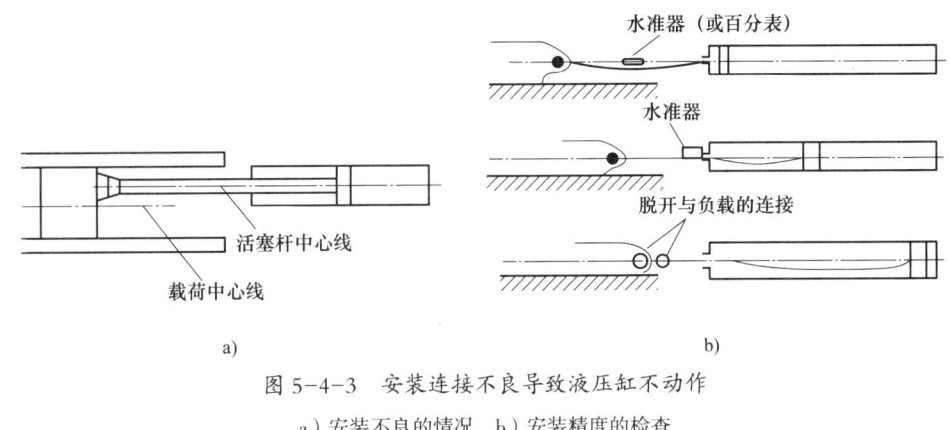

图5-4-3 安装连接不良导致液压缸不动作
a）安装不良的情况 b）安装精度的检查

（3）检查进入液压缸的油液是否有足够压力。当液压缸有油液进入，但没有足够压力，无法使液压缸动作时，具体可检查下述项目。

1）系统有故障，主要是液压泵或溢流阀存在故障。应检查液压泵或溢流阀的故障原因并排除故障。

2）内泄漏严重，活塞与活塞杆松脱，密封件损坏严重。应紧固活塞与活塞杆并更换密封件。

3）系统调定压力过低时要检查压力调节阀是否故障，若有故障，则需排除，并重新调整压力，直至达到要求值；必要时应重新计算工作压力，更换调节范围大一些的调压元件。

4）当活塞上的密封圈（O形圈等）漏装或严重损坏、缸体内孔拉有很深沟槽或活塞杆上锁定活塞的螺母松脱，造成液压缸进、回油腔严重导通串腔时，液压缸便不能动作。可采取更换活塞上的密封圈和其他修理措施。

5）在一些多缸并联回路中，要前一个液压缸先动作，且动作完成后，压力升高，使压力继电器发出信号，后续的液压缸方能动作。如果前一个液压缸动作完成后压力不上升，或者压力继电器有故障未能发出信号，则后一个液压缸不会动作。对于此类多缸并联回路要注意其动作的顺序性，以及动作与动作之间的发信方式和发信元件的动作可靠性。

6）对活塞杆表层镀硬铬的液压缸，当电镀质量不好时，使用过程中往往会出现镀层剥落现象，剥落的铬片卡入运动部位的间隙中，会拉伤缸体内孔和导向套内孔。此时，如果活塞继续运动,则会堆积挤压出更大、更硬的硬物,液压缸自然被卡住不动作。

(4)检查液压缸进、回油路是否通畅。例如,图 5-4-4 中,当单向节流阀中的节流阀关死时,液压缸不能向左动作;当截止阀关死时,液压缸两个方向均不动作。

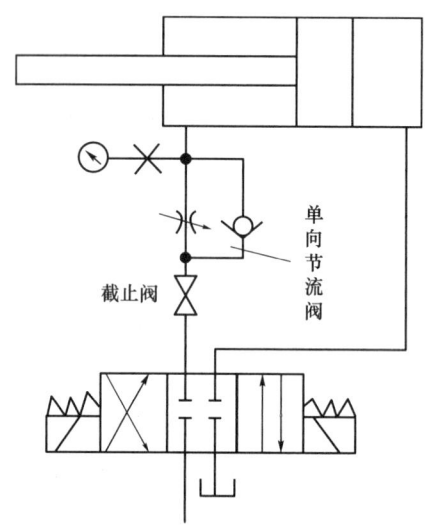

图 5-4-4　进、回油路不通畅导致液压缸不动作

2. 液压缸能运动,但速度不快,欠速

(1)检查液压泵的供油量是否不足。

(2)检查液压缸本身的内泄漏是否稍大,液压缸活塞密封圈是否轻微破损,导致进、回油腔 A 腔与 B 腔之间油液相互泄漏。

(3)检查液压系统其他部位是否存在漏油。

(4)检查溢流阀溢流是否过多。

(5)液压缸存在中途变慢或停下来的欠速情况。一般对长行程液压缸而言,缸体内孔壁在某一段区域内拉伤、胀大或磨损严重时,会出现液压缸在该段局部区域慢下来而其余位置正常的情况,此时须修磨液压缸内孔,重配活塞。

(6)在液压缸行程两端或一端,缸速会急剧下降,为吸收运动活塞的惯性力,使其在液压缸两端进行速度交换时,不致因过大的惯性力产生冲缸振动,常在液压缸两端设置缓冲机构(加装节流装置增大背压),但如果缓冲过度,就会使缸速变得很慢。如果通过加大缓冲节流阀的开启程度还不能使速度增大,则应适当加大节流孔直径或加大缓冲衬套与缓冲柱塞之间的间隙,否则会导致液压缸两端欠速。

(7)液压缸卡滞产生欠速。液压缸卡滞产生欠速多指液压缸的速度在行程的不同位置发生速度下降,但速度下降的程度随行程不同而异。多数原因在于装配安装质量不好造成卡滞,使液压缸负载增大,工作压力提高,内泄漏随之增大,泄漏增加多少,速度便会降低多少。

（8）在多缸并联的液压回路中，某一个或某几个液压缸欠速。一台液压泵带动两只或两只以上液压缸时，如果存在设计缺陷，液压泵流量不能满足这几个液压缸同时快速运动对流量的要求，则会出现空负荷阻力大的一个或几个液压缸欠速的情况。此外，因某液压缸泄漏也可能造成这一现象，此时可更换较大规格的液压缸。

（9）为提高液压缸速度而采用蓄能器补液的回路中，当蓄能器的容量不足或充气压力不够时，蓄能器不能进行足够的补液，就会导致液压缸欠速。此时应重新校核蓄能器，选择容量大一点的蓄能器，并补充氮气，适当提高蓄能器的充气压力。

3. 液压缸产生爬行

（1）检查液压缸内是否进入空气。进气的原因一般如下。

1）从防尘密封处进气。

2）排气装置不密封导致进气。

3）从管接头等处进气。

（2）检查液压缸内部是否存在负压，产生负压的原因如图 5-4-5 所示。其中，液压缸牵动拉杆使载荷 W 从 A 点向 C 点移动时，在中位点 B 点以前，活塞杆腔产生正的内压与载荷平衡。越过 B 点向 C 点移动的行程中，载荷的重量会加速推动活塞杆的运动，使活塞杆运动速度比行程 AB 段快。如果液压泵来不及补充油液，则活塞杆腔压力便变为负压。此时，若活塞杆腔密封不良或密封设计不合理，则此种进气现象会更为严重。如果采用唇形密封圈（如 Y 形），从唇缘里侧加压，则唇部张开有密封效果，但若缸内变成负压，则唇部不能张开，反方向大气压（为正）反而压缩张开唇部，就会使空气进入缸内。

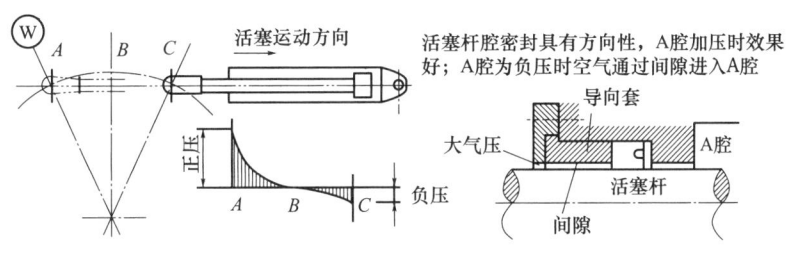

图 5-4-5 液压缸内部产生负压的原因

（3）液压缸因本身质量问题产生爬行现象，其原因可能为液压缸装配与安装不符合要求、活塞杆与活塞的同轴度不好，活塞杆全长或局部弯曲、缸体内孔的直线性不好等。

（4）缸体内因异物和水分进入，产生局部拉伤和烧结等现象，在这些位置上摩擦力增高，导致液压缸不能平滑运动，产生局部行程段的爬行。

（5）缓冲机构不当可导致缓冲行程中产生爬行。在缓冲行程中，液压缸也为低速运动，如果缓冲机构设计加工不良或者调节不当，往往会出现液压缸在缓冲行程内的爬行。

（6）因密封原因产生爬行现象，其原因可能为密封调节过紧、压缩余量过大等。

（7）液压回路方面的原因。例如，在采用液控单向顺序阀的平衡回路中出现的爬行。图 5-4-6 所示为垂直安装的液压缸采用液控单向顺序阀的平衡回路。当换向阀切换至右位时，液压油通过单向阀进入液压缸下腔，使活塞提升起重物 G；当换向阀切换至左位时，液压油进入液压缸上腔，并进入液控单向顺序阀的控制口，打开液控单向顺序阀，使液压缸下腔回油，于是活塞放下重物。但在活塞下行时，由于重物的重力作用可能使下降速度过快，液压缸上腔油液来不及补充，导致压力降低，液控单向顺序阀控制的油压也随之降低，液控单向顺序阀被关掉，液压缸回油受阻，从而停止；然后液压缸上腔压力又重新上升，液控单向顺序阀打开，重物 G 又继续下行，这样阀门始终处于不稳定状态，液压缸便出现时走时停的爬行现象。解决办法是适当调大液控单向顺序阀的背压值。

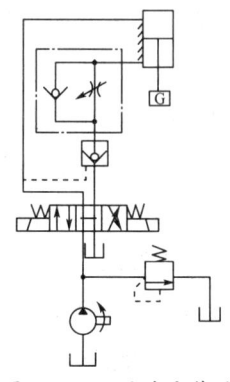

图 5-4-6 垂直安装的液压缸采用液控单向顺序阀的平衡回路

（8）其他原因。导轨摩擦力大，导轨润滑油稳定器不良，静压导轨的毛细管节流器等因污物或其他原因阻塞都可能造成爬行。

4. 液压缸自然行走和自由下落

当发出停止信号或切断运行油路后，液压缸本应停止运动，但其依然在缓慢行走；或者在停机后依然微速下落（每小时落几毫米），此类故障称为自然行走和自由下落。

（1）水平液压缸的自然行走

在采用 O 型中位机能换向阀控制的单杆液压缸的液压回路（见图 5-4-7）中，液压缸应该可以在任意位置停止运动。但有时停止后，往往出现活塞杆自然移动的故障。

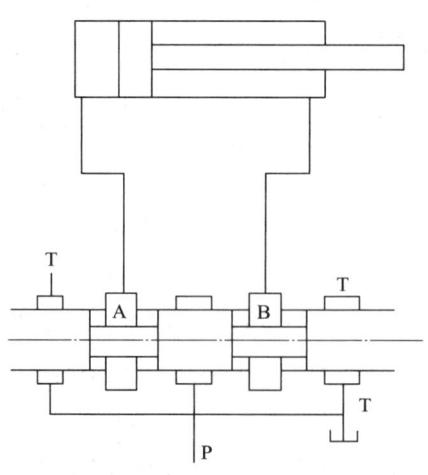

图 5-4-7 采用 O 型中位机能换向阀控制的单杆液压缸的液压回路

此故障是由于换向阀阀芯与阀孔之间发生磨损使间隙增大所致。当配合间隙增大后，进油口 P 的液压油通过此间隙泄漏到 A 腔与 B 腔，由于阀芯处于中位，封油长度大致相等，因此，A 腔、B 腔产生大致相等的压力；又由于是差动缸，无杆腔（左边）活塞承压面积大于有杆腔活塞承压面积，导致产生的液压力不相等，因此，引起活塞杆右移。右移后又使得有杆腔的压力上升，油液通过阀芯间隙泄漏到 T 腔，更促使活塞向右移动，产生自然行走的故障。

解决办法是重新配装一个换向阀阀芯减小间隙，或使用间隙和内泄漏更小的新换向阀；另外也可改用 Y 型中位机能的换向阀（A、B、T 三腔相通）。

（2）垂直安装的立式液压缸的自由下落

液压缸多为垂直安装，停机后往往出现活塞杆以每小时或数小时下降数毫米的微速自然下落故障。此类故障危及安全，可能会导致损坏机件的事故性故障。

引起立式液压缸自由下落的主要原因是泄漏。泄漏来自两个方面：一是液压缸本身（活塞与缸体内孔间隙）；二是控制阀。液压缸的平衡支承回路虽然使用了顺序阀进行调节，以保持液压缸下腔的适当压力，支承重物使其不下落，而且采用 M 型换向阀，封闭了液压缸两腔油路，但由于液压缸活塞杆的泄漏和重物的联合作用，加之单向顺序阀的泄漏，因此，依然会导致液压缸下腔压力缓慢降低，从而出现支承力不够的现象，最终导致液压缸活塞杆的自由下落。

解决办法是尽量减少上述元件（液压缸、控制阀等）的泄漏，但实际上这些泄漏不可避免。最好的办法是采用液控单向阀。液控单向阀为座式阀，较之圆柱滑阀式的顺序阀，其内泄漏小得多。但如果液控单向阀的阀芯与阀座之间有污物，或因其他原因导致不密合，则同样会引起泄漏并产生自由下落。

第五节 管道连接的装配

一、管道连接的装配技术要求

1. 管道装配后必须具有高度的密封性。为保证密封性，管子在连接以前，通常要进行水压试验或气压试验，以保证没有泄漏。在连接处，为了加强密封作用，当使用螺纹连接时，通常用麻丝或石棉等作填料，并在外部涂以红铅粉或白漆；当使用法兰连接时，须在接合面间垫以衬垫（见图 5-5-1），衬垫可用石棉板、橡胶或软金属等制成。

2. 管道应保证最小的液压损失。管道及其连接部分必须有足够的通流截面、最短的长度、光滑的管壁，并应尽量避免管道方向的急剧变化及截面的突变。为此，弯曲管子必须圆滑（弯曲部分允许有不大于管子外径尺寸5%的椭圆度）。

3. 带有法兰盘连接的管道，为了保证管道轴线不发生倾斜，两法兰盘的端面必须与管子轴线垂直，如图5-5-2a所示，图5-5-2b所示为错误示例。

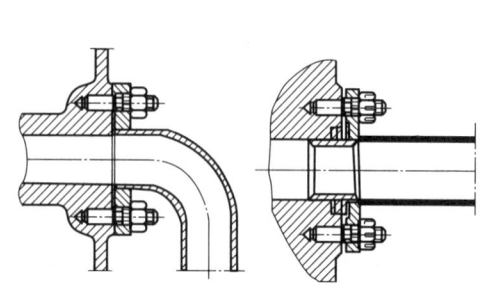

图 5-5-1 法兰连接时用的衬垫

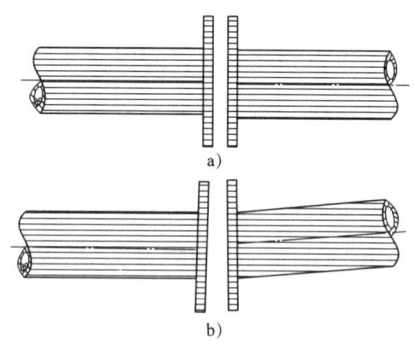

图 5-5-2 法兰盘连接管道的准确性
a）正确示例　b）错误

4. 对于管接头的装置还必须符合结构简单、连接方便、工作可靠等要求。

二、管接头连接的装配要点

下面分别介绍液压传动中常见的几种管接头装配工艺。

1. 扩口薄管接头的装配

对于有色金属管、薄钢管或塑料管（如尼龙管），都应采用扩口薄管接头连接。

如图5-5-3所示，在装配时先将管子4端部扩口，并分别套上管套3和管螺母2，然后装入管接口1，拧紧管螺母2使其与接头体结合。图5-5-4、图5-5-5所示为专用扩口工具。

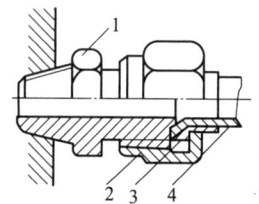

图 5-5-3 扩口管接头
1—管接口　2—管螺母　3—管套　4—管子

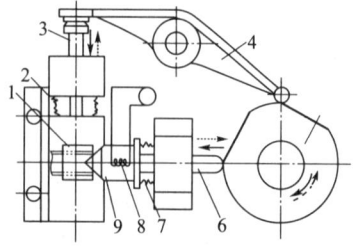

图 5-5-4 专用扩口工具
1—扩口模具　2,7—复位弹簧　3—推杆　4—杠杆
5—操纵凸轮　6—顶针杆　8—电阻加热器　9—顶针

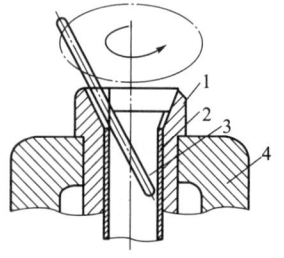

图 5-5-5 手动滚压式扩口工具
1—扩口　2—管子　3—小棒　4—台虎钳

扩口薄管接头的应用及其注意事项。

（1）采用扩口薄管接头连接紫铜管时，一般用于低压处，管道尺寸较小时也可用于中压和高压处。

（2）采用扩口薄管接头连接无缝钢管时，可用于中压处，管道尺寸较小时也可用于高压处。

（3）采用扩口薄管接头的管子需扩口，由于扩口后会产生应力集中，因此，扩口处在交变载荷和压力冲击下往往会断裂，所以管子的扩口处是一个薄弱环节，必须注意扩口质量。

（4）扩口薄管接头与液压元件连接处为锥管螺纹，由于螺纹尖端有空隙，会造成泄漏，因此，可用虫胶漆等涂在螺纹表面，还可用塑料薄膜包在螺纹外再拧入螺孔中，以防泄漏。

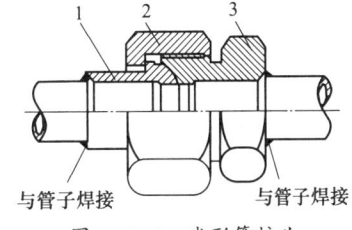

图 5-5-6　球形管接头

1—球形接头体　2—连接螺母　3—接头体

2. 球形管接头的装配

球形管接头如图 5-5-6 所示，其装配步骤如下。

（1）分别把球形接头体 1 和接头体 3 与管子焊接，再把连接螺母 2 套在球形接头体 1 上，然后拧紧连接螺母 2，其松紧要适当，以防损坏螺纹。

（2）当压力较大时，球面（或锥面）接合应当研配，并通过涂色检查确保接触表面宽度应不小于 1 mm。

3. 高压胶管接头装配

高压胶管接头（见图 5-5-7）的装配步骤如下。将胶管 1 剥去一定长度的外胶层（剥离处倒角为 15°，剥外胶层时切勿损伤钢丝层），装入外套 2 内。胶管 1 端部与外套螺纹部分应留有约 1 mm 的距离，并在胶管 1 外露端做标记（见图 5-5-8），然后将接头芯 3 拧入外套 2 及胶管 1 中。于是胶管 1 便被挤入外套 2 和接头芯 3 的螺纹中，使胶管 1 与外套 2 及接头芯 3 紧密连接起来。这种高压胶管接头结构紧凑，应用较广。

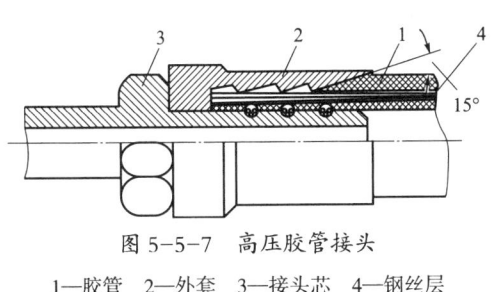

图 5-5-7　高压胶管接头

1—胶管　2—外套　3—接头芯　4—钢丝层

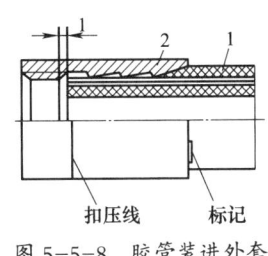

图 5-5-8　胶管装进外套

1—胶管　2—外套

第六节 液压站的安装调试和使用维护

目前，液压技术的应用领域逐年扩大并已成为实现现代动力传动与控制的重要手段。在实际应用过程中，一个设计合理且按规范操作和维护的液压系统，一般而言故障率是极低的。然而，如果设计、制造、安装、使用及维护过程中存在不足与缺陷，则将制约液压系统乃至主机的正常运行，影响其使用寿命、工作性能及产品质量，从而影响液压技术优势的发挥。所以，液压系统的安装、调试、使用与维护在液压技术中占有重要地位。

正确、合理地设计、安装、调试及规范化使用、维护液压站，是保证其长期发挥和保持良好工作性能的重要条件之一。为此，在液压站的安装调试中，必须熟悉主机的工况特点、液压系统的工作原理以及各组成部分的结构、功能和作用，并严格按照设计要求进行；在液压系统使用中应对其加强日常维护和管理，并遵循制造厂商的使用和维护要求。

一、液压站的安装

液压站的安装包括液压泵组（液压泵与原动机及其连接件、油箱及附件）、液压控制装置（液压阀及其辅助连接件）、液压管道和管接头、液压执行器（液压缸、液压马达等）等部分的安装，其实质就是通过流体连接件将这些部分连接起来。安装质量的优劣，是能否保证液压站可靠工作的关键，因此，必须合理完成安装过程中的每个细节。

1. 安装准备

（1）了解液压站各部分的安装要求，明确安装现场的施工程序和施工方案。

（2）熟悉有关技术文件和资料，包括液压系统原理图、液压控制装置的集成回路图、电气原理图、各部件（如液压油箱、液压泵组、液压控制装置、蓄能器装置）的总装图、管道布置图、液压元件和辅件清单及有关产品样本等。

（3）落实安装所需人员，并按液压元件和辅件清单准备好元件、辅件、机械及工具等有关物料，对液压元件、辅件的规格和质量须按设计要求及有关规定进行细致检查，检查不合格的元（辅）件和物料，不得安装至液压站。

2. 安装程序与方案的确定

液压站作为液压设备的重要组成部分，其安装现场的施工程序和方案与主机的结构形式及液压装置的总体配置形式相关。按液压装置两种配置形式的特点不同，液压站的现场安装也相应有以下两种安装程序与方案。

（1）分散配置型。分散配置是指将液压泵及其驱动电动机（或内燃机）、执行器、控制阀和辅助元件按照设备的布局、工作特性和操纵要求等分散安装在主机的适当位置上，并用管道实现液压系统各组成元件的逐一连接。因此，液压站的安装与主机的安装往往同时进行。

（2）集中配置型。采用集中配置一般要将液压动力源装置、液压控制装置等独立安装在主机之外，仅将系统的执行器及其驱动的工作机构安装在主机上，再用管道实现液压装置与主机的连接。所以主机的安装和液压站的安装既可以同时独立进行，也可以非同时独立进行。

不论何种安装程序与方案，均应根据液压设备的平面布置图，将零部件对号吊装就位，测量及调整设备安装中心线及标高点（可通过安装螺栓旁的垫板调整），以保证液压泵的吸油管、油箱的放油口具有正确方位；安装好的设备要有适当的防污染措施；大型设备就位后须对设备底座下方进行混凝土浇筑。

3. 液压元件和管件的质量检查

（1）外观检查与要求

1）液压元件的检查

①液压元件的型号规格应与元件清单上一致。

②液压元件的生产日期不宜过早，否则其内部密封件可能老化。

③压力阀和流量阀等元件上的调节螺钉、手轮及其他配件应完好无损。

④电磁换向阀的电磁铁、压力继电器的内置微动开关及电接点式压力表内的开关等应工作正常。

⑤液压元件及安装底板或油路块的安装面应平整，其沟槽不应有飞边、毛刺、棱角，不应有磕碰凹痕，油口内部应清洁。

⑥油路块的工艺孔封堵螺塞或球胀等堵头应齐全，并保证连接密封良好。

⑦油箱内部不能有锈蚀；通气过滤器、液位计等油箱附件应准备齐全，安装前应清洗干净。

2）管件的检查

①管子的材质、牌号、通径、壁厚和管接头的型号、规格及加工质量均应符合设计要求及有关规定。

②硬管（金属材质的油管）的内、外壁不得有腐蚀和裂痕、表面凹陷、剥离层或结疤。

③软管（胶管和塑料管）的生产日期不宜过早。

④管接头的螺纹、密封圈的沟槽棱角不得有伤痕、毛刺或断丝扣等现象，接头体与螺母的配合不得松动或卡涩。

(2) 液压元件的拆洗与测试

液压元件一般不宜随便拆解，但对出现内部污染或出厂、库存时间过久，密封件可能自然老化的元件，应根据情况进行拆洗和测试。

1) 拆洗

①拆洗液压元件必须在熟悉其构造、组成和工作原理的基础上进行。

②液压元件拆解时建议对各零件拆下的次序进行记录，以便拆洗结束组装时可以正确、顺利地安装。

③清洗时，一般应先用洁净的煤油，再用液压系统中的工作油液清洗，不符合要求的零件和密封件必须更换。

④组装时要特别注意，避免零件被再次污染，或异物落入液压元件内部。

⑤油箱、油路板及油路块的通油孔道也必须严格清洗并妥善保管。

2) 测试

经拆洗的液压元件应尽可能进行试验。液压站主要液压元件拆洗后的测试项目见表5-6-1。测试的液压元件均应达到规定的技术指标，测试后应妥善保管，以防再次污染。

表5-6-1 液压元件拆洗后的测试项目

液压元件名称		测试项目
液压泵和液压马达		额定压力、流量下的容积效率
液压缸		最低启动压力，缓冲效果，内、外泄漏检查
液压阀	压力阀	调压状况，启闭压力，外泄漏检查
	换向阀	换向状况，压力损失，内、外泄漏检查
	流量阀	调节状况，外泄漏检查
冷却器		通油和通水检查

4. 液压站（系统）的安装及其要求

(1) 液压泵组及相关液压辅件的安装要求

1) 液压泵组的安装

尽管各类液压泵的结构不同，但其在安装方面存在许多共同点。

①液压泵与原动机之间一般采用弹性联轴器连接，联轴器的形式及安装要求应符合液压泵制造厂商的规定。若液压泵与原动机之间采用带轮或齿轮进行连接，则应加一对支座来安装带轮或齿轮，且该支座与泵轴的同轴度误差应不大于 0.05 mm。

②液压泵与原动机的安装底座必须有足够的刚性，以保证运转时始终同轴。液压泵与原动机间的同轴度误差应在 0.1 mm 以内，轴线间的倾角不得大于 1°。

③不得用敲击方式安装联轴器，以免损伤液压泵的传动轴、转子及相关零件。

④液压泵的旋转方向及进、出油口方向不得接反。

⑤外露的旋转轴、联轴器必须设置防护罩（见图 5-6-1）。

⑥液压泵的吸油管路应短而直；应避免拐弯过多和截面突变，吸油管道长 $L<2\,500$ mm，管道弯头不得多于两个；吸油管路一般须设置公称流量小于泵流量 2 倍的粗过滤器（过滤精度一般为 80～180 μm）；吸油管道上截止阀的通径应比吸油管道通径大。

图 5-6-1 联轴器设置防护罩

⑦液压泵的吸油管路必须可靠密封，不得吸入空气，以免影响液压泵的性能。

⑧液压泵的吸、回油管口均需在油箱最低液面 200 mm 以下，回油背压应大于 0.05 MPa。

⑨液压泵的泄油管应直接接至油箱。

⑩在规定的油液黏度范围内，必须使液压泵的吸油压力和其他条件符合液压泵制造厂商的规定值。通常，液压泵的自吸高度不得大于 500 mm（或进口真空度不超过 0.03 MPa）；若采用补油泵供油，则供油压力不得超过 0.5 MPa，超过 0.5 MPa 时，要改用耐压密封件。对于柱塞泵，应尽量采用倒灌自吸方式。

⑪为了降低振动和噪声，对于高压、大流量的液压泵装置建议加装以下减振设施：液压泵进油口设置橡胶弹性补偿接管；液压泵出油口连接高压软管；液压泵组底座设置弹性减振垫。

2）油箱组件的安装

①油箱的大小和所选板材需满足液压系统的使用要求。

②油箱应仔细清洗，用压缩空气干燥后，再用煤油检查焊缝质量。

③油箱的内表面须进行防锈处理。

④油箱底应高于安装面 150 mm 以上，以便搬移、放油和散热。

⑤油箱必须有足够的支承面积，以便在装配和安装时用垫片和楔块等进行调整。

⑥油箱盖与箱体之间、清洗孔与箱体之间、放油塞与箱体之间应可靠密封。

⑦开式油箱箱盖的空气过滤器与箱盖的连接要可靠密封。

⑧油箱侧板设置的液位计和温度计的安装高度应符合设计图样中的规定。

⑨油箱注入的液压工作介质应符合制造厂商的规定。

3）过滤器组件的安装

①应按照系统所规定的位置正确安装过滤器。

②为了指示各类过滤器何时需要清洗和更换滤芯，必须安装有污染指示器或设置测试装置。

③滤芯的过滤精度、额定流量和耐压强度等必须符合设计图样中的要求。

4）控温组件的安装

①油箱侧板设置的液位计和温度计的安装高度应符合设计图样中的规定。

②安装在油箱上的加热器，其位置必须低于油箱下极限液面位置，加热器的表面耗散功率不得超过 $0.7\ W/cm^2$。

③使用热交换器时，应有液压油（液）和冷却（或加热）介质的测温点，但加热器的安装位置和冷却器的回油口必须远离测温点。

④采用空气冷却器时，应防止进、排气通路被遮蔽或堵塞。

5）蓄能器组件的安装

①皮囊式蓄能器应垂直安装，否则将会导致皮囊与壳体磨损，影响其使用寿命。

②蓄能器安装和充气的气体种类必须符合制造厂商的规定。

③安装在管路中的蓄能器必须使用相应的支架固定，以承受蓄能器蓄能或释放能量时产生的反作用力。

④蓄能器与管道之间应安装止回阀，用于充气或检修；蓄能器与液压泵之间应安装单向阀，以防停泵时液压油倒流。

⑤蓄能器的安装位置必须远离热源。

⑥蓄能器在卸压前不得拆卸；禁止在蓄能器上进行焊接、铆接或机加工。

6）密封组件的安装

①密封件的材料必须与其相接触的介质相容。

②密封件的使用压力、温度应符合相关标准规定。

③随机附带的密封件需在制造厂商规定的储存条件下储存，一年内可使用。

（2）液压控制装置的安装

液压控制装置是组成液压系统的各种控制阀及其辅助连接件的统称。安装时，若某些阀购置不到，允许用通过流量超过其额定流量 40% 的阀代替。

液压控制装置的安装要求如下。

1）液压阀的安装方式应符合制造厂商及设计图样中的规定。

2）彻底清洗油路块等辅助连接件，以确保其表面和内部通道无有害杂质（如氧化皮、毛刺和切屑等），以免这些杂质限制流动或被冲刷出来引起元件（其中包括密封件和填料）失灵和（或）损坏。

3）板式阀或插装阀必须有正确的定向措施。

4）为了保证安全，阀的安装必须考虑重力、冲击、振动对阀内主要零件的影响。

5）阀用连接螺钉的性能等级必须符合制造厂商的要求，不得随意代换。连接螺钉应均匀拧紧（勿用锤子敲打或强行扳拧），不要拧偏，拧紧后需使阀的安装面与底板或油路块安装面全部接触。

6）应注意进油口与回油口的方位，如果将某些阀的进油口与回油口装反，则会造成事故。有些阀为了安装方便，往往开有相同作用的两个孔（如有些换向阀开有两个回油孔），安装后要封堵不用的那个孔。

7）为了避免空气渗入阀内，连接处应保证密封良好。用法兰安装的阀，螺钉不能拧得过紧，因为有时螺钉拧得过紧反而会造成密封不良。板式阀各油口处的密封圈在安装后应有一定压缩量以防止泄漏。

8）方向阀一般应保持轴线水平安装。

9）一般需调整的阀（如流量阀和压力阀等），顺时针方向旋转应为增加流量、压力，逆时针方向旋转则为减少流量、压力。

10）与带电源的电气连接的电控阀应符合适当的标准，如《机械电气安全　机械电器设备　第1部分：通用技术条件》(GB/T 5226.1—2019)。

11）在阀上指定接线盒时，应按下列要求制作：符合《外壳防护等级IP代码》(GB/T 4208—2017)的适当保护等级；为永久设置的端子和端子电缆留有足够的空间，其中包括附加的电缆长度；防止电气检修丢失栓式紧固件，如带锁紧垫片的螺钉；对于电气检修接线盒盖设置适当的固定装置，如链条；使用带有张力解除功能的电缆接头。

12）应选择能够可靠操作阀的电磁铁。电磁铁应符合GB/T 4208—2017的规定，防止外部流体和污垢进入。

13）当电控不能使用时，如果为了安全或其他原因需要操作电控阀，则应配备手动越权装置。该装置应不会无意中被操作，并且当手动控制解除时应自动复位。

（3）液压执行器的安装要求

1）液压缸的安装

①液压缸的安装必须符合设计图样和（或）制造厂商的规定。

②安装前应仔细检查液压缸活塞杆是否弯曲。

③安装液压缸时，若结构允许，则缸的进、出油口位置应在最上面，且应装有放气方便的放气阀。

④液压缸有多种安装方式，对于底座式或法兰式液压缸可通过在底座或法兰前设置挡块的方法，力求安装螺钉不直接承受载荷，以减小倾覆力矩；对于轴销式或耳环式液压缸，则应使活塞杆顶端的连接头方向与耳轴方向一致，以保证活塞杆的稳定性。

⑤液压缸的安装应牢固可靠,在行程大和工作时温差大的场合,缸的一端必须保持浮动,以补偿热膨胀的影响。

⑥液压缸的安装面和活塞杆的滑动面应保持足够的平行度和垂直度。

⑦为了适应热胀冷缩,固定点之间的直管段至少要有一个松弯,以避免直管紧死。

⑧密封圈不要装得太紧,特别是 U 形密封圈不可装得过紧。

2)液压马达的安装

①液压马达与所驱动装置之间的联轴器形式及安装要求应符合制造厂商的规定。

②液压马达与所驱动装置之间的同轴度误差应在 0.1 mm 以内,轴线间的倾角不得大于 1°。

③外露的旋转轴和联轴器必须装有防护罩。

(4)液压管道的安装要求

液压管道的主要作用是传输载能工作介质。一般应在所连接的设备及各液压装置部件、元件等组装、固定完毕后再进行管道安装。安装管道时应特别注意防震、防漏问题。全部管道应分两次安装,其大致顺序是:预安装→耐压试验→拆散→酸洗→正式安装→循环冲洗→组成液压系统。

在管道安装过程中,所选择的管材应符合设计图样的规定,并应根据其尺寸、形状及焊接要求等对管材进行加工。

1)管子加工。管子的加工包括切割、打坡口、弯管、螺纹加工等内容。管子的加工质量优劣对管道系统参数影响较大,并关系到液压系统能否可靠运行。因此,必须采用科学、合理的加工方法,才能保证加工质量。

管子的加工要求如下。

①管子的切割。管子的切割原则上采用机械方法切割,如使用切割机、锯床或专用机床等,严禁用手工电焊、氧气切割的方法,无条件时允许用手工锯切割。切割后的管子端面与轴向中心线应尽量保持垂直,其角度应控制在 90°±0.5°。切割加工的管子端部应平整,无裂纹和重皮等缺陷,切割后需将锐边倒钝,并清除铁屑。

②管子的弯曲。管子的弯曲加工最好在机械或液压弯管机上进行。用液压弯管机在冷状态下弯管,可避免产生氧化皮而影响管子质量。如果无冷弯设备,则可采用热弯曲方法,但热弯时容易产生变形、管壁变薄及产生氧化皮等现象。热弯前需将管内注实干燥的河沙,并用木塞封闭管口,再用气焊或高频感应加热法对需弯曲部位进行加热,加热长度取决于管径和弯曲角度。直径为 28 mm 的管子弯成 30°、45°、60° 和 90° 时,加热长度分别为 60 mm、100 mm、120 mm 和 160 mm,弯曲直径为 34 mm、42 mm 的管子,加热长度需比上述尺寸分别增加 25～35 mm。热弯后的管子需进行清沙,并采用化学酸洗方法处理,清除氧化皮。弯曲管子应考虑弯曲半径,以免弯曲半

径过小,导致管路应力集中,从而降低管路强度。弯曲半径一般应大于管子外径的3倍,弯制后的椭圆率应小于8%。不同规格钢管的最小弯曲半径见表5-6-2。

表5-6-2 钢管的最小弯曲半径　　　　　　　　　　　　　　　　单位:mm

钢管外径 D		14	18	22	28	34	42	50	63	76	89	102
最小弯曲半径 R	冷弯	70	100	135	150	200	250	300	360	450	540	700
	热弯	35	50	65	75	100	130	150	180	230	270	350

③管端螺纹。管端螺纹应与其相配螺纹的基本尺寸和公差标准一致,螺纹加工后应无裂纹和凹痕等缺陷。

④焊缝坡口加工。需焊接的管子其端部必须开坡口。当焊缝坡口过小时,会引起管壁未焊透,造成管路焊接强度不够;当坡口过大时,又会引起裂缝、夹渣及焊缝不齐等缺陷。坡口的加工最好采用坡口机,机械切削方法加工坡口既经济,效率又高,操作又简单,还能保证加工质量。

2)管路敷设。管路敷设前,应认真熟悉管路安装图样,明确各管路排列顺序、间距与走向,在现场对照安装图,确定液压阀、接头、法兰及支架(或管夹)的位置并划线、定位,支架(或管夹)一般固定在预埋件上,管夹之间距离应适当,过小会造成浪费,过大将发生管路振动。

3)管路焊接。管路的焊接一般按坡口加工、焊接、焊缝质量检查三步进行。

坡口加工在焊接前进行。

管路的焊接方法目前广泛使用的有氧炔焰焊接、手工电弧焊接、氩气保护电弧焊接(氩弧焊接)三种,其中最适合液压管路焊接的方法是氩弧焊接,它具有焊口质量好,焊缝表面光滑、美观,无焊渣,焊口不氧化,焊接效率高等优点。另两种焊接方法易造成焊渣进入管内,或在焊口内壁产生大量氧化皮难以清除,故不要轻易采用。如果遇工期短、氩弧焊工少时,可考虑采用氩弧焊焊第一层(打底),第二层开始用电焊的方法,这样既保证了质量,又可提高施工效率。

管路焊接后的焊缝质量检查项目包括:焊缝周围有无裂纹、夹杂物、气孔及过度"咬肉"、飞溅等现象;焊道是否整齐、有无错位、内外表面是否凸起、外表面在加工过程中有无损伤,是否有削弱管壁强度的部位等。对高压或超高压管路,可使用射线或超声波检查焊缝,提高管路焊接检查的可靠性。检查不合格时,应进行焊补,同一部位的焊接返修次数不宜超过三次。

(5)液压管道的清洗

管路安装完成后要进行酸洗处理和循环冲洗。酸洗的目的是通过化学作用将金属管内表面的氧化物及油污去除,使金属表面光滑,保证管道内壁的清洁。管路用油液进行的循环冲洗，必须在酸洗和二次安装完毕后的较短时间内进行，其目的是清除管内在酸洗及安装过程中以及液压元件在制造过程中遗落的机械杂质或其他微粒，达到液压系统正常运行时所需要的清洁度，保证主机设备的可靠运行，延长系统中液压元件的使用寿命。

1）管道酸洗。管道酸洗方法目前在施工中均采用槽式酸洗法和管内循环酸洗法两种。

①槽式酸洗法。槽式酸洗法的要点是将一次安装好的管路拆下来，分解后置入酸洗槽内浸泡，处理合格后再进行二次安装。

特点及适用场合：槽式酸洗法较适合管径较大的短管、直管，适用于容易拆卸、管路施工量小的场合，如泵组、阀站等液压装置内的配管及现场配管量小的液压系统。

槽式酸洗法效果较好的工艺流程为：脱脂→水冲洗→酸洗→水冲洗→中和→钝化→水冲洗→干燥→喷涂防锈油（剂）→封口。

②管内循环酸洗法。管内循环酸洗法的要点是在安装好的液压管路中，将液压元件从管路上断开或拆除，用软管、接管、清洗盖板连接，构成循环酸洗回路（见图5-6-2），用耐酸泵将酸液打入回路中进行循环酸洗。

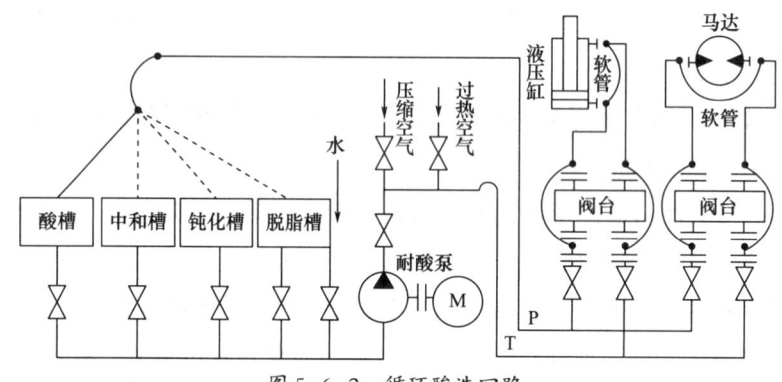

图5-6-2 循环酸洗回路

特点及适用场合：管内循环酸洗法仅限于管道（如液压站或阀站至液压执行器的管道）酸洗。该方法是近年来较为先进的施工技术，具有酸洗速度快、效果好、工序简单、操作方便的优点，减少了对人体及环境的污染，降低了劳动强度，缩短了管路安装工期，解决了长管路及复杂管路酸洗难的问题，从根本上解决了槽式酸洗法装配时易发生的二次污染问题。管内循环酸洗法已在大型液压系统管路施工中得到广泛应用。

管内循环酸洗法效果较好的工艺流程为：水试漏→脱脂→水冲洗→酸洗→中和→钝化→水冲洗→干燥→喷涂防锈油（剂）→封口。

酸洗后，管道内壁应无附着物；用盐酸、硝酸或硫酸进行酸洗时管道内壁应呈灰白色；用磷酸进行酸洗时管道内壁应呈灰黑色。

2）循环冲洗。酸洗合格后，须用油液对管路进行循环冲洗。

①循环冲洗的方式。循环冲洗较常见的方式主要有液压站内循环冲洗、液压站外循环冲洗、管线外循环冲洗等。液压站内循环冲洗，一般是指液压站在制造厂加工完成后所需进行的循环冲洗；液压站外循环冲洗，一般是指液压站到主机间的管路所需进行的循环冲洗；管线外循环冲洗，一般是指将液压系统的某些管路或集成块，拿到另一处组成回路，进行循环冲洗，待冲洗合格后，再装回系统中。

液压站外循环冲洗方式应用较多，也可根据实际情况将后两种冲洗方式混合使用，以达到提高冲洗效果，缩短冲洗周期的目的。

②循环冲洗回路的确定。液压站外循环冲洗回路可分为串联式冲洗回路和并联式冲洗回路两种类型。串联式冲洗回路（见图5-6-3）的优点是回路连接简便、便于检查、效果可靠，但回路长度较长。并联式冲洗回路（见图5-6-4）的优点是循环冲洗距离较短、管路口径相近、容易掌握、效果较好，但回路连接烦琐，不易检查每条管路的冲洗效果，冲洗泵源较大。为克服并联式冲洗回路的缺点，也可在原回路的基础上将其变为串联式冲洗回路（见图5-6-5），但要求串联的管径相近，否则将影响冲洗效果。

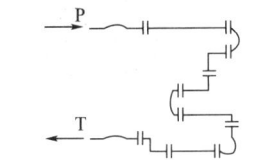
图 5-6-3　串联式冲洗回路

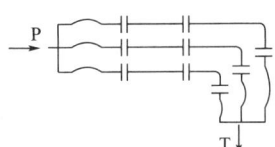
图 5-6-4　并联式冲洗回路

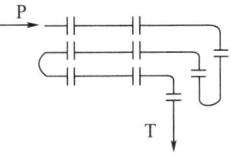
图 5-6-5　并联式→串联式冲洗回路

③循环冲洗工艺参数。

冲洗压力：冲洗时，压力最开始应为 0.3～0.5 MPa，每间隔 2 h 升压一次；当压力升至 1.5～2 MPa 时，运行 15～30 min，再恢复低压冲洗状态，以加强冲洗效果。

冲洗流量：根据回路形式和管径大小进行计算，保证管路中的油液呈紊流状态，管内油液的流速应在 3 m/s 以上。

冲洗温度：用加热器将油箱内的油液加热至 40～60 ℃，冬季施工油温可提高到 80 ℃。通过提高冲洗温度能够缩短循环冲洗时间。

敲击振动：为彻底清除黏附在管壁上的氧化皮、焊渣和杂质，在冲洗过程中每间隔 3～4 h 用木槌、铜锤、橡胶锤或振动器沿管路从头至尾进行一次敲击振动。重点敲击焊口、法兰、变径、弯头及三通等部位。敲击时要环绕管壁四周均匀敲击，不得伤害管子外表面。振动器的频率为 50～60 Hz，振幅为 1.5～3 mm 为宜。

充气：为了进一步加强冲洗效果，可用空气压缩机向管路内充入 0.4～0.5 MPa 的压缩空气，使管路内冲洗油液呈紊流状态，充分搅起杂质，增强冲洗效果。每班可充气两次，每次 8～10 min。空气压缩机出口处要装有精度较高的过滤器。

④循环冲洗注意事项。

冲洗工作应在管路酸洗后 2～3 个星期内尽快进行，以防管路内产生新的锈蚀，影响施工质量。冲洗合格后应立即注入合格的工作油液，每 3 天需启动设备进行循环，以防管道锈蚀。

循环冲洗要连续进行，应三班连续作业，无特殊原因不得停止。

冲洗油液一般选黏度较低的 10# 机械油。如果管路处理较好，一般普通液压系统也可使用工作油液进行循环冲洗。对于使用磷酸酯、水 - 乙二醇、乳化液等难燃工作介质的系统，选择冲洗油液要慎重，必须证明冲洗油液与工作油液不会发生化学反应后方可使用，实践证明，采用乳化液为介质的系统，可用 10# 机械油进行冲洗。禁止使用煤油之类对管路有害的油液进行冲洗。

冲洗回路组成后，冲洗泵源应接在管径较粗一端的回路上，从总回油管向液压油管方向冲洗，使管路内杂物能顺利冲出。自制的冲洗油箱应保持清洁并尽量密封，要设有空气过滤装置，油箱容量应大于液压泵流量的 5 倍。向油箱注油时推荐使用滤油车（见图 5-6-6）对油液进行过滤。

冲洗管路的油液在流回油箱之前需进行过滤，大规格管路回油过滤器的滤芯精度可在不同冲洗阶段根据油液清洁情况进行更换，可在 100 μm、50 μm、20 μm、10 μm、5 μm 等规格中进行选择。

图 5-6-6　滤油车

冲洗取样应在回油过滤器的上游进行。取样时间为：冲洗开始阶段，杂质较多，可每 6～8 h 取样一次；当油液的清洁度等级接近要求时可每 2～4 h 取样一次。

冲洗后应根据相关规定和系统类型对冲洗质量进行检验，冲洗清洁度可用颗粒计数法检测。冲洗合格的管路，须将冲洗油液排除干净，并对管路两端进行包封。

二、液压站（系统）的调试

1. 调试的目的、类型及准备、顺序

新制造和安装的液压站必须进行调试，使其在正常运转状态下能够满足主机工艺目的的要求；当液压站经过维修、保养并进行重新装配之后，也必须进行调试才能投入运转。

（1）液压站调试的主要目的

1）检查系统是否能够完成预定的工作运动循环。

2）将组成工作运动循环各个阶段的时间、动力输出（包括力或转矩）、位移及其

起止点、速度和加速度、整个循环的总时间等参数调整到设计规定的数值。

3）测定系统的功率损失和温升是否妨碍主机的正常工作。

4）检验输出动力的可调整性及操作的可靠性。

（2）液压站调试的类型及准备

液压站或整个液压系统的调试有出厂试验和总体调试两种类型。不论哪一种调试，都应在调试前做好两项准备工作：一是根据使用说明书及相关技术资料，全面了解被试液压站（系统）及主机的结构、功能、工作顺序、使用要求和操作方法，了解机械、电气、气动等方面与液压部分的联系，认真研究液压系统各组成元件的作用，读懂液压系统原理图，掌握液压执行器等零部件在主机上的实际安装位置及其结构、性能和调整部位，仔细分析液压系统在各工况下的压力、速度变化及功率利用情况，熟悉系统所用液压工作介质的牌号和要求；二是对液压站和主机进行外观检查（如液压元件和管道安装的正确性，防护装置的完备性等），以避免某些故障的发生。外观检查中如发现问题，须先改正问题才能进行调试。

（3）液压站调试的一般顺序

液压站的调试顺序一般是先手动后自动；先手动调低压，然后调高压；先调控制回路，后调主回路；先调轻载，后调重载；先调低速，后调高速。对于多环控制系统，一般应先调内环后调外环；先调静态指标，后调动态指标。调试时需要调试操作人员具备较扎实的理论基础和实际经验。系统的动态和静态测试记录可作为日后系统运行状况评估的依据。

2. 总体调试

行走机械设备液压系统的配管安装和调试一般由主机制造厂商在厂内进行。大型固定设备通常是预装各部件，并进行局部调试后发货，而总体调试则在用户现场进行。现场调试步骤、内容及要求如下。

（1）开箱验收，清点到货内容是否与装箱单相符，部件、附件、随机工具和文件是否齐全，目视检查有无运输中的损坏或污染。

（2）将机组和各部件安装就位，找正并固定。

（3）连接机器中的液压执行器，冲洗较长的管子和软管。

（4）检查电源电压，然后连接动力线路和控制线路，根据需要连接冷却水源。检查液压泵的旋转方向是否正确。

（5）向油箱灌注规定的油液，加油不要超过最高液面标志。加油过程中要特别注意清洁。打开油箱前，要彻底清理筒顶和筒口，以防泥土与其他污染物进入油液；向油箱输送油液时，只能使用清洁的容器和软管，最好采用带有过滤器的输油泵。为油箱注油管提供200目的滤网，并确保过滤器与系统所需油液匹配。

（6）点动驱动电动机，检查旋转方向。

（7）在可能的最高点给液压系统放气。旋松放气塞（阀）或管接头；操作换向阀并使执行器伸出、缩回若干次；逐步加大载荷，提高压力阀的设定值；当油箱中不再有泡沫、执行器不再爬行、系统不再有异常噪声时，表明已放气良好，此时旋紧放气塞（阀）等。

（8）在管路内充满油液且所有执行器都外伸的情况下，补油至油箱最低液面标志。

（9）根据需要给液压泵的壳体注油，并打开吸油管截止阀。

（10）先将压力控制阀、流量控制阀和变量泵的压力调节器调整到最低设定值，再将方向控制阀置于中位。

（11）蓄能器应充气到充气压力。按绝对压力计算时，用于蓄能的蓄能器，其充气压力应为系统最低工作压力的 0.8～0.9 倍，但不要低于系统最高工作压力的 25%；用于吸收液压冲击和脉动的蓄能器，其充气压力应为蓄能器回路额定压力的 0.5～0.8 倍。

（12）进行机器跑合。逐渐提高设定值，最终按说明书调整压力控制阀（含压力继电器）、流量控制阀、液压泵变量调节器、时间继电器等。使机器满负荷运行几小时，监测稳态工作温度。

（13）重新拧紧螺栓和接头，以防泄漏。

（14）清理或更换滤芯。

3. 液压控制系统的调试要点

（1）开机和正常停机

开机时应先使控制台（柜）通电，然后启动液压源。先启动液压源而未使控制台处于控制状态时，由于伺服阀的零位偏置，会使液压油进入液压缸（或液压马达）的一腔，导致活塞（或转子）向一个方向运动直到发生碰撞而停止，有时甚至发生撞缸或其他事故。此外，一些电子器件需要预热，尤其是应变片电路，需预热 30 min 以上才能使零位比较稳定，因此，开机时应先将控制台通电并检查仪表是否均处于正常情况。液压源启动前，应将溢流阀调至最低压力，使泵卸荷启动，若有异常情况，则应立即停止液压源工作，检查并维修相关器件。当液压源启动情况正常后，再调整系统压力到需要值。此时开机过程全部完成。

需要停机时，一般是先将液压源停止，再切断控制台电源，若操作顺序相反，则可能发生撞缸之类的事故。

（2）检测反馈元件的标定和调整

检测反馈元件是液压控制系统中的重要元件之一，整个液压控制系统的精度在很大程度上取决于它，因此，必须对其进行标定和调整。对于位移传感器、加速度计等性能比较稳定的元件，一般半年到一年应进行一次标定，而对于使用应变片电路构成的传感器和测量放大器，由于放大倍数较大，易产生零位漂移，因此，应经常进行适当调整，使其达到尽可能高的精度。

（3）判断反馈极性的正确性

若反馈极性不正确，则会导致整个系统产生误动作。判断反馈极性是否正确的方法为：调节指令装置，使伺服放大器产生一定电压，此时执行器应发生相应动作，即系统控制量（位置、速度或力）的变化趋势应与指令装置调节趋势相同，且最后应稳定在某一状态；否则，说明反馈极性不正确，此时应将任意一个电气元件的外部接头倒接，或将执行器的进、回油管倒接。

（4）检查系统稳定性

将设计确定的控制信号由小到大输入伺服放大器，观察执行机构在伺服阀工作电流范围内的工作情况。如果液压执行器产生振荡，则说明系统不稳定，需减小放大器增益，或对校正装置的比例、微分、积分参数进行调节。了解系统中校正的目的和系统特点，才能进行相关校正装置参数的调节。

如果系统有局部反馈环，则应先检查局部反馈环的稳定性，再检查整个系统的稳定性。对局部反馈环进行调整时，应将所有其他反馈通道断开，调整局部反馈环的反馈增益使其达到稳定，然后接上主反馈通道，进一步对整个系统进行调整。

（5）颤振信号的调节

加入颤振信号的作用是改善系统的分辨率，而颤振电路在控制放大器中。通常颤振信号的频率和幅值是可调的。颤振频率应大幅超过预计的主信号频率，且不应与伺服阀或执行器的固有频率重合，常取颤振频率为伺服阀频宽的2～3倍；调节颤振幅度时可先将其调至最小，然后由小到大缓慢调节，同时用手触摸活塞杆或运动部件，直到手能感觉到高频振动，颤振幅度应确定为高频振动发生的幅度。颤振信号大小要适当，过小对系统不起作用，过大则会加剧执行器磨损。

（6）检查系统稳态精度

先将系统增益（主要是控制放大器增益）调至最小值，供油压力调至设计压力，然后转动伺服放大器的增益刻度盘，提高增益直到系统产生振荡，增益额定值约取产生振荡时增益值的1/3～2/3。比较实测的实际控制量与指令装置输入信号所对应的希望输出控制量，计算其控制精度，如果不满足要求，则需根据设计的校正过程，仔细调整校正装置参数，直至系统精度达到要求。

（7）检查系统响应快速性

如果有条件，可利用频率特性测试仪测量系统在输入不同频率正弦信号时的输出与输入幅值比和相位差,绘制实测系统的闭环波德图,求出系统频宽,检查是否满足要求。如不满足要求,则适当提高液压源压力,或者将伺服阀的额定流量调大。但这是为修正设计误差而采取的消极措施,应对系统进行精确设计,避免采用这种调节方法。

三、液压站(系统)的使用与维护

优质的液压站,其设计目标是无故障、使用寿命长,通常仅需要很少的维护,但是这少量的维护对于无故障运行却非常重要。

实践表明液压元件或系统失效、损坏等故障多数是由于污染、维护不足和油液选用不当造成的。为保证液压站处于良好的性能状态,尽可能延长其使用寿命,应对其合理使用,并重视对其进行的日常检查和维护。

1. 液压站(系统)使用与维护的一般注意事项

(1)应正确使用与维护液压工作介质。液压油的污染是液压系统故障的主要原因,因此,应注意:液压油要存放在干净的环境中,所用器具(如油桶、漏斗、油管、抹布等)也应保持干净;最好用丝绸或化纤面料擦洗元件,以免纤维堵塞元件的细小孔道造成故障;油箱应加盖密封,过滤器的滤芯应经常检查、清洗和更换;经常检查并根据工作情况定期更换油液,一般在累计工作 1 000 h 后应当换油,间断使用设备时,则应按工作情况半年或一年换油一次,换油时应将油箱清洗干净,再通过 120 目以上的滤油器向油箱注入新油;输油钢管要在油中浸泡 24 h,生成不活泼的薄膜后再使用;装拆元件一定要清洗干净,防止污物落入;油液污染严重时应及时查明原因并消除隐患。

(2)低温下,油温应达到 20 ℃以上才准许顺序动作;油温高于 60 ℃时应注意系统的工作情况。

油温过高会使液压系统泄漏增大、稳定性变差甚至影响主机的加工精度等。因此,应注意:保持油箱中正确的液位,保证系统中的工作介质具有足够的循环冷却条件;正确选择液压油的黏度,并保持油液干净,此外,还应按期更换工作介质;系统间歇工作时,在等待期间应使液压泵卸荷;保持水冷却器内水量充足,管路通畅。

(3)应防止空气进入系统。空气进入液压系统将影响执行器的工作平稳性,引起系统振动和噪声等。因此,应注意:经常检查油箱中的液面高度,使其保持在液位计最低和最高液位之间,在最低液位时,吸油管口和回油管口也应保持在液面以下并用隔板隔开;应尽量防止系统内各处的压力低于大气压力,同时要使用良好的密封装置,密封装置失效时要及时更换,管接头及各结合面处的螺钉都应紧固得当,应及时清洗空气过滤器;应使用排气阀(塞)及时排出系统中的空气。

(4)停机 4 h 以上的设备,应先将液压泵空负荷运转 5 min,再启动执行器工作。

（5）不许任意调整电气控制装置系统的互锁装置，不可随意移动各限位开关、挡块、行程撞块的位置。

（6）未经主管部门同意，不准私自调节或拆换各液压元、辅件。

（7）液压站出现故障时，不准擅自乱动，应通知相关部门分析原因并排除故障。

除上述几点外，还应按有关规定做好各类液压元、辅件备件的管理工作。

2. 液压站（系统）的检查

液压设备种类繁杂，其液压站各有特定用途及使用要求。很多液压设备常年露天作业，经受风吹日晒和雨雪侵袭，受自然条件的影响较大。为了减少故障发生次数及消除故障隐患，发挥其效能，应及时了解和掌握液压设备及液压站和整个系统的运行状况。预防故障发生的最好办法是加强液压设备和液压站及整个系统的检查。通常应采用点检和定检的方法对系统进行检查。

3. 液压站（系统）的检修及注意事项

液压站在使用中，由于各种原因产生异常现象或发生故障后，如果用调整的方法不能排除，则可进行拆解修理或更换元件。除清洗后再装配和更换密封件或弹簧这类简单修理之外，对于重大的拆解修理（如电液控制阀）要十分小心，对于液压技术欠缺的一般用户，最好到制造厂商处或相关大修厂进行检修。

在检修时，应做好记录，这种记录对以后发生故障时查找原因有实用价值；同时也可作为判断该设备常用备件种类的相关依据。在修理时，要备齐如下常用备件：液压缸的密封件，液压泵和液压马达传动轴的密封件，各种O形圈，液压阀的弹簧，压力表，管路过滤元件，管路用的各种管接头、软管、电磁铁以及蓄能器用的隔膜等。此外，还必须备齐检修时所需的相关资料，如液压设备使用说明书、液压系统原理图、各种液压元件的产品目录、密封填料的产品目录以及液压油的性能表等。

在检修液压系统的过程中，应注意如下细节。

（1）拆解检修的工作场所一定要保持清洁，最好在净化车间内进行。

（2）在检修时，要完全卸除液压系统内的液体压力，同时还要考虑好如何处理液压系统的油液问题，在特殊情况下，可将液压系统内的油液排除干净。

（3）拆解时最好使用适当工具，以免破坏内六角和尖角，或将螺钉拧断等。

（4）拆解时，各液压元件及其零部件应妥善保存和放置，以防丢失。

（5）液压元件中精度高的加工表面较多，在拆解和装配时，加工表面不要被工具或其他杂物碰伤。要特别注意工作环境的准备和布置工作。

（6）在拆卸油管时，应先将油管连接部位的周围清洗干净，拆卸后，在油管的开口部位用干净的塑料制品或石蜡纸将油管包扎好。不能用棉纱或破布将油管堵住，同时应注意避免杂质混入。

（7）在拆解比较复杂的管路时，应在每根油管的连接处扎上有编号的白铁皮片或塑料片，以防装配时将油管装错。

（8）在更换橡胶密封件时，不要使用锐利的工具，不要碰伤工作表面。

（9）在安装或检修时，应将与密封件接触部件的尖角修钝，以免密封圈被尖角或毛刺划伤。

（10）拆解后再装配时，各零部件必须清洗干净。

（11）各部位装配好以后，密封圈不应有扭曲现象，而且要保证滑动过程中的润滑性能。

（12）在安装液压元件或管接头时，拧紧力要适当。尤其要防止液压元件壳体变形。滑阀的阀芯不能滑动，接合部位不应有漏油等现象。

（13）在重力作用下，液压执行器（如液压缸等）可动部件有可能自行下降，应当用支承架将可动部件牢牢支承住。

四、液压站（系统）的故障诊断和排除

故障部位和原因不易查找是液压技术的一大难题。液压系统的故障诊断是否准确与及时，往往依赖于设计人员和用户的知识水平与经验多寡。随着现代数据处理技术、计算机技术、网络技术的迅猛发展，近年来，诸如神经网络理论、倒频谱分析技术等新理论和新方法在液压系统故障诊断中的研究取得了一定进展，并逐步应用于工程实际。液压系统故障诊断难的问题正在得到改善，并将继续得到改观。

新液压系统调试时，液压系统运行过程中都可能会出现故障，故障特征因设备类型和运行阶段的不同而异。造成液压系统故障的原因是多方面的，首先在于设计、制造、使用以及油液污染等方面，其次是在正常使用条件下的自然磨损、老化及变质等方面。

1. 故障诊断和排除的常用方法及特点

目前工程实际中应用较多的液压系统故障诊断方法有简易故障诊断法、逻辑分析法、仪器专项检查法等。

简易故障诊断法是目前液压系统故障诊断的一种方便易行且应用最广泛的方法，它是凭借维修人员个人的经验，利用简单仪表，客观地按"望→闻→问→切"的流程来进行的。此方法在液压设备工作状态和不工作状态下均可进行。

逻辑分析法诊断液压系统故障时，分为两种情况：对较为简单的液压系统，可以根据故障现象，按照液压源→控制元件→执行器的顺序在液压系统原理图的基础上，逐项检查，并根据已有检查结果排除其他因素，逐渐缩小范围，直至正确推理分析出

故障原因并予以排除；对较为复杂的液压系统，通常可根据故障现象按控制油路和主油路两大部分进行分析，逐一将故障排除。

仪器专项检查法适用于某些重要的液压设备，它利用仪器仪表对系统的相关参数（如压力、流量、温升、噪声等）进行定量专项检测，为故障诊断和排除提供可靠依据。此方法有时须在试验台架上进行检测，有时可进行在线检测。

2. 故障诊断和排除中的一般注意事项

（1）全面正确地了解液压系统

为了准确、快速地进行故障诊断和排除，一般应先观察和询问现场工作人员，全面了解液压站（系统）及主机的构成、功能、主要技术参数（如液压泵和液压马达的转速、转矩、压力、流量）、电源情况、正确的动作循环及状态等，并清楚地了解每个液压元件，特别是电液伺服阀、比例阀、数字阀的结构、工作特性和技术参数。特别要询问故障现象，应结合故障现象认真研究液压系统原理图和有关技术文件，并对上述工作做好记录和标记，以备参考。倾听液压系统启动、工作、制动和停车过程中系统的声音，倾听管路内油液的流动或感觉管子的温升，往往可以查明油液的流动情况。切不可在上述工作不够充分、毫无分析和把握的情况下，随意拆卸或打开某个元件。实践表明，全面正确地了解液压系统是故障诊断成功的重要基础。

（2）充分注意系统污染

应当强调的是，液压系统故障的80%与液压油的污染有关，所以，在故障诊断和排除过程中应当首先从检查和分析液压油的污染情况着手，然后考虑其他可能因素，并采取相应措施。

（3）容易忽视的细节

在液压站（系统）故障诊断中，有个细节容易忽视，即系统中的每个元件必须与系统适应并形成系统的一个组成部分。例如，在液压泵进油口安装一个尺寸不正确的过滤器可能引起气蚀使泵损坏；所有管子必须有适当的口径，并且不能有扁弯管，口径不够或扁管会造成管路本身出现压降；某些元件必须安装在管路或相对于其他元件的指定位置。

（4）重新启动的步骤

液压系统的故障排除之后，不能操之过急，盲目启动，必须按照一定的要求和程序启动，以免排除了旧的故障，又产生了新的故障。

（5）安全

在进行液压系统故障诊断和排除时，应遵循"安全第一"的原则，以防人身伤害及设备损坏。

第七节 港口典型机械设备液压系统工作原理

一、岸桥吊具液压系统

岸桥吊具是集装箱装卸设备中最为重要的部件之一，它直接关系到岸桥的装卸效率和可靠性。岸桥吊具形式较多，常用的有标准吊具、双箱吊具、旋转吊具、带前后倾 ±5° 的吊具、带防摇功能的吊具等。岸桥吊具液压系统须 24 h 连续工作，对防止发热、防止振动的要求也很高。

1. 双箱吊具液压系统

双箱吊具液压系统如图 5-7-1 所示。该吊具可以同时装卸 2 个 20 ft 标准箱，因此，必须在吊具基架的中间部位增加 4 个旋锁，分别由 4 个单活塞杆液压缸驱动（15A～15D），由 1 个三位四通电磁阀 9B 来控制。电磁阀 9C 控制两端梁上的两个双出杆液压缸，以驱动另外 4 个旋锁。所以当吊装双箱时，电磁阀 9B 与 9C 必须同时控制 8 个旋锁动作。中间的 4 个旋锁分别安装在可上下升降的方形箱体内，在不吊装双箱时，这 4 个箱体必须向上提起，以免与集装箱上平面碰撞；当驾驶人员需要吊装双箱时，才将这 4 个旋锁活动箱体放下来。这 4 个箱体的上、下分别由 4 个起升缸（14A～14D）来驱动，并由三位四通电磁阀 9A 进行控制。叠加在电磁阀下面的液压锁保证 4 个箱体不会因内泄漏而下滑。通常系统压力为 10 MPa，而驱动 8 个旋锁时只需 5 MPa，为此，增设了减压阀 10A 和 10B。合理的压力选择有利于延长旋锁传动系统的使用寿命。

2. 吊具液压系统常见故障及排除方法

以图 5-7-1 所示双箱吊具液压系统为例，介绍吊具液压系统常见故障及排除方法。

（1）系统发热问题

双箱吊具采用压力控制变量泵，并带有压力补偿器，当系统压力达到设定值 10 MPa 时，输出流量很小，大约只有 2 L/min 的内泄漏量。当系统压力从 10 MPa 逐渐降低到 9.5 MPa 时，液压泵的输出流量将从 2 L/min 增加到最大值。根据这一原理，可以很容易找到发热的原因，然后将故障排除。系统发热的最大可能性是溢流阀 5 的设定压力不正常。正常情况下该阀调定值为 11 MPa，而液压泵的压力补偿器调定值为 10 MPa，一旦溢流阀有杂质卡住，压力低于 10 MPa 时，液压泵输出的大流量会从溢流

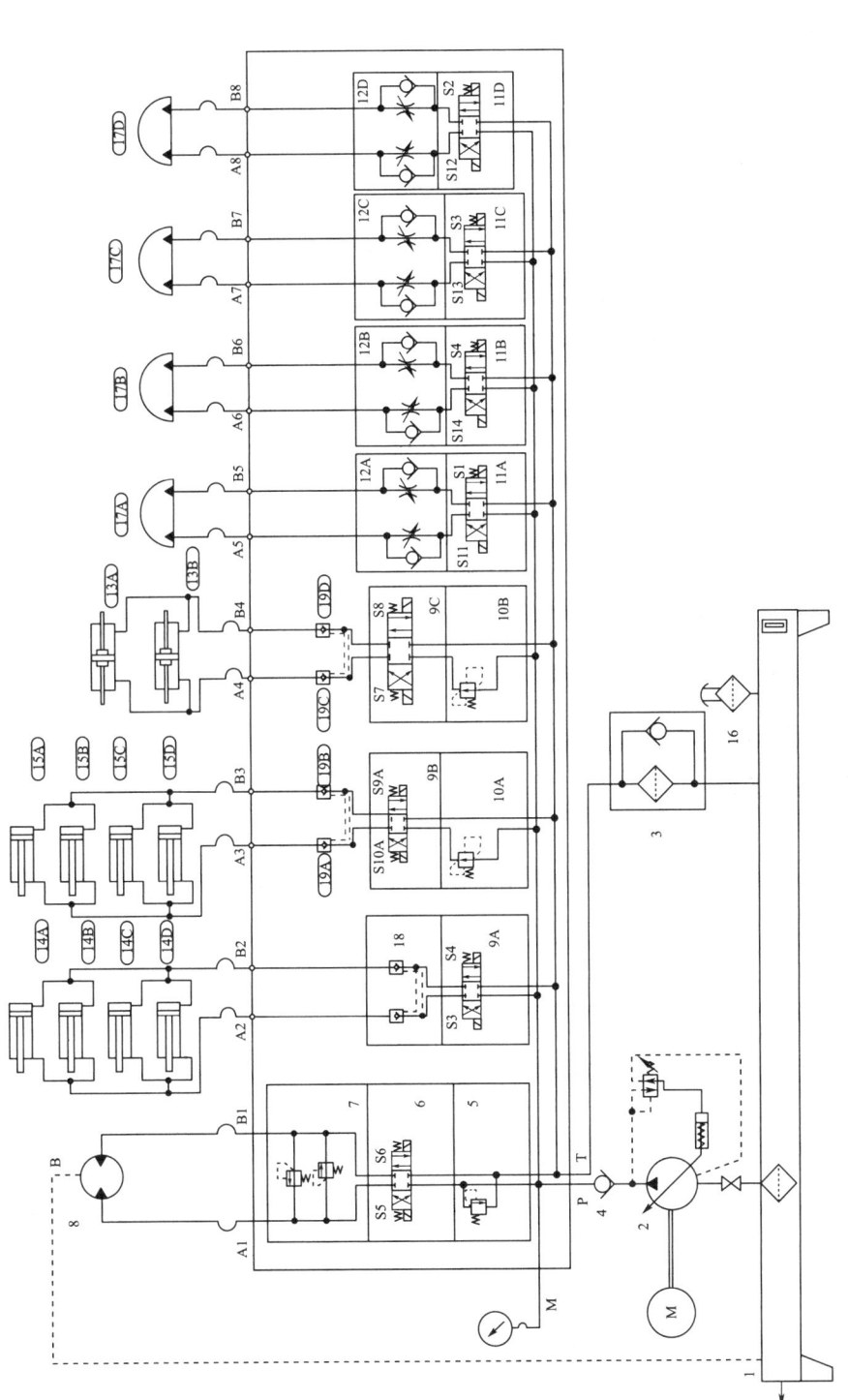

图 5-7-1 双箱吊具液压系统

1—液压油箱 2—液压泵 3—带单向阀过滤器 4—压力表 5—溢流阀 6,9—电磁阀 7—安全阀 8—双作用液压马达 10—减压阀 11—三位四通电磁阀 12—单向节流阀 13—双活塞双作用油缸 14、15—单活塞单作用油缸 16—空气过滤器 17—摆动液压马达 18、19—液控单向阀

阀 5 回流至油箱，系统很快就会发热，甚至烧坏油箱上的附件。因此，维修人员应该加强检查，保证油液的清洁度。

（2）导板动作不一致

4 个导板动作不一致，既不利于对箱作业，又不美观。这时只需调整 4 个叠加式单向节流阀（12A～12D），就能使 4 个导板动作一致。

（3）旋锁闭锁不到位

旋锁开锁状态应为 0°，闭锁状态应为 90°，而有时闭锁不到 90°，即闭锁不到位，这种情况既不安全，也不允许，应立即排除故障。闭锁不到位的故障多数发生在三位四通阀控制的场合，电磁铁通电后，在进行闭锁过程中，限位开关因振动偏离位置而发出"到位"的错误信号，使电磁阀立即失电，回到中位，导致闭锁不能到达 90° 位置。这时必须重新调整闭锁限位开关，紧固螺栓。

（4）吊具伸缩力不足

双箱吊具有时会发生伸不出去或缩不回来的现象，显得动力不足，其原因多为安全阀 7 故障。正常情况下，该阀的压力为 14 MPa，如果安全阀由于油液不清洁，有小颗粒杂质卡住阀芯，则系统将无法建立起正常的工作压力，伸缩动作也无法实行。这时必须拆检安全阀 7，清除垃圾，才能恢复正常工作。

二、小车及托架张紧液压系统

1. 张紧工况的选择

当小车的运行机构采用钢丝绳牵引方式时，从小车经滑轮组到卷筒是一个封闭的钢丝绳缠绕系统，小车可平稳运行。对于在何种情况下保持多大的张紧力等方面，用户有两种不同的要求。

（1）I 型

大多数用户要求在装卸作业过程中，钢丝绳缠绕系统始终保持着一定的张紧力，不考虑小车启动、制动或行走等工况的区别。

（2）II 型

少数用户要求小车启动和制动时张紧液压缸闭死，使钢丝绳缠绕系统具有相当的"刚度"，以利于小车迅速启动和减小司机室的晃动。在这种情况下，钢丝绳在短时间内需承受较大的惯性力。

（3）两种张紧液压系统的比较

I 型张紧液压系统可以基本满足用户要求，其特点是钢丝绳张紧力变化值很小，但由于这个力的大小是按小车惯性力设定的，无论小车处于何种状态，钢丝绳始终受到这一张力的作用，因此，该系统会影响钢丝绳的使用寿命。II 型张紧液压系统在小车启动、制动时晃动较小，钢丝绳仅在短时间内承受小车的启动惯性力，当小车趋于匀速运动时，张紧液压缸自动以较小的力张紧钢丝绳，因此，该系统有利于延长钢丝绳寿命。

2. Ⅰ型小车张紧液压系统

Ⅰ型小车张紧液压系统如图 5-7-2 所示。两个张紧液压缸分别拉紧两根小车牵引钢丝绳，液压泵 1 是一台排量很小的齿轮泵，在其启动后，一边向两个液压缸充油，使钢丝绳开始张紧，一边向蓄能器充油。其最大张紧力由溢流阀调定。当系统压力超过压力开关 H 调定值的上限时，液压泵停止运转，系统保持自动张紧状态；当钢丝绳受冲击力作用，对液压缸活塞杆的拉力增大时，有杆腔内的油液被部分排出，由蓄能器吸收，使冲击力得到缓冲；当钢丝绳由于小车晃动而松弛时，活塞杆拉力减小，蓄能器将自动向液压缸充油，使钢丝绳始终保持一定的张紧力。当因内泄漏导致系统内压力降低时，就会减小钢丝绳张紧力，当压力降低至压力开关 H 调定值的下限时，液压泵将重新向系统供油直至压力达到压力开关 H 的上限值才自动停止运转。

当驾驶人员操纵小车做前大梁俯仰动作时，电磁阀 5 得电，将油路切换到 B 口，由溢流阀 4 的低调定值来减小钢丝绳的张力。前大梁拉起时，活塞杆将随之被拉出一定行程，以补偿钢丝绳的长度不足；反之，前大梁放下的过程中，释放出的钢丝绳及时被液压缸收紧。因此，在俯仰过程中牵引钢丝绳是在低压、小张力的情况下工作，这样对延长钢丝绳的使用寿命非常有利。

3. Ⅱ型小车张紧液压系统

Ⅱ型小车张紧液压系统如图 5-7-3 所示。两根牵引钢丝绳是在活塞杆推力作用下张紧的。它与Ⅰ型系统不同之处是，小车启动、制动时，电磁阀 S2 会把液压缸内油液锁住，即把钢丝绳的一端固定住。而小车运行中，电磁阀 S2 复位，使液压缸内油液重新与系统连通，当钢丝绳的张力过大时，由蓄能器缓冲；当钢丝绳较松弛时，由减压阀供给液压油，使其保持一定的张力，这就使系统略显复杂。Ⅱ型小车张紧液压系统其他的工作原理与Ⅰ型系统相同。

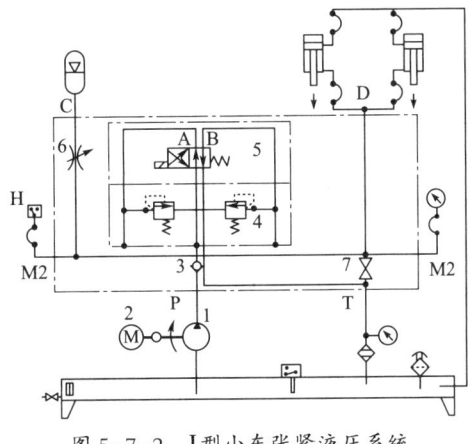

图 5-7-2 Ⅰ型小车张紧液压系统

1—液压泵 2—电动机 3—单向阀 4—溢流阀 5—电磁阀 6—可调节流阀 7—截止阀

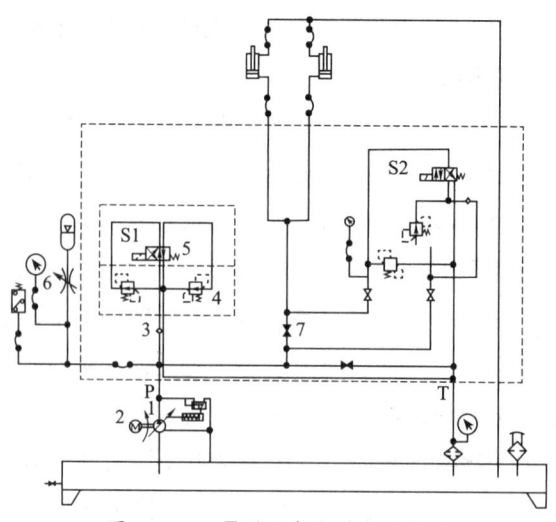

图 5-7-3 Ⅱ型小车张紧液压系统

4. 小车及托架张紧液压系统

小车及托架张紧液压系统如图 5-7-4 所示。15A、15B 为小车张紧液压缸，16A、16B 为托架张紧液压缸。托架张紧系统同样要求有两个张紧力，一个是装卸作业时的张紧力，另一个为前大梁俯仰时用的较小张紧力，其工况与小车张紧系统完全相同。把小车张紧与托架张紧两个系统组合在一起非常合理，该系统紧凑、高效且美观，两系统共用一个液压泵，在托架张紧的液压油路上串联一个减压阀 8，即可建立托架张紧系统的工作压力。

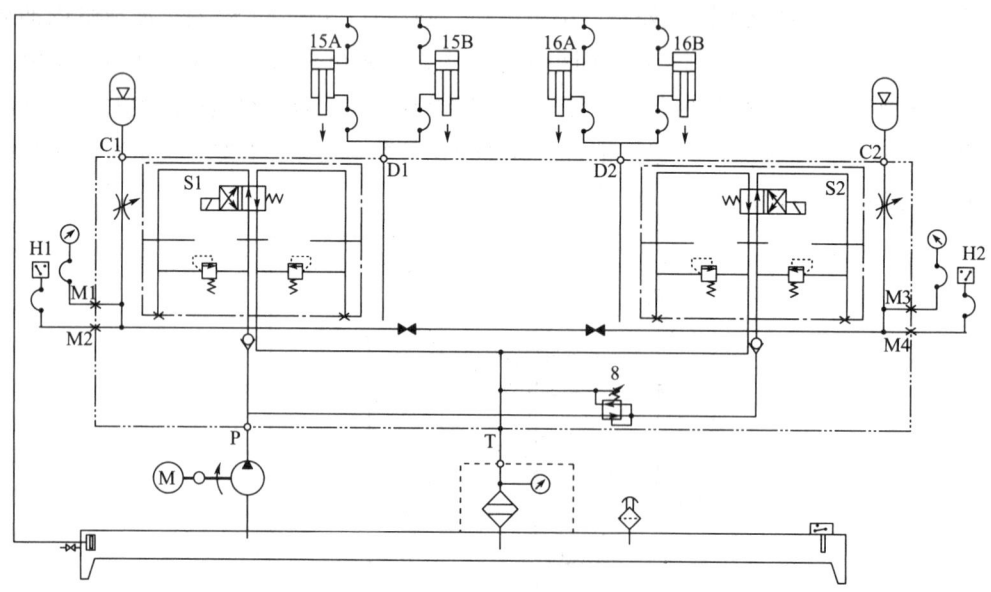

图 5-7-4 小车及托架张紧液压系统

三、俯仰及起升机构低速轴紧急制动器液压系统

在现代超巴拿马型岸桥上，俯仰和起升机构中，除在减速器的高速轴上配置高速制

动器外，还在低速轴上设置有紧急盘式制动器。当由于某种突发原因导致前大梁或集装箱下降出现超速时，或者驾驶人员按下"紧停"按键时，该液压系统将自动紧急制动，起升机构或俯仰机构的低速轴制动器立即进行制动，它们的液压系统是同一个动力站系统。

1. 起升机构紧急制动器

图 5-7-5 所示为俯仰及起升机构低速轴制动器液压系统，其中 17A 和 17B 为两个起升低速轴盘式制动器液压缸。启动液压泵，电磁阀 S1 和 S2 通电，液压油将克服弹簧力打开制动器，完全打开后，限位开关 24A 和 24B 发出信号，司机室绿灯亮，驾驶人员可以开始起升作业。当系统压力达到压力开关 H 的设定值时发出信号，油泵自动停止运转。由蓄能器 16 对系统进行保压，如果因保压时间过长或内泄漏引起制动间隙变小，导致两个限位开关（或其中的某一个）失去信号，则起升动作将不允许继续运转，同时液压泵自动重新向系统供油，直至制动器达到正常工作状态。此类情况极少发生。

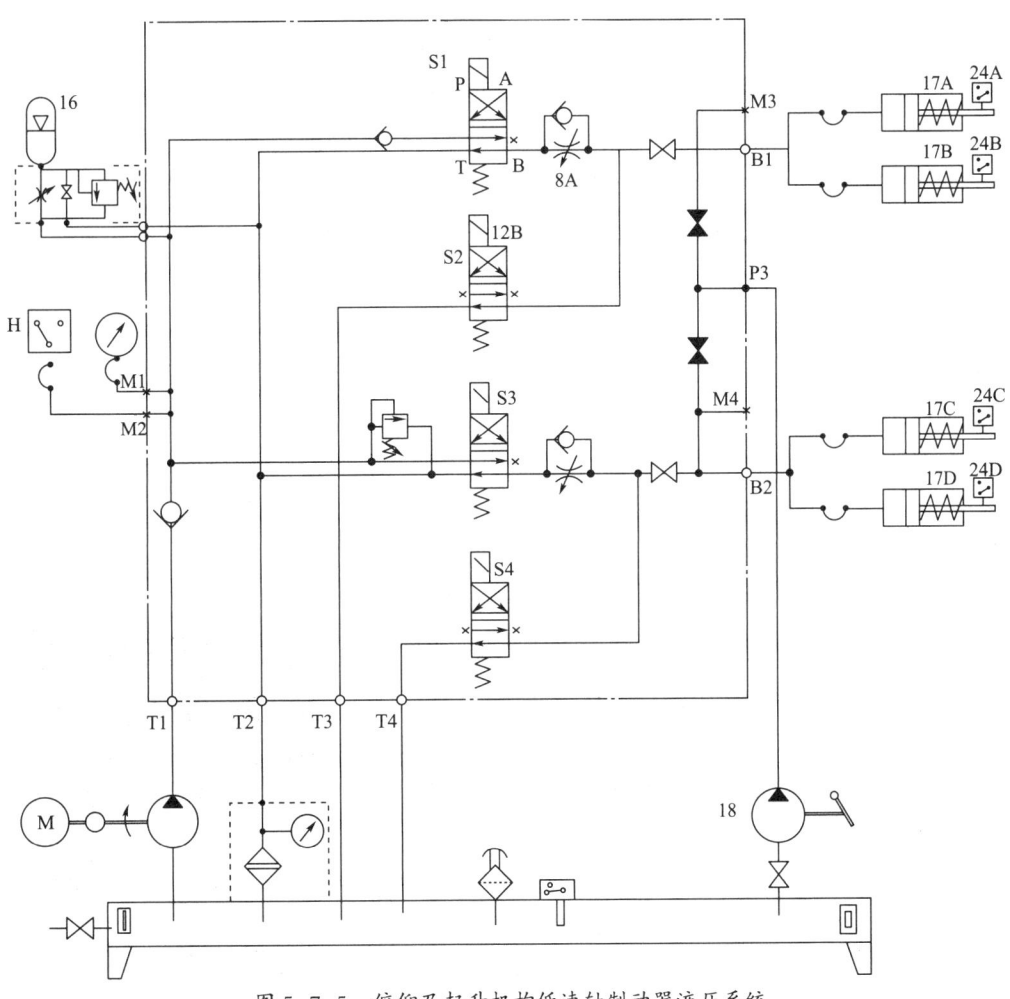

图 5-7-5　俯仰及起升机构低速轴制动器液压系统

正常制动时，S1 先断电、S2 滞后断电，油液通过节流阀 8A 流回油箱，这样可以使制动缓和一些。在紧急制动时，S1 和 S2 同时断电，迅速回油，实现快速制动。

2. 俯仰机构紧急制动部分

图 5-7-5 中 17C 和 17D 为两个俯仰低速轴盘式制动器液压缸。俯仰的工作时间很短，俯仰紧急制动器只有在做俯仰动作时才处于打开状态，以备紧急制动，确保安全。而不做俯仰动作时，制动器处于闭合状态，其压力控制方法与起升机构制动器部分完全相同。

当液压系统发生故障，一时又无法排除时，可以用手动泵 18 打开俯仰及起升机构的制动器，临时作业。

四、大车夹轮器液压系统

对于大车夹轮器液压系统应特别注意截止阀和溢流阀的功用。截止阀主要在更换液压油或者调节压力继电器时起系统压力卸荷作用，所以在进行上述操作之前，必须将其打开，在更换或者调节完毕时再将其拧紧。溢流阀主要作用为保护系统压力不超出其限定范围，所以液压站日常保养时，应检查其是否工作正常。

大车夹轮器采用碟形弹簧实现制动和液压释放，其工作原理为：当液压站中的液压油通过电磁阀的控制进入制动器液压缸，液压油会推动活塞进一步压缩碟形弹簧，活塞杆带动两制动臂向两侧张开，制动力矩消除；当电磁阀失电复位时，液压油在弹簧力的作用下回流至液压站油箱，同时弹簧力经活塞杆通过制动臂施加于被制动车轮上，产生规定的制动力矩。夹轮器制动时间的控制是一个非常重要的问题。在每个夹轮器液压缸的出油口，都装有一个单向节流阀，用于调节其制动时间。在每个夹轮器液压缸上都装有一个制动释放限位开关，只有当所有限位开关都发出信号时，才允许大车行走。

若大车运动过程中硬管或软管突然爆破，则夹轮器和顶轨器将在碟形弹簧的作用下自行制动，限位开关将失去信号，大车电动机将自动停止运转。全速运行的设备具有巨大的运动惯性，当大车紧急停止时，电动机制动器先制动，夹轮器后制动。即使这样大车紧急停止时也会发生强烈的冲击。如果夹轮器过早或过猛制动，冲击会更大。所以，必须严格控制制动时间，通过分别调节单向节流阀，将制动过程的时间控制在大车电动机制动后 7～9 s 比较合理。

手动打开大车夹轮器的方法如图 5-7-6 所示。当系统液压泵、电动机、电磁阀出现故障或电动机没有电源及控制电源的情况下，需要使用液压站内的手动泵手动打开大车夹轮器，其操作步骤如下。

图 5-7-6 大车夹轮器液压系统

（1）关闭截止阀08.2，切断液压泵供油回路；截止阀的位置如图5-7-6所示。

（2）上下压手动泵手柄，反复多次即可将大车夹轮器打开。

（3）手动操作结束后，打开截止阀08.2，夹轮器关闭。整个系统恢复初始状态。

五、门座式起重机液压系统

门座式起重机具有起升、变幅、旋转及大车行走功能，可按需要安装不同的装卸工具（吊钩、抓斗、集装箱吊具等）及设置相应的附加装置，进行重大件、杂货、散货及集装箱的装卸作业。目前在门座式起重机变幅驱动机构中广泛采用液压传动系统。

1. 变幅驱动机构液压系统

门座式起重机变幅驱动机构液压系统如图5-7-7所示。

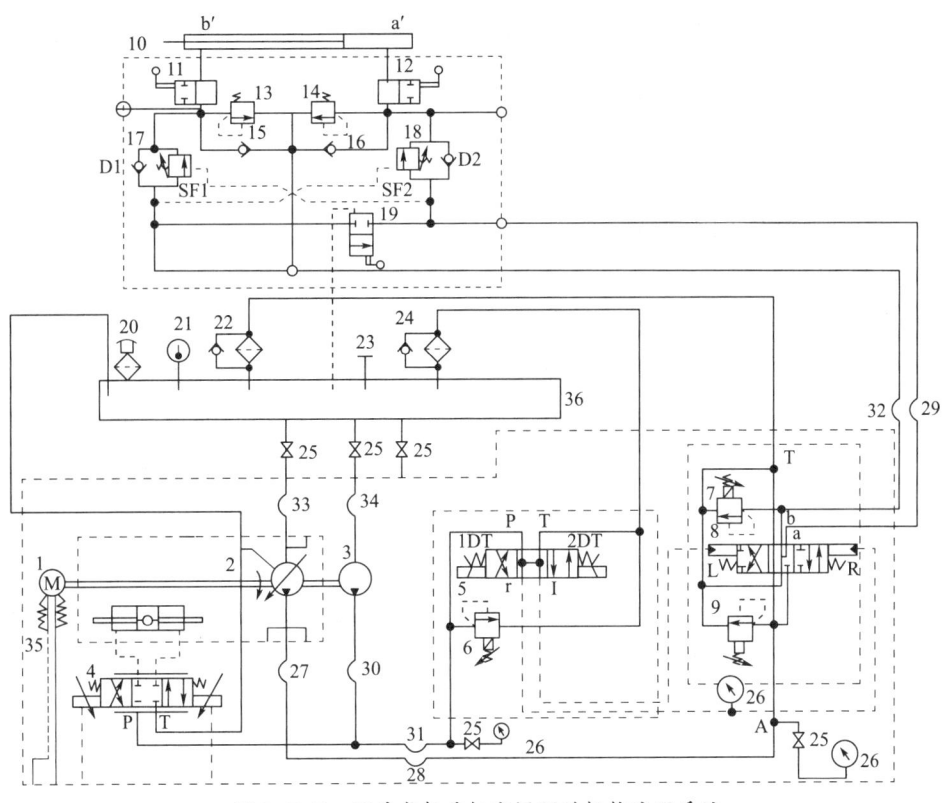

图5-7-7 门座式起重机变幅驱动机构液压系统

1—电动机 2—主泵 3—副泵 4—电磁比例换向阀 5—电磁阀 6，7，9—电磁比例溢流阀
8—液控换向阀 10—液压缸 11，12，19—手动二位二通换向阀 13，14—溢流阀
15，16—单向阀 17，18—平衡阀 20—油箱空气过滤器 21—温度表 22，24—回油过滤器
23—加热器 25—截止阀 26—压力表 27～34—软管 35—减振器 36—油箱

液压泵组由两个泵组成，主泵2是一个斜盘式柱塞泵，副泵（操作泵）3是齿轮泵。主泵的作用是实现变幅机构的增幅或减幅，该泵的变量由PC100控制器和5035

电子放大器控制，根据变幅机构处于不同位置的启动、加速、运行、减速和停止工况，自动控制变量泵提供不同压力和流量的液压油。副泵 3 是一个控制泵，它的作用是提供控制主泵用的控制液压油和控制操作液控换向阀 8 的液压油。

液压缸 10 采用单活塞杆双作用中耳轴安装方式，该活塞杆表面采用先进的镀陶工艺，故异常坚硬和耐磨，且具有良好的防腐蚀性能。

平衡阀组的作用如下。

（1）在变幅机构启动、制动时起到缓冲、补油作用。

（2）自动控制变幅机构的变幅速度，防止超速运行。

（3）在变幅机构停止工作时起到锁紧液压缸的作用，可以防止变幅机构在外力作用下发生移动，或在油管破裂时阻止变幅臂架自动下降。平衡阀组安装在液压缸上。

该门座式起重机共有三个液压控制阀组，分别是：用来控制主泵变量机构、主泵 2 的压力和流量的电磁比例换向阀 4；电磁阀 5 和电磁比例溢流阀 6 共同组成的操纵变幅电磁阀；由液控换向阀 8、电磁比例溢流阀 7 与 9 组成的控制变幅液压缸 10 运动方向的液控换向阀。

2．变幅驱动机构工作原理

（1）增幅时的油路

电磁阀 5 的 2DT 得电，该阀芯向左移动（图 5-7-7 所示位置），副泵 3 的液压油经过软管 30 → 软管 31 → 电磁阀 5 的 P → r → 液控换向阀 8 的右端 R；液控换向阀 8 左端 L 的油液经过电磁阀 5 的 I → T → 回油过滤器 24 流回油箱。此时，液控换向阀组的油液经 A → 液压缸 10 的 a → 软管 29 → 平衡阀的 D2 → 手动二位二通换向阀 12 → 液压缸 10 a'；液压油到达 D2 时还会到达平衡阀的 SF1，待液压油的压力进一步升高，打开 SF1 后液压缸 10 的有杆腔 b' 的油液才能经过手动二位二通换向阀 11 流出 → SF1 → 软管 32 → T → 回油过滤器 22 → 油箱。此时，液压缸 10 的活塞杆向外伸出，变幅机构开始增幅运动。

（2）减幅时的油路

1）控制油路。电磁阀 5 的 1DT 通电，推动阀芯向右移动，控制油路如图 5-7-8 所示。

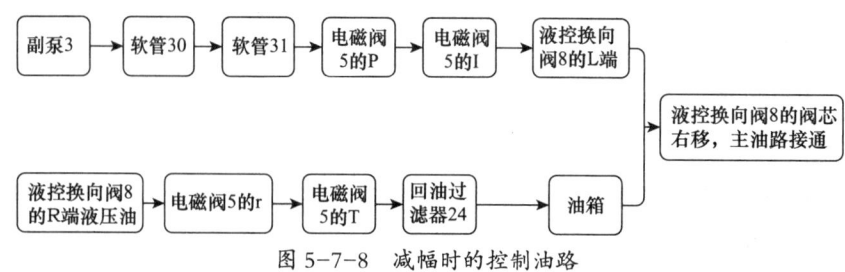

图 5-7-8　减幅时的控制油路

2）主油路。主泵 2 →软管 27 →软管 28 → A →液压缸 10 的 b →软管 32 →平衡阀的 D1 →手动二位二通换向阀 11 →液压缸 10 的 b'。

液压油到达平衡阀 D1 的同时也到达平衡阀 18 SF2 的控制口，待压力升高到某一定值时 SF2 打开，液压缸 10a' 的油液→手动二位二通换向阀 12 →平衡阀 18 的 SF2 →软管 29 → T →回油过滤器 22 →油箱。油路回路形成之后，液压缸活塞杆回缩，带动变幅臂架回收，即减小幅度。

电动机参数：功率为 55 kW，转速为 1 500 r/min。

液压缸：缸径为 220 mm，活塞杆直径为 160 mm，最大行程为 3 400 mm。

系统设定压力：电磁比例溢流阀 6 为 3 MPa；电磁比例溢流阀 7 为 12 MPa；电磁比例溢流阀 9 为 23 MPa；溢流阀 13 为 25 MPa；溢流阀 14 为 14 MPa。

3. 变幅驱动机构液压系统的常见故障及排除方法（见表 5-7-1）

表 5-7-1　变幅驱动机构液压系统的常见故障及排除方法

故障现象	故障原因	排除方法
变幅动作出现滞移、乏力现象	（1）油箱液面太低 （2）液压泵故障 （3）主溢流阀压力低 （4）密封件不良	（1）检查油箱液位，注油至规定值 （2）拆检修理，必要时更换液压泵 （3）将主溢流阀压力调到规定值 （4）拆检并更换密封件
变幅启动及制动时太猛，引起振动	单向节流阀的可变节流小孔调得太大	将液控换向阀左、右可变节流孔调节螺钉均匀旋进（不得完全旋进）
变幅启动有延迟现象（即操纵杆动作后尚需 1～2 s 把杆才开始动作）	单向节流阀的可变节流小孔调得太小	将液控换向阀左、右可变节流孔调节螺钉均匀旋出
变幅振动太大，运动不平稳	（1）液压系统中存在空气 （2）蓄能器充气压不足	（1）检查、拧紧各接头，并排出系统中的空气 （2）重新对蓄能器充气到规定值
变幅突然启动或终止时管路出现异常噪声	（1）液压泵吸油管漏气，导致泵吸入空气 （2）液压泵进油口滤油器堵塞	（1）检查并拧紧吸油管接头 （2）检查并清洁进油口滤油器
电磁阀动作失灵	（1）由于安装不当，致使阀体变形，阀芯卡住 （2）阀芯因污物卡住 （3）电磁阀烧损	（1）正确安装电磁阀，各连接螺杆应受力均匀 （2）清洗阀芯，必要时更换液压油 （3）更换阀内电磁线圈

六、场桥液压系统

场桥（轮胎式集装箱龙门起重机）是集装箱码头货场进行堆码作业的一种专用机械。其门架由前、后两片门框和底梁组成，整个门架支承在橡胶充气轮胎上。整机可在货场上行走，并进行 90° 转向，但一般不吊重行驶。装有集装箱吊具的可行走小车能沿门框横梁上的轨道行走,以便进行集装箱堆码作业。

1. 转向液压系统原理

转向液压系统利用四个转向液压缸的动作,可以使八个轮子同时直线行进或转向90°后直线行进,每个转向液压缸可以使两个轮子同时转向,轮子从0°转到90°或从90°转回0°的两极限位置都装有限位开关,这可以通过操纵室内的指示灯反映出来。当场桥需要从一条跑道移向另一条跑道时,大车轮子要作0°→90°,90°→0°的转向,其整套动作均由液压系统执行完成。在四个平衡梁下分别设置一个顶升液压缸,先将整台场桥顶升,使轮胎脱离地面后,才可让大车轮子在无阻尼的情况下完成转向,以延长轮胎的使用寿命。转向液压系统如图5-7-9所示。

(1)大车转向0°→90°

1)按大车转向0°→90°按键,电动机M得电、电磁阀S7延时0.5 s得电。

2)顶升液压缸开始快速顶出,当达到地面位置时,顶升液压缸减速顶出。当到达极限位置时,限位开关T1、T1'发信号,允许转向,S7失电。

3)S5得电,旋锁液压缸退销,T3、T3'发信号。

4)S1、S3得电。转向液压缸开始动作,当轮胎完成90°转向时,限位开关T8、T8'发信号。

5)S5失电,旋锁液压缸进销,T4、T4'发信号,S1、S3失电。

6)S8、S9得电。顶升液压缸开始复位,延时到轮胎到达地面位置时,S9失电,顶升液压缸加速复位。

7)当顶升液压缸完全复位时,限位开关T2、T2'同时发信号,S7、S8失电,电动机失电。90°转向动作完成。允许大车行走。

(2)90°~0°转向

1)按大车转向90°→0°按键,电动机M得电,电磁阀S7延时0.5 s得电。

2)顶升液压缸快速顶出,当达到地面位置时,顶升液压缸自动减速顶出。当到达极限位置时,限位开关T1、T1'发信号,允许转向,S7失电。

3)S5得电,旋锁液压缸退销,T3、T3'发信号。

4)S2、S4得电。转向液压缸开始动作,当轮胎完成0°转向时,限位开关T7、T7'发信号。

5)S5失电,旋锁液压缸进销,T4、T4'发信号,S2、S4失电。

6)S8、S9得电。顶升液压缸开始复位,延时到轮胎到达地面位置时,S9失电,顶升液压缸加速复位。

7)当顶升液压缸完全复位时,限位开关T2、T2'同时发信号,S7、S8失电,电动机失电。0°转向动作完成。允许大车行走。

第五章 液压系统的维修与装配

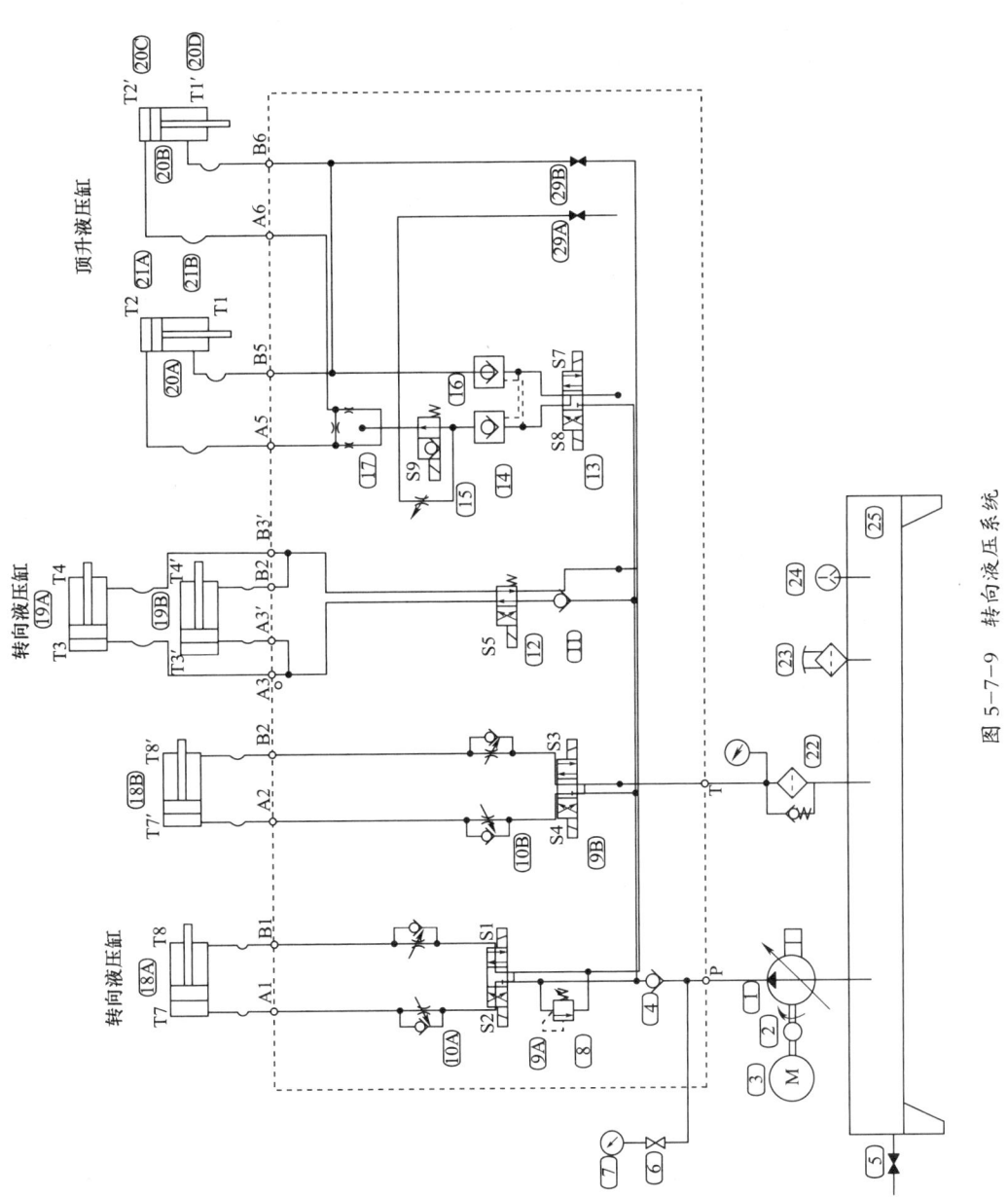

图 5-7-9 转向液压系统

（3）故障报警

1）当按大车转向按键 5 s 后，T1、T2 中或 T1'、T2' 中任何一个原位置信号仍未消失，作故障处理，电动机失电，应停机检查。

2）如果在吊箱工作状态，顶升液压缸复位限位开关 T2、T2' 失去信号，则启动电动机，使 S8 得电。T2、T2' 重新发信号后，S8 失电，电动机失电。

3）当油温到达设定温度时（65 ℃），高温报警器报警，显示高温故障，电动机失电。

4）整个转向过程（包括手动转向）设定 5 min 内完成（两侧分别转向），如果超时，则显示超时故障，电动机失电。

该系统所使用的液压泵为恒压变量斜盘式轴向柱塞泵（油压为 14 MPa 时流量为零，油压为 13.5 MPa 时流量为 18 L/min）。与吊具液压系统不同的是，转向液压系统仅转向时才启动液压泵。

转向液压系统中采用双向液压锁的目的是确保转向液压缸或旋锁液压缸的活塞杆能固定在所要求的位置上，特别是在发动机发生故障、起重机不能自己行驶而需要拖动的情况下，旋锁不致脱开，以保证起重机仍能按直线行进。旋锁液压缸回路上的单向节流阀用来控制进入旋锁液压缸的油量。

2. 场桥液压系统的常见故障及排除方法（见表 5-7-2）

表 5-7-2　场桥液压系统的常见故障及排除方法

故障现象	故障原因	排除方法
吊具不能伸缩	（1）油箱液位过低 （2）吸油滤油器阻塞 （3）液压泵流量调节螺钉未调好 （4）液压泵压力调节螺钉未调好（调压过低） （5）液压泵排油管路上的溢流阀调压过低或损坏 （6）二位四通电磁阀泄漏严重 （7）伸缩液压缸泄漏	（1）补充液压油 （2）清洗或更换吸油滤油器 （3）重新调整流量调节螺钉 （4）重新调整压力调节螺钉至规定值 （5）重新调整溢流阀至规定值或更换溢流阀 （6）更换二位四通电磁阀 （7）更换伸缩液压缸配件或组件
吊具伸缩缓慢	原因与上项相同，但程度比较轻	参考上项
旋锁不能动作且吊具不能伸缩	除上述吊具不能伸缩或伸缩缓慢的原因外还可能是由于： （1）旋锁电磁换向阀泄漏严重 （2）旋锁液压缸泄漏严重	（1）更换旋锁电磁换向阀 （2）更换旋锁液压缸配件或组件
吊具伸缩动作正常，但误操作旋锁松锁，发生所吊集装箱坠落事故	旋锁回路的减压阀调压过高	重新调整减压阀，此为严重事故，必须充分认识减压阀正确调压的重要性

续表

故障现象	故障原因	排除方法
起重机不能转向	（1）油箱液位过低 （2）液压泵吸油滤油器阻塞 （3）液压泵流量调节螺钉未调好 （4）液压泵压力调节螺钉未调好（调压过低） （5）电磁换向阀的电磁线圈不能通电 （6）电磁换向阀密封不良	（1）补充液压油 （2）清洗或更换吸油滤油器 （3）重新调整流量调节螺钉 （4）重新调整压力调节螺钉至规定值 （5）检查电路 （6）更换电磁换向阀

注：若液压系统在冬季发生故障，则除从系统中有关元件寻找原因以外，还应考虑油液的黏度问题。根据该机型说明书推荐，若温度低于 -10 ℃，则应将原使用的 ISOVG32 液压油改为黏度较低的 ISOVG15 液压油。该机型液压泵使用油液的合适黏度范围为 $15\sim400$ cSt[①]。使用黏度过高的油液将会导致液压泵损坏，从而影响整个系统的正常工作。

---

① $1 \text{ cSt}=10^{-6} \text{ m}^2/\text{s}$。

第六章 设备状态监测与故障诊断技术

第一节 设备诊断技术

设备状态监测与故障诊断技术简称设备故障诊断技术,又称设备诊断技术。

设备状态监测是设备诊断技术的重要组成部分,是"诊"方面的内容;故障诊断是设备状态监测后的识别和判断的阶段,是"断"方面的内容。

设备诊断技术是指在设备运行中或基本不拆卸设备情况下,定量地掌握设备状态(设备所受的应力、故障劣化程度、力学性能和机械强度);预测设备的可靠性和性能;如果存在异常,则对其原因、部位、危险程度进行识别和判断,并决定其修复方法。

一、设备诊断的基本技术

1. 检测技术

设备诊断需要正确选择测试仪器和测试方法,准确地定量测出反映设备实际状况的各种参数,并把不能直接测量的数据转换为与其密切相关的数据(如振动、噪声、温度等参数)进行检测。

2. 信号处理技术

为了解设备是否正常运转,需要测定有关设备的各种量(信号)。如果测得的信号能直接反映设备的问题,如温度的测量,则与设备正常状态规定值相比较即可。如果测到的信号不能真实反映设备问题,如测到的振动信号等一般都伴有其他干扰,此时需要进行滤波,把真正反映征兆的信号提取出来,用经信号处理后的数值和信号图像来表示测定对象的状态量。信号处理技术分为两类：时间处理技术（将信号表现为时间函数）和图像处理技术（将信号表现为空间位置函数，即表现成几何图像）。

3. 识别技术

识别技术是指根据观测到的征兆参数判断故障的技术。常用的识别方法有两种：一是决定论的识别方法；二是概率论的识别方法。概率论的识别方法是使用过往数据，得到征兆参数和故障之间的关系，当故障征兆重新出现时，就可以使用这种关系识别出引起故障的原因。这种方法只能指出某种故障出现的概率高低，并不能断言必然会出现某种故障。

4. 预测技术

预测技术是指对已被识别出来的故障进行预测，判断其发展过程，预计其最终发展到危险状态时间的技术。预测技术有两种方法：一是决定论的预测技术，是指正确测定现状的劣化水平和设备的附加应力，并将其输入各种理论模型，根据计算结果来预测使用寿命和可靠性的技术；二是概率论的预测技术，是指以数理统计学为基础，通过对同类设备劣化数据的统计来预测设备使用寿命和可靠性的技术。

二、设备诊断技术的作用

设备诊断技术是新发展起来的一门多学科边缘技术，涵盖范围从最简单的主观判断一直到现代化计算机自动诊断系统。

目前先进工业国家采用以设备状态监测为基础的维修体制。按设备实际状态维修是设备维修体制改革的一次飞跃，是设备现代化管理的必经之路。图 6-1-1a 所示为按时进行的维修方式，它以比其固有使用寿命短得多的时间为间隔期进行定期修理，且设备每次修理后都要经过早期故障期，因而设备达不到预期的可靠性。图 6-1-1b 所示为状态监测维修方式，它将按时进行的维修改为定期监测或诊断是否存在劣化和故障，在必要时进行必要的维修，从而避免了过剩维修或维修不足。

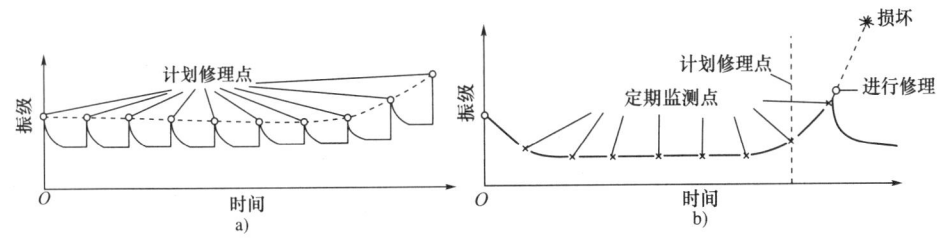

图 6-1-1　按时进行的维修方式与状态监测维修方式对比

a）按时进行的维修方式　b）状态监测维修方式

第二节 常用的设备状态监测方法

一、振动监测法

设备启动就有振动信号,而故障信息就包含在振动信号之中。不同的故障引起的振动特征各异,识别和诊断简便可靠,易于实现在线监测、报警,且其振动监测手段、方法、理论相对比较成熟,因此振动监测法是目前应用最为广泛的监测方法。

1. 振动的含义

表示机械系统运动或位移量的大小与某平均值或标准相比时,大、小两种状态的重复交替过程对时间的变化即为振动。

2. 振动的分类

(1) 按振动信号的统计特征分类

振动按信号的统计特征可分为确定性振动和随机振动两大类。确定性振动可用确定的函数来进行精确描述,随机振动的波形与时间的关系呈不规则变化,对它的描述只能用统计方法来进行。这两类振动还可细分成若干种振动,如图 6-2-1 所示。其中最简单的是简谐振动,其他各种振动的分析一般都以简谐振动为基础。

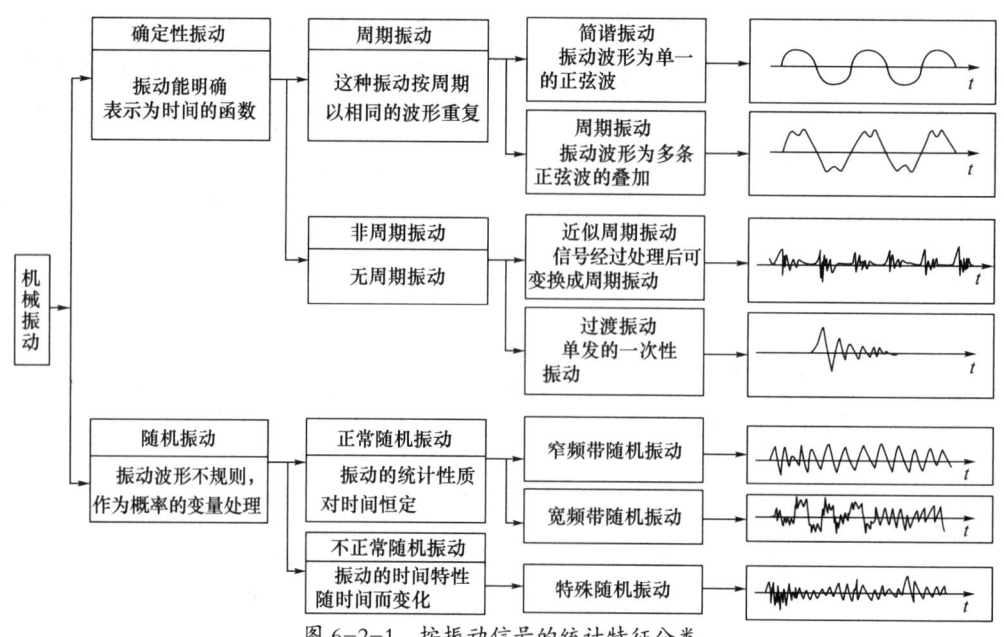

图 6-2-1 按振动信号的统计特征分类

（2）按产生振动的原因分类

振动按产生原因可分为自由振动、强迫振动、自激振动和参数振动四类。在设备故障中最常遇到的是强迫振动和自激振动。强迫振动的实例有旋转机械的不平衡、对中不良等引起的振动；自激振动的实例有油膜振荡、高频振动等。

（3）按振动频率的高低分类

振动按频率高低可分为低频振动（频率≤1 kHz）、中频振动（1～20 kHz）和高频振动（20～80 kHz）三类。

（4）简谐振动的波形、幅值和基本参量

简谐振动波形是将振动参数随时间变化的情况绘制出来的正弦波曲线。波形的特点一般由振幅、频率、相位等参量来表征（见图6-2-2）。

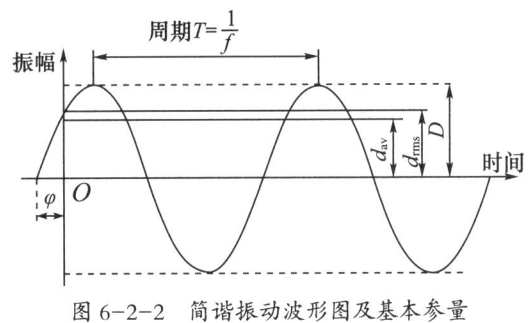

图6-2-2 简谐振动波形图及基本参量

1）振幅（峰值）：是指波形上与零线的最大偏离值。它表示振动的强烈程度。

2）周期：即振动物体往复运动一次所需要的时间，以T表示，其单位是秒（s）。

3）频率：为周期的倒数，即振动物体在1 s内往复运动的次数，其单位是赫兹（Hz），常用f表示，即$f=1/T$。不同的零部件，根据不同的故障源，会产生不同频率的振动，故频率对判断振动原因来说具有重要的意义。

4）相位：是确定振动质点位置与平衡位置（或幅值位置）相互关系的一个量，用φ表示。对于两个振源，相位相同可能引起合拍共振，相位相反可使振动抵消，起到减震的作用。相位测量可用于谐波分析、动平衡测定、判断共振点等。

简谐振动幅值可由峰值、平均值、有效值来表征，如图6-2-2所示，其中D为振幅（峰值），d_{rms}为有效值，d_{av}为平均值。

峰值D是振动量偏离平衡位置的最大值。峰–峰值（双峰值）是指在波形图上相邻的波峰和波谷之间的距离。峰值只能说明振动的最大幅值，而不能说明振动时间变化的经历过程。为此，又用有效值和平均值来描述振幅的大小。

有效值d_{rms}（又称均方根值）既考虑到了振动随时间变化的经历过程，又表示了机械振动能量的大小，故一般振动测试都用有效值来描述振幅大小，$d_{rms}=0.707D$。

平均值 d_{av} 虽涉及振动随时间变化的经历过程，但其力学意义不明确，故目前很少采用，$d_{av}=0.637D$。

峰值、有效值、平均值三者之间关系为

$$d_{rms}=F_f d_{av}=\frac{1}{F_c}D$$

式中 F_f 波形系数，F_f = 有效值 / 平均值 =1.111（正弦波），三角波为 1.156，矩形波为 1.000。

F_c 波峰系数 F_c= 峰值 / 有效值 =1.414（正弦波），三角波为 1.732，矩形波为 1.000。

简谐振动的基本参数是由位移、速度、加速度等参量来表征的。

①位移 d：是指振动物体离开平衡位置的距离，单位为 μm。它的数学表达式为

$$d=D\sin(\omega t+\varphi)$$

式中 D——振幅，μm；

ω——角频率，$\omega=2\pi/T=2\pi f$，rad/s；

φ——初相位，rad。

②速度 v：是指振动物体位移的快慢，即位移对时间的变化率，单位为 mm/s。它的数学表达式为

$$v=\omega D\sin(\omega t+\frac{\pi}{2}+\varphi)$$

即速度 v 是比位移 d 的相位超前 π/2 的正弦波。

③加速度 a：是指振动物体运动速度的变化率，即位移的二阶导数，单位为 m/s²，或重力加速度 g（9.8 m/s²）。它的数学表达式为

$$a=\omega^2 D\sin(\omega t+\pi+\varphi)$$

即加速度 a 是比位移 d 超前的正弦波。在图 6-2-3 和图 6-2-4 中，用矢量法表示出了简谐振动以及位移 d、速度 v、加速度 a 之间的关系。

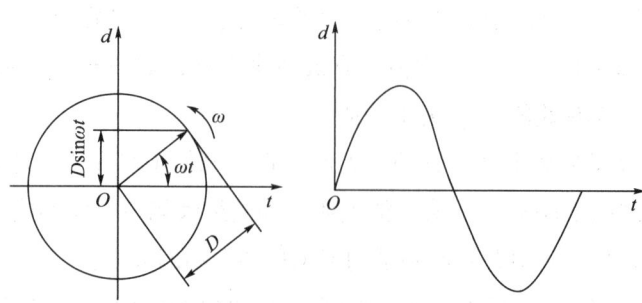

图 6-2-3 用矢量法表示简谐振动

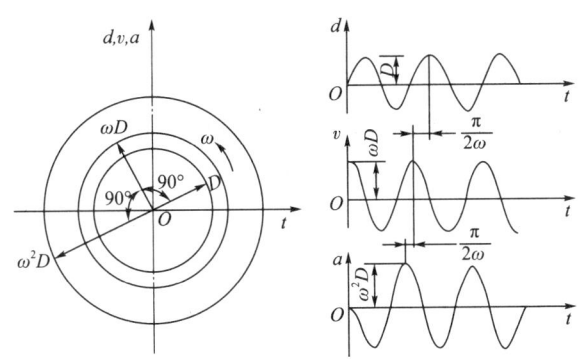

图 6-2-4 用矢量法表示位移、速度、加速度

在工程测量中,振动速度和振动加速度可由振幅和频率取得,反之亦然。

振动速度 $v=\omega D=2\pi fD$

振动加速度 $a=\omega^2 D=(2\pi f)^2 D$

（5）简谐振动的合成和分解

机械设备运行过程中,周期振动或近似周期振动居多。由 2 个或 2 个以上简谐振动合成的振动即为周期振动。其中频率和该周期振动一致的谐波称为基波,而其他谐波的频率则是基波频率的倍数,如 2、3、…、n 次谐波。

二、噪声监测法

噪声监测法与振动监测法一样,是最基本的监测方法之一。设备在运行中不可避免地要产生噪声,而噪声的增加,不会是无缘无故的,一定是由某些不正常情况引起的。根据设备零部件振动发声的机理和特征就可对设备状态进行监测与诊断。

声音是一种机械波,是物体的机械振动通过弹性介质向远处传播的结果。一般频率在 20～20 000 Hz 之间的机械波才能刺激听觉神经产生声的感觉。低于 20 Hz 的机械波称为次声波,可用于探测气象、分析地震、军事侦察以及机械设备的状态监测,特别适用于远场测量。高于 20 000 Hz 的机械波称为超声波,同样可用于机械设备状态监测与故障诊断。

噪声监测是故障诊断中的一项重要内容,通过对噪声的测量和分析可确定设备故障的部位和程度。因此,要掌握识别噪声源,研究其频率组成和各分量的变化情况,并从中提取设备运行状态信息的方法。噪声源现场识别的方法有如下几种。

1. 主观估计法

主观估计法是指经过长期实践的人靠听觉器官或借助听音器,在生产现场从设备运行噪声中判断设备运行是否正常,并判定造成异常的主要噪声源零件及其产生噪声的原因。主观估计法的缺点是无法对噪声源进行定量的测量。

2. 近场测量法

近场测量法是指用声级计紧靠设备表面扫描,并从其指示值的大小来确定噪声源的部位。由于受到附近其他声源的干扰,尤其是在车间现场,一台设备上的被测点也同时处于设备上其他噪声源的混响场内,故此种方法不能提供精确测量值,只能用于设备噪声源和主要发声部位的一般识别,或用于精确测量前的粗定位。

3. 频谱分析法

频谱分析法是一种识别噪声源的重要方法。对于旋转机械或往复机械,一般都可以在它们的噪声频谱信号中找到与转速和系统结构特性有关的纯音峰值。例如,滚动轴承产生的噪声频率中包含基频、内外环损坏的频率、滚动体损坏的频率以及内外环和滚动体的自振频率等。但是纯音峰值的频率为好几个零件所共有,这时就要配合计算啮合频率或轴承滚动体特征频率,才能最后判定究竟哪些零部件是主要噪声源。

三、温度监测法

在许多生产过程中,设备是在一定温度范围内运行的,而设备中的机电元件常由于存在故障而引起温度变化,如轴承、电动机、电器的瓷瓶、套管、线头、触头、线圈等,通过监测温度可检查出设备的早期故障。温度监测可使用红外测温技术,主要设备包括红外热像仪、红外热电视和红外测温仪。这些设备测温范围广,测温的结果可读数、显示、存储、录像、拍照,还可以实时记录动态特性,是实现遥测的合适工具,有显著的经济效益。

1. 接触式温度监测

监测温度时,测温元件必须和被测介质直接接触,故称为接触式测温法。

接触测量温度计有:膨胀式温度计(有液体膨胀式和固体膨胀式),其利用液体和固体受热膨胀的性质测温;压力表式温度计(有液体式、气体式和蒸气式),其利用封闭在固定容积容器中的液体、气体或某种液体的饱和蒸气受热后体积膨胀或压力变化的性质测温;电阻温度计,其利用导体或半导体受热电阻值变化的性质测温;热电偶温度计,其利用物体的热电性质测温。

接触测量温度计所指示的温度是测温元件本身的温度,一般这个温度和被测介质的温度是有差值的。例如,使用热电偶温度计测量锅炉过热器的烟气温度时,热量会通过热电偶向外传导和辐射,这部分散失的热量将造成测温误差。

2. 非接触式温度监测

物体的热辐射强度与其温度有单值函数关系,因此,测量物体的辐射强度就可知道其温度。利用这种方法测量温度时,感受件不需与被测介质接触,故称为非接触式测温法。

非接触测量的仪表仪器有：辐射高温计、光学高温计、红外热像仪、红外热电视、红外测温仪等。

由于非接触式温度监测不会破坏被测介质的温度场，不会受到感受材料熔点的限制，不必与被测介质达到平衡，因此，此方法测温滞后小，是冶金、化工、电力、铁路、矿山、机械等生产流程中温度监测与设备诊断的得力手段。

红外热像仪可绘制出空间分辨率和温度分辨率都较好的设备温度场二维图形，可提供快速和实时的测量，进行温度瞬态研究和大范围设备的快速观察等，但其价格昂贵。

四、油液监测法

机械设备运行过程中，运动零部件之间的互相接触，会发生摩擦和磨损，这就不可避免地会产生大量磨损颗粒；此外，空气等中的污染颗粒也会一起混入润滑系统等的油液中。这些微小颗粒可反映出机械设备失效和故障的重要信息。不同的磨损作用过程产生的磨粒有不同的特征，它们反映和代表了不同的磨损失效类型。根据颗粒材料和成分的不同，就可以分辨颗粒的来源。

油液监测法分为两类：一类是油液本身的物理化学性能分析；另一类是油液中不溶物质的分析，又称磨屑检测法。

磨屑检测法可分为以下几类。

1. 分光光度法

分光光度法是利用物质对光的吸收作用而建立起来的分析方法。若用可见光源，则此法称为分光光度法；若用红外光源，则称为红外分光光度法；若用紫外光源，则称为紫外分光光度法。此法优点是灵敏度高，准确度和稳定性较好，尤其是对微量元素的分析，效果更好。其缺点是只能给出润滑油中各种元素的含量，不能给出磨屑产生的原因和这些磨屑的来源；分析过程烦琐、速度慢，且需要配制各种不同的溶液。

2. 原子吸收分光光度法

原子吸收分光光度法的工作原理：将待测元素（或溶液）在高温下进行试样电子化，使其变为原子蒸气；当锐线光源（即单色光，又称特征辐射线）发出的一束光，穿过一定厚度的原子蒸气时，光的一部分被原子蒸气中待测元素的基态原子吸收；检测系统测量光源减弱后的光强度，根据光吸收定律就能求得被测元素的含量。此法又称原子吸收光谱法，其优点是分析灵敏度高，精确度高，适用范围广，取样少；缺点是每测一个元素需要更换一个光源，且只能给出磨屑中的元素含量，不能提供磨屑的外形、尺寸等信息。

3. 原子发射光谱法

原子发射光谱法是利用物质内部运动的原子和分子接收外界能量后发生变化的性质而建立起来的分析方法。其优点是操作简便，分析速度快，分析精确度高，灵敏度好；缺点是价格昂贵，不能反映磨屑产生的原因和来源，它只能对小于 10 μm 的磨屑进行测量，而对磨损严重的较大颗粒则不能检测。

4. 微粒计数器法

微粒计数器法可对润滑油的杂质颗粒通过光敏传感器时引起的变化进行记录、分析和读数。它可以准确测定润滑油中各种尺寸分类的颗粒量以及它们的大小，其敏感范围在 10～100 μm。但是此方法不能分辨被记录颗粒的种类，即无法分清这些颗粒是磨屑还是外部侵入的污染颗粒。

5. 磁塞法

磁塞法的装置由一个永久安装在润滑系统内的主体和一个磁性探头所组成。这个探头适当地插入循环着的润滑油中，并吸附住其中的铁磁性颗粒，定期（25～27 h）取下，再装入新的探头。对附着在探头上的颗粒进行分析，用光学或电子显微镜进行观察，就可以得到关于磨屑颗粒的形状、尺寸甚至成分（用 X 射线能谱）的信息。

6. 铁谱法

铁谱法是一种新的机械磨损分析方法，实现这种技术的基本工具是铁谱仪（有分析式、直读式、旋转式、气动式、在线式等）。分析式铁谱仪工作原理是：将取自设备润滑系统的油样，由微量泵输送到与异形磁铁的顶面放置成一定角度的铁谱基片上；在油样流下的过程中，磨屑在高梯度、强磁场的作用下从油样中分离出来，按由大到小的顺序沉积在玻璃基片上；该玻璃基片经清洗残油和固定处理后制成铁谱片，用铁谱显微镜（反射、透射双光显微镜）和电子显微镜对铁谱片上的磨屑进行定性观察，从磨屑颗粒的形状、大小可以了解磨屑产生的原因；通过铁谱分析技术和电子显微镜中的 X 射线能谱，可以确定磨屑的成分，从而了解磨屑产生的部位；用光密度计对磨屑的分布情况进行定量测量，即可判断机械磨损的情况。

铁谱法的缺点是无法测量润滑油中的非铁磁物质含量。这说明用铁谱法判断润滑油的污染情况，远不如用它对机械磨损情况进行监测的效果好。

铁谱法在齿轮、轴承等机械零部件及大型设备监测应用中已取得成功，在国外已广泛应用于机械制造、交通运输、石油化工、国防、能源等多个领域。

五、应力应变监测法

掌握设备承载状态和主要零件的应力状态是设备状态监测、故障诊断中一个重要内容。应力是一个不可测量的参量，因此，需要通过测量其相应的应变来实现。应变的测量有直接测量与间接测量。直接测量是用应变计测量构件的变形量，如机械式应变计和光学式应变计，因其体积大，精度不高，只能测量单向变量等，故不能用于在线监测。间接测量是利用应变所引起的各种物理现象进行测量，如应变片电测法、光弹性法、密栅云纹法、脆性涂层法等。脆性涂层法最直观（在一定范围内，应变会使脆性涂层开裂），但使用范围有限，多用于初步诊断；光弹性法、密栅云纹法因其用于观察光学效应的光学仪器比较大，而且使用条件要求高，故不宜现场使用，只能作为定期的辅助性检测手段；应变片电测法对应变金属的电阻进行测量，通过测出的电阻变化值来反映应变的大小，因此，此法适合现场测量。

1. 应变片

应变片（或电阻片）是电阻应变计或电阻应变片的简称。应变片是指固定在基底与保护层之间，由合金丝或箔制成的敏感栅。该敏感栅末端焊有引线作为测量电路连接用。在测量时，应变片被粘贴在零件上且随零件变形，由于金属的电阻应变效应，应变片的阻值发生变化，通过一定的测量电路测出阻值的变化，即可获得应变值。

应变片主要有丝式应变片和箔式应变片，目前已广泛用于各种测量。其优点是尺寸小，质量小，测量范围广，稳定性和可靠性较高；其缺点是大变形时，阻值变化与应变的关系会出现较大的非线性，必须进行补偿。应变片实际上测量的不是一个点，而是一小块面积的变形。

为防止应变片受到损坏，应使应变片与试件之间绝缘良好，需采取以下防护措施：在温度不高、湿度不大，只工作数日的情况下，可直接在应变片及其周围抹上一层中性凡士林。液体合成橡胶，如有机硅橡胶等也是很好的防潮剂，且能防止机械损伤。

2. 测量电路与电阻应变仪

根据电阻应变效应，所测应变将通过应变片的电阻变化来反映，因此，测量电路的作用就是测出这个微小的电阻变化量。常用电路有分压式电路（又称电位计式电路）和桥式电路两种。分压式电路多用于振动和冲击等高速变化的应变测量；桥式电路精度高，故配以放大器和记录器可用于各种类型的应变测量。

在应变测量中，将放大器及有关部分制作成一个整体，与应变片一起所组成的测量桥专用仪器，即为电阻应变仪。根据不同需要和所测信号频率范围的差异，电阻应变仪可分为如下几种。

（1）静态电阻应变仪

静态电阻应变仪用于测量静态应变，工作频率为 0 Hz（即信号不随时间变化）。当多点测量时应配有多点预调平衡箱，以解决接点连线及电桥预平衡问题。

（2）静动态电阻应变仪

静动态电阻应变仪用于测量静态或 100～200 Hz 的动态应变，工作频率为 0～200 Hz。

（3）动态电阻应变仪

动态电阻应变仪用于测量 1 000～5 000 Hz 的动态应变，工作频率为 0～5 000 Hz。

（4）超动态电阻应变仪

超动态电阻应变仪用于爆炸、冲击等测量，工作频率高达数十万赫兹。

（5）多点应变巡回检测系统

多点应变巡回检测系统用于多点快速静态应变测量。系统具有自动平衡及记忆储存初始读数、自动切换、数字显示及打印等功能，并可与计算机联用。

（6）特殊应变仪

大变形测量装置、应变花数字式应变仪、非接触遥测仪等均为特殊应变仪。

使用上述电阻应变测量方法从电阻应变仪获得的信号并不是真正的应变值，而是与应变值成正比关系的电模拟量，经放大或记录仍是模拟量。因此，必须与标准量比较才能使被测应变定量，这个附加过程称为标定或校准。应变量的标定方法为静态标定法，可分为直接标定和间接标定（间接标定又分为并联电阻法和应变梁法）。

六、无损检测监测法

设备在制造过程中，可能产生裂纹、疏松、气泡、夹渣、未焊透、脱粘等缺陷。而设备在运行过程中，由于应力、疲劳、腐蚀等因素的影响，各类缺陷又会不断产生和发展。无损检测技术是在不损伤材料和设备结构的情况下，对材料或内部结构进行检测，对存在的缺陷进行定量检测并分析其危害程度，以便在安全运行的条件下，做出是否能继续运行的决策，以避免事故或过剩维修。

1. 超声波探伤法

频率高于 20 kHz 的机械波称为超声波。探伤用的超声波频率范围为 0.5～25 MHz，其中常用的为 1～5 MHz。超声波探伤法是由电振荡在探头中激发高频超声波，射入试件内部探测缺陷的方法。若遇到缺陷，则超声波会被反射、散射或衰减，再经探头接收并变成电信号进行放大显示，根据波形来确定缺陷的部位、大小和性质，并由相应的标准或规范来判定缺陷的危害程度。

超声波探伤法的优点是：检测范围广（多种材料和很大厚度范围），仪器便于携带，可只在试件一个侧面进行检验，可提供缺陷的深度、位置、尺寸等方面信息，适于微机应用。其缺点是：对探伤人员的知识水平和熟练程度要求较高；因适用范围广，对具体对象的检测措施需单独设计。

2. 射线照相探伤法

射线穿透物体的过程中，被物体吸收和散射，其强度减弱，减弱的程度取决于物体的厚度以及有无缺陷等。气孔不吸收射线就容易通过，若物体中有吸收射线的异物夹杂，则射线就难以通过。常用强度均匀的 X 射线照射被测物体，透过射线在照相底片上的感光、显影后，就能得到与材料内部结构或缺陷相对应的灰度不同的图像，通过观察这种底片来检查缺陷的种类、大小和分布状况，再依据相应的标准、规范来评定缺陷的危害程度。

射线照相探伤法的优点是：几乎适用于所有的材料，照相底片可保存，可展示内部的不连续性。其缺点是：损害操作人员健康，缺陷深度难辨别，费用较高。

3. 液体渗透探伤法

将渗透剂涂于被测件的待测表面，若表面有开口缺陷，则渗透剂就会渗入缺陷中。去除表面多余的渗透剂，再涂以显像剂，在合适的光线下观察被放大的缺陷显示痕迹就可判定缺陷的种类和大小。

液体渗透探伤法分为荧光渗透法和着色渗透法两种。荧光渗透法需用紫外线照射才能观察，而着色渗透法只要在明亮的天然光线下即可观察，故应用更广泛。

液体渗透探伤法的优点是：成本低，操作简便，应用范围广，显示直观。其缺点是：仅适用于表面开口的缺陷，且无深度显示。

4. 磁粉探伤法

铁磁性材质被测件表面或近表层有缺陷时，一旦被磁化，就会有部分磁力线外溢形成漏磁场，它对施加到被测件表面的磁粉会产生吸附作用，从而显示出缺陷的痕迹。磁粉探伤法可检测出裂纹、夹层、分层等缺陷。

磁粉探伤法的优点是：能探测近表层的缺陷，使用简单，易携带。其缺点是：仅适用于铁磁性材料被测件，检测前要去除剩磁，以免出现假痕迹；只对与磁力线垂直的缺陷较敏感，而对覆盖所有方向的缺陷，则要进行多次探测；无深度显示。

5. 涡流探伤法

检测线圈与导电材料制成的被测件表面靠近并通以交流电时所产生的交变磁场，将在被测件表面感应出涡流。由于缺陷的存在，涡流的大小和分布会发生改变，根据所测得涡流变化量即可判断缺陷的情况。

涡流探伤的优点是：探头质量小、轻便，可提供缺陷深度信息。其缺点是：影响涡流场的因素很多，因而在检测时需要抑制干扰因素。

6. 无损检测新技术

无损检测新技术通常是指除超声波、射线照相、液体渗透、磁粉、涡流五种常规检测以外的无损检测技术，如声发射技术、激光全息检测技术、红外检测技术、微波检测技术等。

七、监测案例——回转大轴承的故障诊断

回转大轴承如图 6-2-5 所示。

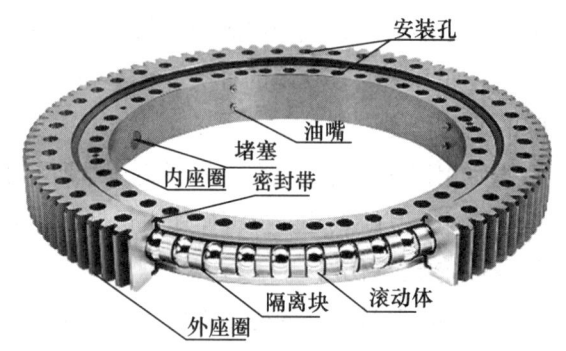

图 6-2-5　回转大轴承

1. 回转大轴承的运动特征

（1）回转速度低

门座式起重机的回转大轴承装置回转速度大都在 1～1.5 r/min，即工作频率在 0.02 Hz 左右，并且受港口多风的影响，会造成转速的不均匀性。

（2）运动状态复杂

滚动体在内、外滚道间除了基本的滚动运动外，还由于滚动体具有一定尺寸，其上各点运动速度也各不相等，因此，滚动体与滚道存在相对滑动。同时，滚动体间由于受力变形，也存在相对滑动。

（3）滚动体与相应滚道非均匀受力

回转大轴承既受轴力又受弯矩，各滚动体受力是变化的。

（4）工作回转区间的局部性

由于结构的限制或装卸作业的实际需要，因此，回转大轴承的工作区间常常在一个比较固定的范围内。

2. 回转大轴承故障振动特征频率的分析

故障振动特征频率的计算方法如下。

z 个滚动体与内座圈上某一固定点的接触频率为

$$f_i = z f_c = \frac{z}{2}\left(1 + \frac{d}{D}\cos\alpha\right) f_s$$

z 个滚动体与外座圈上某一固定点的接触频率为

$$f_\mathrm{o}=z(f_\mathrm{s}-f_\mathrm{c})=\frac{z}{2}\left(1-\frac{d}{D}\cos\alpha\right)f_\mathrm{s}$$

滚动体上某一固定点与外座圈或内座圈接触的频率为

$$f_\mathrm{r}=f_\mathrm{b}=\frac{D}{2d}\left[1-\left(\frac{d}{D}\right)^2\cos^2\alpha\right]f_\mathrm{s}$$

3. 回转大轴承装置典型故障机理分析

（1）疲劳剥落损伤

疲劳剥落损伤是回转大轴承失效的典型现象，主要与载荷、运行时间（或循环次数）和制造质量有关。滚动式回转大轴承发生疲劳剥落损伤的机理是，在回转大轴承工作时，滚道和滚动体表面既共同承受载荷又存在相对滚动，由于交变载荷的作用，首先在表面下一定深度处（最大剪应力处）形成裂纹，继而扩展到接触表层发生剥落坑，最后发展到大片剥落，形成小凹坑，这就是回转大轴承滚道与滚动体的疲劳剥落损伤。

（2）磨损类故障

回转大轴承滚道和滚动体的相对运动（包括滚动和滑动）以及尘埃异物的侵入等会引起表面的磨损，当润滑不良时会更加加剧回转大轴承零部件表面的磨损。磨损的结果会使回转大轴承的游隙增大，表面粗糙度增加，从而降低回转大轴承的运转精度，也会降低机器的整体运动精度，振动及噪声也会随之增大。

此外，还有一种产生磨损类故障的原因，即微振磨损。当回转大轴承本身不旋转而受到振动时，由于滚动体和滚道接触面间有微小、往复的相对滑动，因此导致微震磨损的产生，其结果会在滚道上形成波纹状的磨痕。

在正常使用情况下，回转大轴承滚动体和滚道表面的磨损需要经历较长时间才会发生，因此，这种故障是一种渐进性故障。产生这种故障的回转大轴承在振动特征上与正常的回转大轴承类似，都属于随机性振动，不同的是其振动水平明显高于正常回转大轴承。由于其振动特征和正常回转大轴承在本质上没有区别，因此，对于磨损类故障的回转大轴承故障诊断只能从振动信号的有效值和峰值来判断，如果发现其明显高于正常值，则可判定为磨损。

（3）结构变形

回转大轴承的结构变形主要是由于制造不当或工作过程中装置受力异常而引起的。制造不当主要是指支承架的刚度不够导致其在工作过程中产生变形，这种情况并不常见，但是这种情况会造成回转大轴承的严重损坏，极大地缩短回转大轴承的使用寿命，所以需要引起测试人员的重视。

另一种情况是在运行过程中整机受力不正常而引起的。最为常见的就是由于大车运动轨道不平，或两边轨道有高低差而造成整机倾斜，此时整机受力会偏向一侧，使得回转大轴承一侧的受力远远超过正常值，最后导致回转大轴承结构的变形。

由于回转大轴承受较大的倾覆力矩，因此，滚动体在不同位置受到的载荷各不相同，同时承受载荷滚动体的数目也不同，这样就造成回转大轴承的承载刚度时刻变化，从而引起振动。当回转速度一定时，这种振动就具有确定性。

（4）螺栓松动

回转大轴承的螺栓是连接回转大轴承上、下部分的关键零件，螺栓力过大，会使回转大轴承在运行过程中受到过大的拉力而导致螺栓断裂，造成危险。另一种情况是在安装或运行一段时间后，出现螺栓松动的情况，这种情况出现的概率较第一种多一些。螺栓松动会导致回转大轴承刚度下降，螺栓和回转大轴承内外座圈组成的系统振动频率就会随之下降，可在功率频谱图上看到有较低频谱出现。

螺栓松动现象的振动信号有一定的特征性，具体体现在其振动信号呈"拍"的特征，振动波形的幅值由大到小，再由小到大，循环往复，形成"调制"现象。

（5）局部阻力变大

由于工作回转区间的局部性，会使回转大轴承局部范围内的磨损较其他区域更严重，还易造成局部润滑不良、滚道内杂物积聚、局部运动阻力增大等问题。这是由工作环境和门座式起重机的结构特点所决定的。这种情况在回转大轴承的故障中也有一定的比例，故需要引起注意。

回转大轴承局部阻力变大在振动时间历程图上也会有一定的特征表示。从运行状态的振动时间历程图可以看出，在"拍"的信号中叠加有大幅值短周期的调制信号。

（6）磨合过程

回转大轴承在使用初期，由于各运动副都处于磨合过程，因此，在此阶段会有一些振动现象存在，这是正常的。在一般情况下，如润滑良好且工作强度不大，则经过一段时间运行后，磨合过程将自然完成。但若不注意，使设备经常处于满负荷工作状态，则容易造成早期的过度磨损和疲劳点蚀。分清振动信号是磨损过程还是其他过程对设备管理人员来说很重要。

（7）磨合、局部阻力综合状态

磨合、局部阻力综合状态是指磨合和局部阻力两种故障的综合状态，从运行状态振动波形图看，波形应该是两种故障振动信号的叠加，从其运行状态的振动时间历程图中也可以看出这一点。

4. 回转大轴承的故障诊断系统

回转大轴承的状态监测及故障诊断实施方案（见图6-2-6）具体分为四个主要步骤：数据（信息）采集，故障机理分析，数据（信息）处理与分析，故障识别、判断和预报。

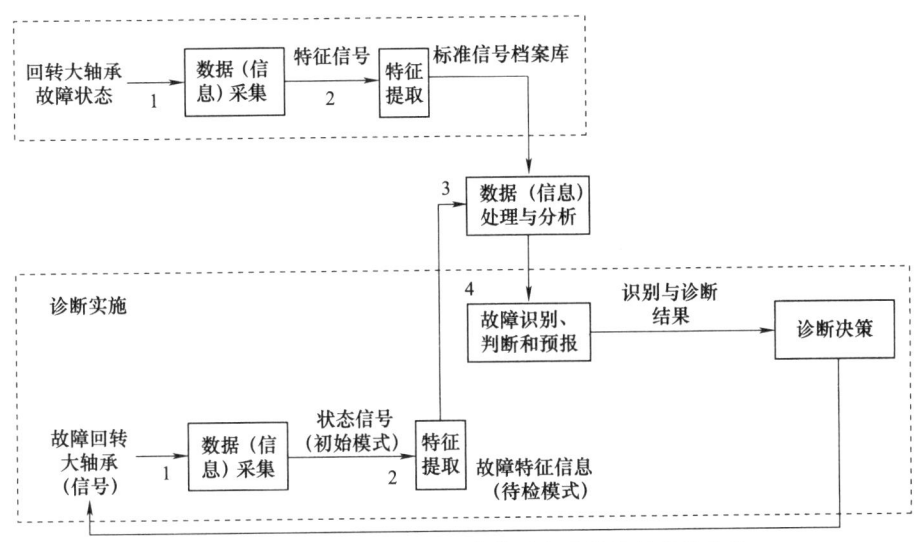

图6-2-6 回转大轴承的状态监测与故障诊断实施方案

（1）数据（信息）处理与分析

第一步是对回转大轴承振动加速度信号的总噪声与振动烈度进行测定，并与正常运行时的振动烈度做对比，初步判断系统运行是否存在问题，即在时域的情况下初步判断回转大轴承是否有故障。若没有，则说明回转大轴承较为正常；若超过了正常值，则说明回转大轴承故障的概率比较大，需要进行进一步分析。

第二步是对有故障可能的回转大轴承信号进行频谱分析，用来进一步判断系统中的问题发生在哪个环节。

第三步是采用一些特殊技术，如小波分析等，对特定的零部件，如滚动体、滚道等进行深入分析，判断故障细节。

（2）时域分析

振动最大值是振动时间历程中幅值的最大值，即峰值，它表明了振动的剧烈程度。振动有效值则反映了回转大轴承在稳态振动过程中振动能量的变化，它的大小与波动情况反映了回转大轴承的基本工作状态，对回转大轴承整个工作周期的运行状态有比较灵敏的反应。

振动峭度值是对振动幅值分布特征的一种度量，对于回转大轴承的运行状态而言，极端理想状态是其振动幅值分布呈现高斯分布。随着运动状态的变化，幅值分布也发生相应的变化，峭度值就用来描述振动幅值分布的这种尖削或平坦程度的改变，从定义可以知道，它对振动幅值中出现的脉冲现象非常敏感。

第一步对测得的振动数据去除异常的点。

第二步时域分析，即初步判断回转大轴承是否存在故障。首先判断时域数据的峰值、有效值、峭度值是否超过正常值，即判断振动加速度峰值是否大于 0.5 g，有效值是否大于 0.05 g，峭度值是否大于 0.02 g。

同时也可以从概率密度图的形状上判断是否存在故障，概率密度与回转大轴承的磨损故障有一定的联系，曲线越"胖"，说明回转大轴承的磨损程度越严重；曲线越"瘦"，说明回转大轴承的磨损程度越轻。用这种方法可以判断是否有磨损故障产生。

通常这种判断是较为初步的，因为不论是峰值、有效值、峭度值或是概率密度图形均不能说明故障的具体部位，所以需要采用更进一步的分析方法将故障定位。

（3）频域分析

若通过以上分析认为回转大轴承有故障的可能，则需对回转大轴承的振动信号做频域分析，具体的做法是先根据回转大轴承的尺寸计算出各个部件的特征频率。然后将振动信号做快速傅里叶变换（fast Fourier transform，FFT），得出频谱图，通过频谱图可以初步判断哪一频率区间的幅值较大，从而为下一步的分析减少工作量。

根据 FFT 的原理，噪声也会影响分析频域的幅值大小，因此，只有在故障足够严重的情况下，故障频域的幅值才会比较明显，而这样，许多故障的初期信号就会湮没。若发生这种情况，则需运用更精确的分析方法定位故障或了解故障的初期信息。

（4）小波分析

1）小波基函数的选择。恰当选用小波基函数是分析处理工程信号并获取正确信息的关键。目前虽已构造出许多小波基函数，但并不是每个小波基函数都适合于特定的振动工程信号处理。小波基函数的丰富性使得其选择具有模糊性，所以小波基函数的选择对工程应用有着重要的意义。

常见小波包括 Haar 小波、Daubechies（dbN）小波系、biorthogonal（biorNr.Nd）小波系、coiflet（coifN）小波系、Symlets（symN）小波系、Morlet 小波、墨西哥草帽小波、Meyer 小波。

对于故障特征提取中的小波基函数，通过选择的方法可得出，提取冲击特征，选择以下小波基函数较为合适：db5、db7、db10、db13、db16、bior2.6、bior3.9、bior5.5、coif4、sym6、sym7、sym8，所以，回转大轴承振动信号的小波分析可选择以上种类中的一种。

2）运用小波变换的特性来提取局部损伤及缺陷类故障信息的工作原理：小波分

解可以将信号分解到不同的频率通道中,因此,它就可以在一定的频率通道内将信号的冲击成分和干扰性成分区分开来。因为冲击成分的频率丰富,而干扰性成分的频率较低,所以在包含较高频率范围的频率通道中,冲击成分基本保留,而干扰性成分则被大幅衰减,此时冲击成分就从整个信号中突显出来。但经减点抽样的小波分解结果,其时间分辨率会下降。若要提高计算精度,可利用这个频率通道的结果进行重构,使其恢复原始信号的时间分辨率,即可得到故障信号的时域波形图。

3)指标数值选择。由于各个细节的标准差描述了此细节信号的波动量,因此,可以选择标准差这样一个量化值来直观地观测出故障趋势。

第三节 设备状态的简易监测方法

普通机械设备上常用的状态简易监测方法有听诊法、触测法和观察法等。

一、听诊法

设备正常运行时,伴随发生的声响总是具有一定的音律和节奏,只要熟悉和掌握这些正常的音律和节奏,通过人的听觉功能就能对比出设备是否出现了重、杂、怪、乱的异常噪声,以判断设备内部是否出现松动、撞击、不平衡等隐患。用锤子敲打零件,听其是否发生破裂杂声,可判断有无裂纹产生。

电子听诊器是一种由振动加速度传感器将设备振动状况转换成电信号,并进行放大,实现定性测量的高效简便的监测仪器。用耳机监听运行设备的振动声响,通过测量同一位置点不同时期、相同转速、相同工作状况下的信号,并进行对比,可判断设备是否存在故障。当耳机里传出清脆尖细的噪声时,说明振动频率较高,一般是尺寸相对较小、强度相对较高的零部件发生局部缺陷或较小裂纹。当耳机里传出浑浊低沉的噪声时,说明振动频率较低,一般是尺寸相对较大、强度相对较低的零部件发生较大的裂纹或缺陷。当耳机里传出的噪声比平时增强时,说明故障正在发展,噪声越大,故障越严重。当耳机里传出的噪声杂乱、无规律且具有间歇性时,说明有零部件发生了松动。

二、触测法

触测法是指用人手的触觉监测设备的温升、振动及其间隙的变化情况。

人手上的神经纤维对温度比较敏感，可以比较准确地分辨出 80 ℃ 以内的温度。当机件温度在 0 ℃ 左右时，手感冰凉，若触摸时间较长，则会产生刺痛感。10 ℃ 左右时，手感较凉，但一般能忍受。20 ℃ 左右时，手感稍凉，但随着接触时间的延长，手感渐温。30 ℃ 左右时，手感微温，有舒适感。40 ℃ 左右时，手感较热，有微烫感觉。50 ℃ 左右时，手感较烫，若用掌心按的时间较长，则会有汗感。60 ℃ 左右时，手感很烫，但一般可忍受 10 s。70 ℃ 左右时，手感烫得灼痛，一般只能忍受 3 s，并且手的触摸处会很快变红。触摸时，应试触后再细触，以估计机件的温升情况。

用手晃动机件可以感觉出 0.1～0.3 mm 的间隙大小；用手触摸机件可以感觉振动的强弱变化和是否产生冲击。

用配有表面热电偶探头的温度计测量滚动轴承、滑动轴承、齿轮箱、电动机等机件的表面温度，可迅速判断热异常位置，并得到准确数据，使触测过程更为方便。

三、观察法

人的视觉可以观察设备上的机件有无松动、裂纹及其他损伤等；可以检查润滑是否正常，有无干摩擦和跑、冒、滴、漏现象；可以查看油箱沉积物中金属磨粒的多少、大小及特点，以判断相关零件的磨损情况；可以监测设备运动是否正常，有无异常现象发生；可以观看设备上安装的各种反映设备工作状态的仪表指示数据的变化情况；可以通过测量工具和直接观察表面状况，检测设备是否出现与工作状态有关的问题。把观察到的各种信息进行综合分析，就能对设备是否存在故障，以及故障的部位、程度和原因作出判断。

使用仪器可以观察从设备润滑油中收集的磨损磨粒，实现状态监测的简易方法是磁塞法。其原理是将带有磁性的探头插入润滑油中，收集磨损产生的铁类磨粒，借助读数显微镜或者直接用人眼观察这些磨粒的大小、数量和形状特点，判断机械零件表面的磨损程度。用磁塞法可以观察机械零件磨损后期出现的磨粒尺寸较大的情况。观察时，若发现小颗磨粒且数量较少，则说明设备运转正常；若发现大颗磨粒，则要引起重视，并需密切注意设备运转状态；若多次连续发现大颗磨粒，是即将出现故障的前兆，应立即停机检查，查找故障，进行排除。

磁塞主要由磁钢和非导磁材料制成的磁塞座、磁塞芯以及更换磁塞时利用弹簧作用能堵住润滑油的自闭阀组成，其结构如图 6-3-1 所示。

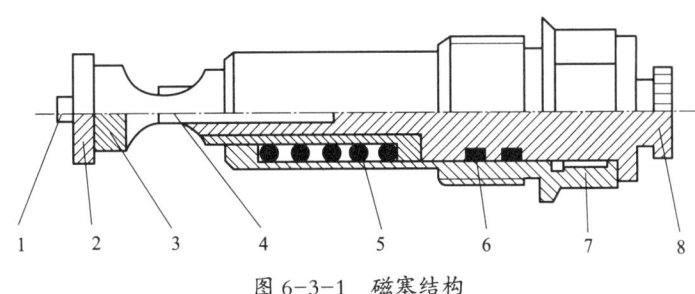

图 6-3-1　磁塞结构

1—螺钉　2—挡圈　3—自闭阀　4—磁钢　5—弹簧　6—密封圈　7—磁塞座　8—磁塞芯

第四节　滚动轴承工作状态监测与故障诊断

用于滚动轴承工作状态监测与故障诊断的方法很多，有振动诊断法、光纤监测技术和接触电阻法等。

一、振动诊断法

滚动轴承在工作过程中会产生各种各样的异常和损伤，多数故障都会使轴承的振动加剧，因此，振动信号就成为诊断滚动轴承故障的主要信息。采用振动诊断法主要有以下优点：可以检测出各种类型滚动轴承的异常现象；在故障初期就可发现异常，并可在轴承旋转时进行测定；由于振动信号发自滚动轴承本身，因此不需特别的信号源；信号检测和处理比较简单。

在滚动轴承的振动诊断中，较常用的诊断方法有以下几种。

1. 使用测振笔

测振笔（见图 6-4-1）采用加速度一体化传感器，机身小巧轻便、携带方便，主要用于电动机、风机、泵、压缩机、机床等设备的快速检查，以及机械设备故障的预防性检查，特别适合巡检人员使用。

图 6-4-1　测振笔

（1）按开机键 MEAS/ON 开机，按 A/V/D 键选择测量模式，按 LO/HI 键选择频率。

（2）将传感器探头顶住被测部位，并尽量保持测振笔与被测表面垂直，按下

MEAS/ON 键开始测量。

（3）当读数稳定时，按下 MEAS/ON 键锁定读数。

（4）读数并记录测量值，对比表 6-4-1 中的值，确定所测滚动轴承是否出现故障。

表 6-4-1　ISO 2372 机器振动分级表

振动速度有效值/(mm·s⁻¹)	Ⅰ类	Ⅱ类	Ⅲ类	Ⅳ类
0.28	好	好	好	好
0.45	好	好	好	好
0.71	好	好	好	好
1.12	满意	好	好	好
1.8	满意	满意	好	好
2.8	不满意	满意	满意	好
4.5	不满意	满意	满意	满意
7.1	不满意	不满意	满意	满意
11.2	不允许	不满意	不满意	满意
18	不允许	不允许	不满意	不满意
28	不允许	不允许	不允许	不满意
45	不允许	不允许	不允许	不允许

注：①Ⅰ类为小型电动机（小于 15 kW 的电动机）；Ⅱ类为中型机器（15～75 kW 的电动机）；Ⅲ类为大型原动机（硬基础）；Ⅳ类为大型原动机（弹性基础）。

②振动速度有效值（root mean square，RMS）应在轴承壳的三个正交方向上。

测振笔使用的注意事项如下。

（1）测振笔无数据记忆功能，如果需保留测试数据，需做书面记录。

（2）测量点应选在滚动轴承、轴承支座或者其他对动力有明显响应，并能表示机器整体振动特性的结构部件上；为确定每一测量位置的振动特性，有必要在三个相互垂直的方向上进行测量。

（3）测量时应保持测振笔与被测物体表面垂直。测振笔传感头应与被测物体表面紧密接触，压力为 5～20 N，以使被测物体的振动可准确传送至传感器。

2. 使用多功能振动和轴承状态检测仪

多功能振动和轴承状态检测仪（见图 6-4-2）是一款坚固耐用、携带方便的机械设备状态监测仪器，它具有振动测量、轴承状态监测分析和红外测温三大功能。其操作简单，且具备自动状态报警功能，非常适合现场设备运行和维修人员监测设备状态，及时发现设备故障问题,以确保设备正常可靠运行。

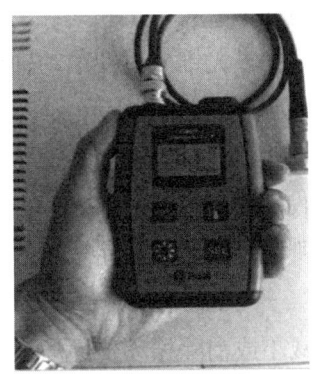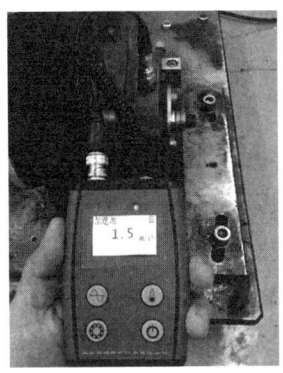

图 6-4-2 多功能振动和轴承状态检测仪及现场检测

（1）可测量振动速度、加速度和位移值

当保持振动速度读数时,仪器立即与内置的 ISO 10816-3 振动标准进行比较,自动指示轴承报警状态。

（2）滚动轴承状态检测

可测量滚动轴承状态的 BG 值和 BV 值,它们分别代表高频振动的加速度和振动速度的有效值。当保持轴承状态读数时,仪器按内置的经验法则自动指示轴承报警状态。

（3）滚动轴承温度测量

仪器内置非接触红外测温传感器和激光指示器,可方便地测量滚动轴承温度。

二、光纤监测技术

振动监测方法,通常是在轴承座上安装传感器,即用传感器测量轴承盖的振动信号。这样,所检测的信号中完全包含了外界干扰,滚动轴承的故障信号可能会因为较弱而被湮没。而光纤监测技术则可直接从轴承套圈表面提取信号,其基本原理如图 6-4-3a 所示。

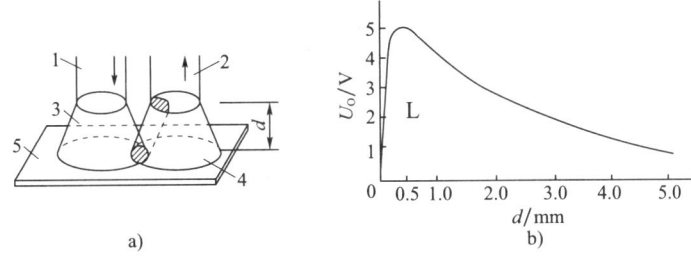

图 6-4-3 光纤式位移传感器的原理及特性曲线

a）原理图　b）特性曲线

1—发送光纤束　2—接收光纤束　3—导光锥　4—反光锥　5—滚动轴承表面　L—前侧线性区

用光导纤维束制成的位移传感器包含发送光纤束和接收光纤束，光线由发送光纤束经过传感器端面与轴承套圈表面的间隙反射回来，再由接收光纤束接收，最后经过光电元件转换为电压输出。当间隙量 d 改变时，导光锥照射在滚动轴承表面的面积也随之改变。传感器输出电压—间隙量特性曲线如图6-4-3b所示。

由图6-4-3b可知，特性曲线在开始有一段线性区，这是由于导光锥照射在滚动轴承表面的面积越来越大，接收光纤束所接收的照度也不断增大，直到到达峰值。此后，当间隙量 d 进一步增大时，接收光纤束所接收的照度与间隙量的平方成反比，其输出电压逐渐下降。

由上述可知，采用光纤式位移传感器可减小或消除振动传递通道的影响，从而提高信噪比，直接反映滚动轴承的制造质量、滚动轴承工作表面磨损的程度、滚动轴承的载荷、润滑和间隙的情况以及进行现场动平衡。另外，光纤式位移传感器还具有高灵敏度（可达50 mV/μm的输出电压）、外形细长、便于安装的优点。

第五节 齿轮传动状态监测与故障诊断

一、用直接观察法对齿轮进行监测

检查轮齿表面可以及时发现各种不同的失效形式，并监测其发展情况，以便采取合适的措施，防止发生突发性事故。轮齿表面主要失效形式的形态如图6-5-1所示。

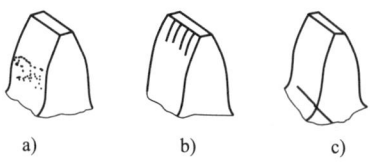

图6-5-1 轮齿表面主要失效形式的形态

a) 疲劳点蚀 b) 齿面黏着 c) 轮齿折断

1. 疲劳点蚀的形态特点

疲劳点蚀是闭式齿轮最常见的齿面失效形式，主要发生在靠近节线处齿根面的部位。它是由于齿面在交变接触应力的反复作用下，发生接触疲劳，造成表层金属一小片一小片地剥落，从外观看呈现麻点状态。开始时麻点比较少，也比较小，随着继续使用，齿面的有效受力面积不断减小，会引起点蚀的进一步扩展，麻点增多，麻坑变大，直到整个齿面被破坏。其形态如图 6-5-1a 所示。对于开式齿轮，由于润滑条件较差，其齿面磨损较快，往往齿面表层材料还未发生疲劳点蚀现象，就被磨损掉了，因此，在开式齿轮上几乎看不到这种失效形态。

2. 齿面黏着的形态特点

齿面黏着主要发生在高速或重载齿轮传动中。当轮齿在啮合处发生咬焊现象时，在齿面的相对滑动过程中，沿滑动方向就形成了咬焊后撕裂划伤的沟槽。由于轮齿间的相对滑动速度越大，就越容易发生黏着现象，因此，这种失效形式通常都出现在靠近齿顶的齿面部位，其形态如图 6-5-1b 所示。

3. 轮齿折断的形态特点

轮齿承载时，齿根处的弯曲应力最大，而且存在应力集中。重复承载后，轮齿在齿根部位有时会产生疲劳裂纹，并逐步扩展使轮齿断裂，其裂纹的位置特点如图 6-5-1c 所示。监测观察中，若发现轮齿产生疲劳裂纹，则应及时更换或修理。此外，有时还会由于短期过载或受到过大的冲击载荷，导致轮齿突然发生断裂的现象，这种情况发现容易，但预测困难。

二、用磁塞法对齿轮进行监测

1. 齿轮在正常运行期间，所产生磨粒碎片的形态大都呈现不规则截面，细微如发丝状，且很短，并混有一些金属粉末，表面组织粗糙，呈深灰色。此外，细如发丝的磨粒碎片往往会团在一起，吸附在磁钢端头上，显出较厚实的状态。

2. 当轮齿表面出现故障性损伤时，磨粒碎片大都呈现片状不规则形状，其表面由于轮齿之间的压擦研磨而带有压印刻痕，外表较轴承的磨粒碎片要粗糙一些，呈暗灰色且带有亮点，有时还伴有热变色。

3. 用磁塞法进行状态监测，显然只适用于那些用黏度较低的油润滑闭式齿轮的监测，尤其适用于润滑油循环使用的齿轮箱中齿轮的监测。将磁塞安装在回油总出口附近，有利于尽量多地收集齿轮产生的磨损磨粒，提高监测的指示效率。

三、用听诊法对齿轮进行监测

1. 普通机械设备中正常运行的齿轮副一般在低速下无明显声响，随着转速增高会发出一定频率的轰鸣声，音色和谐纯正。由听诊法判断可以听到平稳的"哗哗"声，声响强度较低，没有异常噪声。

2. 当轮齿严重、均匀磨损时，轮齿的弯曲强度会明显下降，在相同的工作情况下，必然使一对轮齿啮合与两对轮齿啮合之间的弯曲差增大。同时，由于轮齿的弯曲增大，还会导致调节误差增大。这种情况下，齿轮的啮合频率及其谐波分量一般保持不变，但幅值都会不同程度地增大，尤其高次谐波幅值会增大较多。这时如果通过听诊法进行监测，则可发现，虽然仍然是平稳的"哗哗"声，但是与未磨损时的状况相比，声响强度增大，音色要更清亮一些。

3. 当轮齿出现疲劳点蚀，齿面黏着、轮齿折断等不均匀性缺陷时，齿轮产生的振动就会受到失效轮齿变形量变化的影响，导致振幅变化，出现振幅调制现象；同时，也会造成扭矩的波动，导致角速度发生变化而引起频率调制。这样，由听诊法判断就可以明显听到在"哗哗"声中，带有时域振动波发生周期调制所引起的周期性"嘀啰"声，或者"咯噔"声。

4. 用听诊法监测齿轮状态时，为了提高监测的可靠度，可以采用电子听诊器录音对比法进行监测。通过与齿轮正常工作状态下产生的声响强度和音色进行对比，即可发现经过长期运转的齿轮是否有重、杂、怪、乱的异常声响发生，以判断齿轮的工作状态是否正常。当然，在有条件时，对重要的齿轮，也可以将电子听诊器采集的振动信息输入到示波器等记录显示仪器中进行对比判断。

第七章
电动装卸机械的维护保养

第一节
装卸机械的磨损

在装卸机械的使用与维修过程中，大量的工作是对机械的磨损情况进行检查，对零部件的磨损部位进行维修，然后采取润滑等各种措施避免或减少机械零部件的磨损。

一、磨损的实质

1. 磨损是物体在摩擦时相互作用的结果

机械零件的接触表面相互运动时，会使工作表面的颗粒不断脱离或产生残余变形，这就是磨损现象。磨损过程是物体接触表面间及与周围环境间发生的各种物理、化学作用的过程。物理作用是指摩擦，化学作用是指环境介质和化学物质的侵蚀。磨损过程是一个十分复杂的表面变化过程。

两个零件接触表面相互作用时，在摩擦接触点处存在着材料分子和机械的相互作用，从而导致表面微观体积的变形和破坏，造成表面的磨损。随着外部载荷的变化，长期接触的表面层会产生疲劳裂纹，以及表层微观鳞状物及其氧化物的不断剥落，经过多次反复作用，磨损颗粒脱落逐渐增多。除此之外，摩擦中的热效应等也会加速疲劳磨损的过程。

2. 磨损时摩擦表面的变化

摩擦时，零件微观凹凸不平的表面相互接触会发生弹性或塑性变形，同时伴随产生一系列物理、化学和机械变化的现象,主要有热作用、氧化作用、机械作用和吸附作用等,从而导致零件材料的磨损。

(1)材料表面微观裂纹的生成

摩擦表面上的某些接触处所受的载荷过大,单位压力会很高,温度也很高,使材料内部组织产生变化或使金属熔化。表面材料受到这种重复性的机械作用和热应力作用就会出现微观裂纹。经过反复作用,这种裂纹不断向材料内部扩展,最终导致材料颗粒从零件表面脱落。

(2)化学反应过程

零件接触表面与空气和周围介质接触,会形成氧化物薄膜和其他化合物;与润滑油或其他摩擦材料接触过程中也会分离出氢原子。经过反复作用,会使材料变脆,从而使材料表面的性质与内部主体金属的性质不再相同。

(3)润滑剂的作用

一般润滑剂,特别是加入添加剂后,能提高润滑油膜的吸附能力和油膜强度,大幅提高材料的抗磨损能力。它除了减小摩擦和降低磨损外,有时润滑油会渗入材料表面的微观裂纹中,在挤压的作用下,会使裂纹扩大,从而使零件表层材料破裂脱落。

(4)摩擦表面间材料的转移

物体摩擦时,接触表面的材料会从一个表面转移到另一个表面,通常是塑性大的材料由于分子的黏着和涂抹作用而转移到较硬的材料上。转移材料的脱落就是零件表面的磨损。相反,金属材料的转移增大了摩擦表面的实际接触面积,可使摩擦表面具有较高的耐磨性。

二、磨损的形式

机械零件的接触表面在摩擦后会出现磨损现象,这种现象与磨损的工作情况,如载荷的大小、接触物体的速度、工作温度以及摩擦材料特性、接触表面形貌有关。按照摩擦表面损坏的机理和特征,可将磨损分为黏着磨损、磨料磨损、疲劳磨损、腐蚀磨损和微动磨损五种。

1. 黏着磨损

由于物体摩擦表面粗糙不平,当两个摩擦表面相互接触时,只在一些点上发生接触,在重载荷的工作条件下,单位压力增大,接触点产生塑性变形,润滑油膜破裂,导致金属直接接触,加之存在较高的滑动速度,零件表面会产生大量的热量,当热量来不及扩散时,表面温度就会很快升高。在高温下,材料的强度降低,同时会使局部材料熔化并黏在另一个零件的表面上。两零件继续相对运动,黏着点发生剪切,材料发生转移或撕裂。这种由黏着作用导致的磨损称为黏着磨损，如图 7-1-1 所示。

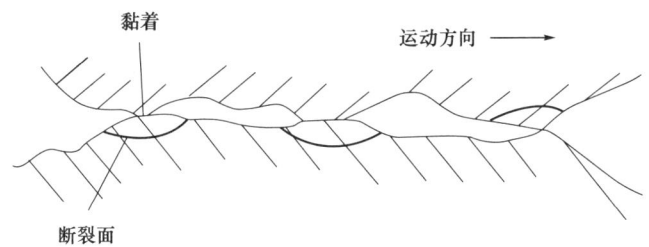

图 7-1-1 黏着磨损

黏着磨损的产生和发展主要取决于材料的塑性大小、工作条件（如工作温度、压力、摩擦速度和润滑条件等）和配合表面的表面粗糙度。

（1）黏着磨损的类型

根据摩擦材料性能与发生黏着的条件不同，黏着磨损有以下四种类型。

1）当载荷小时，滑动速度很低，黏着点的强度低于两摩擦表面的强度，剪切发生在两摩擦表面的上端，即黏着点处，表面间只有轻微的材料转移，这样的磨损很轻微。

2）如果黏着点的强度大于摩擦物体材料中一个表面的材料强度，而小于另一个表面的材料强度，则剪切会在较软的金属浅层发生，并在较硬的表面上涂抹。例如，起重机的蜗轮蜗杆传动中，会出现铜蜗轮的材料涂抹在钢蜗杆表面上的情况。

3）若黏着点的强度比两摩擦物体的材料强度都要大，则剪切破坏常在强度较低的材料中发生，但有时也可能发生在强度较高的材料内。其特点是摩擦表面出现擦伤、划痕，严重时会出现胶合或撕脱现象。

4）当外部载荷较大、滑动速度较高时，摩擦表面温度剧增，会使表面接触点局部焊合在一起，产生摩擦物体间的咬死现象。这是一种严重而危险的破坏过程，应该避免其发生。

（2）黏着磨损产生的条件

1）表面光洁，无吸附膜；常温下材料产生塑性变形使金属滑移，吸附膜破坏；高温条件下（100～200 ℃）表面吸附膜破坏。

2）接触表面越近，越易产生黏着磨损。

3）同类金属接触而产生黏着磨损。

4）润滑不良或供油过稀，不能形成边界膜，从而出现干摩擦的情况，也为黏着磨损创造了条件。

2. 磨料磨损

磨料磨损是指两接触表面相对运动时，由于硬质颗粒或较硬表面上的微凸体在摩擦过程中引起的表面擦伤而与表面材料脱落的现象，如图 7-1-2 所示。硬质颗粒或微凸体有时会对金属表面进行微量切削,将材料从表面去除。这种磨损过程与磨料的形状、尺寸大小、固定位置以及载荷作用下磨料与摩擦表面的力学性能有关。

图7-1-2 磨料磨损形成的过程

磨料磨损是最常见的磨损现象。据统计,在各类磨损中磨料磨损占1/2左右,是危害最为严重的磨损形态。起重运输机械的工作条件十分恶劣,与泥沙、矿石、灰渣等磨料直接接触,都会发生不同形式的磨料磨损。

(1)磨料磨损的分类

磨料磨损的表面形式是多种多样的,分类方式也不同,按照硬质颗粒或粗糙硬质凸起表面与摩擦表面相互作用的位置来分类,可分为二体磨料磨损和三体磨料磨损。

1)二体磨料磨损。磨料或具有硬质凸起的表面与另一个表面相互作用的情况称为二体磨料磨损,它包括凿削式磨料磨损和低应力擦伤磨料磨损。例如,铲斗斗齿等零件的表面破坏就属于凿削式磨料磨损。在这类磨损中,磨料以很大的冲击力切入零件表面,使其磨出较深的沟槽,并从材料表面凿削下大颗粒金属。而运输机的槽板、漏斗及被沙、尘等污染的零件表面损伤则属于低应力擦伤磨料磨损。这类磨损是磨料以某种速度在自由运动状态下与磨损零件表面相接触时发生的,其作用力不足以破碎磨料,而这些磨料颗粒通常悬浮于一种流体(空气、水、油)中被输送走,使材料表面产生擦伤或轻微的切削痕迹。

2)三体磨料磨损。当两摩擦表面间存在着第三种物体(磨料及硬质颗粒)时,并且这些磨料与两表面都有相互作用,这种情况称为三体磨料磨损,它的主要形式为高应力碾碎式磨料磨损。例如,球磨机衬板、破碎机滚筒、挖掘机链条与链轮以及各种开式齿轮等的零件表面破坏就属于此类磨损。两表面与磨料接触处的最大压应力虽大于磨料的反馈强度,但在长时间的作用下,也能使金属表面产生塑性变形,导致材料表面擦伤或疲劳(对于韧性材料而言)、碎裂或脱落(对于脆性材料而言)。

(2)防止和减少磨料磨损的方法

磨料磨损对于机械的危害很大,它是造成机械早期损坏的重要原因之一。应积极采取措施,防止和减少磨料磨损,常用方法如下。

1）减少磨料的进入

①安装防尘罩，防止磨料侵入。

②在润滑系统中装入吸铁石和集屑装置，并经常检查油液的污染度。

③加装滤清器，并定期清洗各类滤清装置，以确保滤清效果和清洁度。

2）增强零件的抗磨性

①选用适合的耐磨材料制作承受磨料磨损的零件。例如，装卸机械的装载和行走机构零件大多数承受冲击载荷，要求材料具有较高的耐磨性，同时还要具有良好的韧性，因此可采用中碳钢淬火、低温回火，得到马氏体组织钢。

②用热处理的方法改善零件材料的性质，提高零件的表面硬度，尽量使其表面硬度超过磨料硬度。

③两相互接触的零件，可采用一软一硬的材料，使磨料被软材料吸收，减少磨料对主要零件的影响。

④装卸机械的工作装置（如抓斗、铲斗齿等）可采用耐磨合金。

3. 疲劳磨损

疲劳磨损是指两个物体接触表面做滚动摩擦或滚动、滑动复合摩擦时，在循环的交变接触应力作用下，表层产生弹性、塑性变形以及发热等现象，导致表面材料疲劳，产生裂纹，分离出颗粒或碎片剥落所造成的磨损。疲劳裂纹一般在固有缺陷的地方最先出现，它可分为非扩展性疲劳磨损和扩展性疲劳磨损两类。

4. 腐蚀磨损

物体摩擦时材料与周围环境中的腐蚀性气体或液体发生化学或电化学反应，从而使表面受到的磨损称为腐蚀磨损。而机械磨损是由于两个相配合零件表面的滑动或者是在气蚀和非气蚀条件下因有硬质颗粒物质的作用而引起的。

根据周围接触物质和摩擦材料的性质不同，腐蚀磨损可分为以下两类。

（1）氧化磨损

大气中含有大量的氧气，所以氧化磨损是最常见的磨损形式之一。氧化后在金属的摩擦表面沿滑动方向会形成匀细的磨痕。例如，钢铁材料在低速滑动摩擦时，由于摩擦有热量产生，大多数金属表面都会与氧作用，形成氧化膜层。

氧化膜层的磨损速度与氧化膜的性质有关。脆性氧化膜的磨损速度大于氧化速度，容易磨损；而韧性氧化膜与材料基体结合牢固，磨损速度小于氧化速度，氧化膜起保护作用，磨损率小。例如，氧化铁属于脆性氧化膜，磨损快；氧化铝属于韧性氧化膜，磨损慢。

（2）特殊物质的腐蚀磨损

当机件的摩擦表面与酸、碱、盐等物质接触时，发生化学腐蚀作用而形成的磨损称为特殊物质的腐蚀磨损。其磨损情况与氧化磨损相似，但磨损速度较快。

5. 微动磨损

两个物体接触表面在小振幅（1 mm以下）的相对振动作用下产生的磨损称为微动磨损。它通常发生在相对静止的零件上，如静配合的轴与孔表面、搭接接头处、键连接处、过盈配合的齿轮与轴、螺栓连接处、发动机底座等。

微动磨损使配合精度下降，过盈配合的部件变松，表面层质量变差，出现微观裂纹，严重时会导致零件疲劳断裂。

（1）微动磨损产生的过程

微动磨损产生的过程：物体接触时的压力导致摩擦表面的凸起部分产生塑性变形，引起表面膜破裂，并使材料发生黏着，而小振幅振动的反复作用必会使黏着点产生剪切，黏附金属脱落，剪切处表面被氧化，产生微动磨损。

（2）微动磨损的影响因素

微动磨损量的大小受到以下几方面因素的影响。

1）磨损量在一定条件下随着载荷的增加而增大；但超过某一数值后，载荷增加，滑移的面积和振幅减小，磨损量也随之减小。

2）磨损体积与振幅成正比，磨损量与振动频率成反比，如图7-1-3、图7-1-4所示。

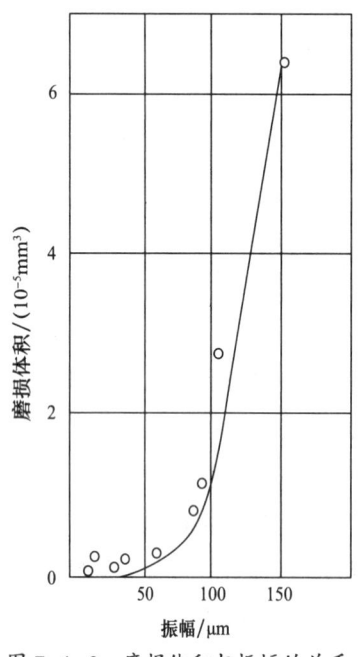

图7-1-3 磨损体积与振幅的关系

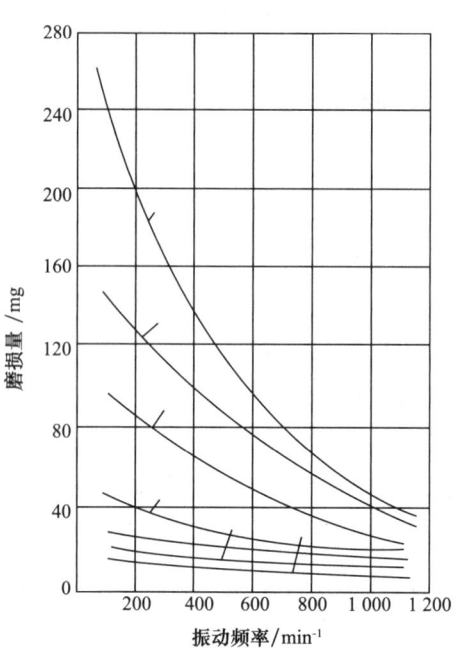

图7-1-4 振动频率对磨损量的影响

3）润滑剂一般不能预防微动磨损，但是黏度高、滴点高、抗剪切能力强的润滑脂有一定的效果。

4）材料配对选择不当时也会出现微动磨损。

（3）减少微动磨损的措施

为了减少微动磨损的出现，常采用下列措施：降低接触表面处的应力集中；选择抗黏着性能好的材料制作零件，提高零件的表面硬度；在摩擦表面间加入含有抗压添加剂的润滑剂等。

三、磨损的基本规律

机械零件的正常磨损过程大致可分为三个阶段。图 7-1-5 所示为磨损特性曲线，表示磨损量随时间的增加而变化的规律。

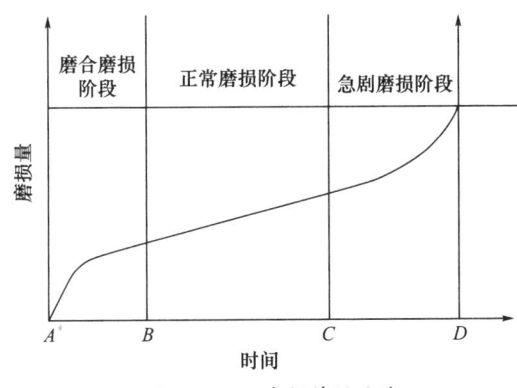

图 7-1-5　磨损特性曲线

1. 磨合磨损阶段（又称跑合阶段）

零件加工后的表面较粗糙，在使用初期，由于机械摩擦及其产生的微粒造成磨料磨损，导致磨损十分迅速，表面粗糙度值减小，实际接触面积不断增大，单位面积压力减小，达到 B 点时，正常工作条件已经形成。这一阶段应注意磨合规范，选择合适的载荷、转速、润滑剂；经数小时或更长时间的跑合完成后，应当清洗零件并换油。

2. 正常磨损阶段（又称稳定磨损阶段、工作磨损阶段）

图 7-1-5 中的 BC 段基本呈一直线，一般情况下其斜率不大。这是因为在磨合磨损阶段已建立了弹性接触的条件，这时磨损已经稳定，磨损量与时间成正比，磨损速度较慢，持续时间较长，是零件的正常使用期。为减少磨损，延长零件使用寿命，这期间要做到合理使用和正确维护与保养，尤其是合理润滑，建立、完善和严格遵守设备的操作规程。在这一阶段的后期磨损进程相对加快。

3. 急剧磨损阶段（又称强烈磨损阶段）

当磨损阶段达到 C 点以后，磨损速度开始变快，此时零件的几何形状改变，表面质量变差，间隙增大，零件润滑条件也随之变差，运转时出现附加的冲击载荷、振动、噪声与温升，与变差的润滑条件形成恶性循环。这一阶段容易发生故障和事故，最后导致零件完全失效。因此，这一阶段要及时控制，并采取合理的修理措施和监测手段，防止设备精度和效率的显著下降，避免由于磨损条件恶化而破坏贵重、复杂的重要零部件；要研究零件的磨损规律，掌握各种零部件磨损的特点，以制订合理的维修策略和修理计划。

四、磨损的控制

从上面对各种磨损的介绍中可知，影响磨损的因素十分复杂，但归纳起来可分为材料性能、运转条件、几何因素和环境因素四个方面，每个方面又包含很多具体内容。总而言之，可归纳为以下十个磨损控制因素：材料选择，表面粗糙度，润滑剂质量和油膜厚度，润滑剂的选择，单位比压，表面形状，渗漏、密封和污染情况，安装和对中情况，温度和冷却情况，运动及滑动距离。

特别要指出的是，任何磨损过程的控制并不需要全面考虑这十个因素。对某一给定的磨损条件，有些因素很重要、必须考虑，而有些因素则可能不大重要甚至无关紧要。表7-1-1列举了一些常见的磨损控制因素，掌握这些因素，对提高零件的耐磨性有很大帮助。

表 7-1-1 磨损控制因素

材料性能	运转条件	几何因素	环境因素
成分 组织结构 弹性模量 硬度 润滑剂类型 润滑剂黏度 工作表面的物理和化学性质	载荷及压力 速度 滑动距离 滑动时间 振动频率 表面温升 润滑膜厚度	面积 形状 尺寸 表面粗糙度 间隙 对中性 刀痕	总的润滑剂量 污染情况 外界温度 外界压力 湿度 空气成分

五、减少磨损的途径

1. 合理润滑

尽量保证液体润滑，采用合适的润滑材料和正确的润滑方法，合理采用润滑添加剂，注意密封。

2. 正确选择零件材料

正确选择零件材料是提高耐磨性的关键。例如，对于抗疲劳磨损，要求钢材质量好，控制钢中有害杂质，应采用抗疲劳的合金材料，如采用铜铬铂合金铸铁制造气门挺杆，采用球墨铸铁制造凸轮等，可使其使用寿命大幅延长。

3. 表面处理

为了改善零件表面的耐磨性，可采用多种表面处理方法。例如，采用滚压加工表面强化处理各种化学表面涂层，如塑性涂层、耐磨涂层，包括喷铝、镀铬、等离子喷涂等。

4. 合理的结构零件设计

正确、合理的结构零件设计是减少磨损和提高耐磨性的有效途径。零件结构要有利于摩擦副间表面保护膜的形成和恢复、压力的均匀分布、摩擦热的散失、磨屑的排出，以及防止外界磨料、灰尘的进入等。在零件结构设计中，可以应用置换原理，即允许系统中一个零件磨损以保护另一个重要部件；也可以使用转移原理，即允许摩擦副中另一个零件快速磨损而保护较贵重零件。

5. 改善工作条件

应尽量避免过大的载荷、过高的运动速度和工作温度，创造良好的环境条件。

6. 提高质量

提高机械加工质量、修复质量、装配质量和安装质量是防止和减少磨损的有效措施。

7. 正确的使用和维护

要加强科学管理和人员培训，严格遵守操作规程和其他有关规章制度。机械设备使用初期要正确磨合。

防止或减少磨损的方法与途径见表 7-1-2。

表 7-1-2 防止或减少磨损的方法与途径

磨损类型		防止或减少磨损的方法与途径
黏着磨损		（1）正确选择摩擦副材料，如适当选用脆性材料、互熔性小的材料、多相金属等 （2）合理选用润滑剂，保证摩擦表面间形成液体润滑状态 （3）采用合理的表面处理工艺
磨料磨损		（1）选用硬度较高的材料 （2）控制磨料的尺寸和硬度 （3）根据工作条件、采用相应的表面处理工艺 （4）合理选用并供给洁净的润滑剂
疲劳磨损		（1）合理选用摩擦副材料 （2）减小表面粗糙度，消除残余内应力 （3）合理选用润滑剂，以保证黏度；合理选用润滑添加剂
腐蚀磨损	氧化磨损	（1）当接触载荷一定时，应控制其滑动速度；反之，应控制接触载荷 （2）合理匹配氧化膜硬度和基体金属硬度，保证氧化膜不受破坏 （3）合理选用润滑油，以保证黏度，并适量加入中性极压添加剂
	特殊物质的腐蚀磨损	（1）利用某些特殊元素与特殊物质作用，形成化学结合力较大、结构致密的钝化膜 （2）合理选用润滑剂 （3）正确选择摩擦副材料

第二节 装卸机械的润滑

作为装卸机械的使用与维修人员，为了防止和减少机械的磨损，除了认真、仔细地做好机械的维修与安装外，更重要的工作是做好机械的润滑。装卸机械各机构的使用质量和寿命在很大程度上取决于经常且正确的润滑。

一、润滑的重要性

润滑是装卸机械维护和修理必须掌握的工作内容之一。装卸机械保养的好坏直接影响到生产效率，关系到生产安全和设备的使用寿命。实践证明，只有正确使用和合理维修，以及定期进行合理润滑，才能发挥装卸机械的作用，安全生产才能得到保证。

例如，三班制连续工作的起重机，其齿形联轴器在润滑良好的情况下，可以使用十余年；但若在润滑不良的情况下工作，则一年甚至几个月内外齿就会出现严重磨损而影响使用。

由此可见，装卸机械的驾驶人员、维修与保养人员应充分认识到润滑的重要性，坚决抵制只管开车、不管润滑的不良作风。遵循在有轴和孔进行配合的部位以及有摩擦表面的机械部分都要定期进行润滑的原则，减少摩擦，延长装卸机械的使用寿命。

二、润滑方法的分类与选择

1. 润滑方法的分类

（1）按润滑剂消耗情况分类

1）全损耗润滑。采用全损耗润滑时，润滑剂送至润滑点进行润滑后，不能再回收循环使用，常用于润滑剂回收困难或无须回收，用油量很小，难以设置油箱或油池的场合。

2）循环润滑。采用循环润滑时，润滑剂送至润滑点进行润滑后又流回油箱，经沉淀或过滤后再循环使用。

（2）按润滑介质的物质形态分类

润滑方法按润滑介质的物质形态分类见表7-2-1。

表 7-2-1 润滑方法按润滑介质的物质形态分类

种类	使用方法
液体润滑	人工定期加油、油浴（飞溅）、自动给油、压力循环
固体润滑	固体自润滑、干膜、半干膜、粉末、冶金粉尘
脂（半流体）润滑	人工定期注脂、灌注式、压力集中给脂
油雾润滑	润滑油经油雾发生器雾化后呈油雾状由管路系统输送至润滑点
油气润滑	油液与压缩空气在液压泵提供的压力下经喷嘴喷射到摩擦部位进行润滑
喷射润滑	（1）润滑油喷射润滑：油液在液压泵提供的压力下经喷嘴喷射到摩擦部位进行润滑 （2）润滑脂喷射润滑：润滑脂与一定压力的压缩空气在喷射阀中混合后射向摩擦部位
气体润滑	使用空气轴承

（3）按润滑剂的输送形态分类

润滑方法按润滑剂的输送形态分类见表 7-2-2。

表 7-2-2 润滑方法按润滑剂的输送形态分类

寿命润滑	持续润滑			
	间歇润滑		连续润滑	
密封加脂润滑的滚动轴承、自润滑材料等	消耗型润滑	循环型润滑	消耗型润滑	循环型润滑
	油杯、滴油器润滑脂集中润滑装置	计量装置	油雾润滑、喷射润滑、喷雾润滑	油浴润滑、稀油润滑

1）寿命润滑：是指一次加入润滑剂，使零件在其使用寿命周期内都能保持良好润滑状态的方式。

2）持续润滑：是指在零件的使用寿命周期内多次供送润滑剂的方式，分为间歇润滑和连续润滑。

①间歇润滑：是指按一定的时间间隔期将润滑剂送达润滑点的方式。

②连续润滑：是指不间断地将润滑剂输送到润滑点的方式。

2. 润滑方法的选择

选择港口设备润滑方法时一般要考虑以下几个问题。

（1）摩擦副的种类（如轴承、齿轮、导轨、液压元件、离合器、联轴器等）。

（2）摩擦副所处的运行条件（如速度、载荷、温度、灰尘等）。

（3）润滑剂的类型及性能（如润滑油、润滑脂，或固体润滑、气体润滑等）。

（4）由港口设备的用途、结构、使用地点等所决定的供油条件。

（5）港口设备的自动化程度及对控制的要求。

三、润滑工作注意事项

1. 润滑材料必须保持清洁。

2. 不同牌号的润滑脂不可混合使用。

3. 经常检查润滑系统的密封情况。

4. 选用适宜的润滑材料，并按规定时间进行润滑工作。

5. 在起重机完全停电时才允许进行润滑操作。

6. 对没有注脂点的转动部位，应定期用润滑油壶点注在各转动缝隙中，以减少机件的磨损和防止锈蚀。

7. 采用油池润滑时应定期检查润滑油的质量，加油时应加到油尺规定的刻度。如果没有油尺，则应加至使最低齿轮的齿能浸到润滑油中。

8. 对采用润滑脂润滑的部位，应尽量将旧润滑脂除尽后再加新润滑脂。

总之，润滑要做到五定，即定点（规定注油处）、定量（规定加油量）、定质（规定油脂牌号）、定时（规定注油时间）、定人（指定专人负责）。

四、电动装卸机械典型零部件的润滑

1. 钢丝绳的润滑

钢丝绳是由钢丝先捻成股，再由若干股围绕绳芯捻成绳。钢丝之间存在相对滑动，会有摩擦和磨损现象产生，因此，钢丝绳在制造过程中就必须进行预润滑，在使用和工作中还须进行润滑维护。钢丝绳需要连续润滑还是间歇润滑，应视其使用的工作条件而定。

钢丝绳润滑剂要根据所使用的设备类型和工作条件来选择，主要考虑环境温度、钢丝绳直径和钢丝绳的运动速度。环境温度越高，钢丝绳直径越大，润滑油的黏度就应越高；钢丝绳的运动速度越高，润滑油被甩出就越严重，就需要用更黏稠的润滑油。可用浸润、浇注、喷淋等方法对钢丝绳加注润滑剂，最好的加注位置是在钢丝绳经过绳轮或卷筒时靠近绳股且有张开趋势的地方。

润滑剂分人工加注和机械加注两种加注方法。先将钢丝绳各股空隙中的污物、尘土、油泥等用过热蒸汽或压缩空气和钢刷清理干净，然后浸入润滑油中，将油加热到 50 ℃左右，以使其更好地渗入钢丝绳绳芯中。浸润的间隔期在常温条件下为每三个月一次。钢丝绳的润滑一般使用带油刷的手提油壶或专门的给油器加油，前者用于短钢丝绳。一般条件下润滑间隔期约五天一次，多灰沙、高温或露天条件下为三天一次。

2. 传动链条的润滑

（1）传动链条的类型

传动链条有可延展性铁链、套筒滚子链、齿形链三种基本类型。

（2）传动链条润滑剂的选用

选择传动链条的润滑剂时，主要考虑链的速度、载荷、间隙、工作温度等条件，表7-2-3和表7-2-4所示为这些参数与润滑剂黏度的关系，润滑剂品种可选用通用机床润滑油（L-AN或L-HL）。

表7-2-3 链条润滑油（脂）黏度（锥入度） Pa·s

链条载荷/MPa	链条速度/(m·s^{-1})						
	<1	1~5	>5	<5	5~10	10~100	>100
	手加油			过油箱			
<10	70~100	50~80	30~60	50~80	30~60	20~40	10~20
10~20	80~120	70~100	60~80	80~110	70~100	40~60	20~40
>20	160~240	120~160	80~120	160~200	120~160	80~120	65~100

注：可用黏度为310~340 Pa·s的二氧化钼锂基脂。

表7-2-4 链条润滑油黏度与工作环境温度关系

工作环境温度/℃	适用黏度40℃/(Pa·s)	润滑方法	
		链速<3 m·s^{-1}	链速为3~8 m·s^{-1}
<0	30~40	油浴、涂抹、手浇	油浴、涂抹、滴油
0~100	50~60		
10~40	100~120		
40~70	160~240		

（3）链条润滑方法

1）毛刷润滑：用刷子或注油壶定期在链条松边的内、外链板环接处加油，最好是每工作8 h加一次。其加油量和周期应足以防止链板环接处的润滑油变色。

2）滴油润滑：利用滴油杯将油滴落在两铰接板之间。其加油量和周期应足以防止链环铰接处的润滑油变色。

3）油浴或油盘润滑：利用油浴润滑时，将下侧链条通过变速器中的油池，其油面应达到链条最低位置的节圆线上。利用油盘润滑时，链条在油面之上工作，油盘从油池里带上的油液常利用油槽导引，使油液沉降至链条上。油盘的直径应足以产生 3.3~4.5 m/s 的旋转速度。链条宽大于 125 mm 时，应在链轮两侧都安装油盘。

4）喷油润滑：这种润滑可对每条传动链供给连续的油流。油液应加在链环内侧，正好对准链板环接处，并沿着链宽很均匀地散布到松弛一侧的链上。

表 7-2-5 列出了各种润滑方法所允许的最高链速。

表 7-2-5　各种润滑方法所允许的最高链速　　　　　　　　　　　　　　　　　m/s

润滑方法	链号									
	30	40	50	60	80	100	120	140	160	200
手工滴油	2.0	1.6	1.3	1.1	0.9	0.8	0.7	0.6	0.5	0.4
油浴	9.3	7.0	5.5	4.6	3.5	2.8	2.3	2.0	1.8	1.4
泵送	15.0	12.5	11.0	10.0	8.3	7.1	6.6	6.0	5.5	5.0

3. 离合器和联轴器的润滑

（1）离合器的润滑

1）电磁离合器。电磁离合器多装在变速器中，与轴承、齿轮等摩擦副共用一种润滑油。考虑到各摩擦副润滑的需要，且油液黏度太高会使离合器脱开时间太长，推荐用 N15 主轴油或 10 号变压器油 +1% 油性添加剂，使用油的黏度（40 ℃）最大不超过 30 mm^2/s。

2）摩擦离合器。除电动装卸机械中的摩擦离合器外，只要求润滑引导摩擦片压紧和松开的离合器轴承可用油或脂润滑。用脂润滑时，用脂枪加脂，推荐短纤维的 4 号钠基脂。用油润滑时，推荐用 N100 汽轮机油。某些类型的电动装卸机械摩擦离合器要求用油润滑和冷却，推荐选用 L-HL46 液压油。

3）超越离合器。滚子式超越离合器可根据速度来选油，高速时选用 L-AN32 全损耗系统用油，中速时选用 L-AN68 全损耗系统用油，低速重载荷时选用 40 号柴油机油。楔块离合器用脂润滑时，推荐用 2 号钠基脂。对于同时有滚子又有楔块的组合式离合器，应选具有极压性和抗磨性的润滑剂。操作环境温度在 -10 ℃ 以下时，要求采用凝固点为 -35 ℃ 和黏度（40 ℃）为 15 mm^2/s 的润滑油，如 45 号变压器油。

（2）联轴器的润滑

啮合式联轴器可用油或脂润滑，其规范见表 7-2-6。用油润滑时应注意油的注入及密封，还应开通气孔。

表 7-2-6　选用啮合式联轴器润滑油、脂的规范

联轴器类型	润滑剂类型	润滑剂牌号[①]	润滑剂用量	换油脂周期[②]	对润滑剂的特殊要求[③]
双头齿型	脂	0号或1号脂	装满联轴器	6～12个月	附着性要好，对密封要求不严
	油	N150齿轮油 N220齿轮油	装一半，使静止时不漏油	12个月	对密封要求不严
	油	N150齿轮油 N220齿轮油	足够的流量	6个月	可沿轴向连续通过联轴器，无密封
单头齿型	脂	0号或1号脂	装满联轴器	6～12个月	附着性要好，对密封要求不严
	油	N150齿轮油 N220齿轮油	装一半，使静止时不漏油	12个月	对密封要求不严
牙嵌式	脂	0号或1号脂	联轴器两端都装满	6个月	附着性要好，对密封要求不严
	油	N150齿轮油 N220齿轮油	足够的流量	6～12个月	可沿轴向连续通过联轴器，无密封
弹簧片式	脂	0号或1号脂	装满联轴器	1 000 h	对密封要求不严
盘式弹簧式	脂	2号或3号脂	装满联轴器	12个月	对密封要求不严
	油	N150齿轮油 N220齿轮油	足够的流量	6～12个月	可沿轴向连续通过联轴器
十字滑块式	脂	2号脂	中间滑块的空隙充满脂	100 h	适合采用球轴承脂
	油	N220齿轮油	中间滑块的空隙充满油	1 000 h	有时采用浸满油的毛毡垫
滚子链式	脂	1号或2号脂	充满壳体	1 000 h	对密封要求不严
	油	N150齿轮油	充满壳体	5 00 h	对密封要求不严

注：①也可以采用联轴器制造厂商推荐的润滑剂。对于载荷大的部位，建议用黏度高的润滑油或二硫化钼锂基脂；对于低运转温度下的整装联轴器应该采用合成润滑脂。

②润滑剂的使用寿命受工作条件的影响大，功率小、温度不超过 50 ℃且无泄漏的联轴器，换油周期可比表中数据延长一倍。换润滑剂时应该把联轴器冲洗干净。

③在通常情况下，普通润滑油和润滑脂都可采用。对于载荷大、速度高以及偏移虽大但在第一次装配时需校正的联轴器，建议用极压齿轮油或极压润滑脂，但必须对非铁金属无不良影响。

4. 减速器的润滑

减速器使用初期应每季度更换一次润滑油，以后可根据油液的清洁程度半年到一

年更换一次。随着使用季节和环境的不同，选用油液也有所不同，参见表 7-2-7。

表 7-2-7 减速器润滑油的选用

工作条件	选用润滑油	工作条件	选用润滑油
夏季或高温环境下	CKB46 工业齿轮油	冬季低于 -20 ℃	DRA22 冷冻机油
冬季不低于 -20 ℃	CKB46 工业齿轮油		

5. 开式齿轮的润滑

开式齿轮一般要求每半个月添加一次润滑剂，每季度或半年清洗一次并添加新油脂，所选用的润滑材料为齿轮脂。

6. 齿轮联轴器、滚动轴承、卷筒内齿盘以及滑动轴承的润滑

齿轮联轴器、滚动轴承、卷筒内齿盘以及滑动轴承的润滑见表 7-2-8。

表 7-2-8 齿轮联轴器、滚动轴承、卷筒内齿盘以及滑动轴承的润滑

零部件名称	添加时间	润滑条件	润滑材料的选用
齿轮联轴器	每月一次	（1）工作温度为 -20～50 ℃ （2）工作温度高于 50 ℃ （3）工作温度低于 -20 ℃	（1）冬季使用 1 号或 2 号锂基润滑脂，夏季使用 3 号锂基润滑脂，不能混合用 （2）使用锂基润滑脂，冬季使用 1 号，夏季用 3 号 （3）使用 1 号或 2 号特种润滑脂
滚动轴承	3～6 个月一次		
卷筒内齿盘	每 3～6 年一次（添满）		
滑动轴承	每 1～2 年一次		

7. 液压推杆与液压电磁铁的润滑

液压推杆与液压电磁铁应每半年更换一次润滑油。环境温度在 -10 ℃ 以上时可用 25 号变压器油，低于 -10 ℃ 时可用 10 号航空液压油。

8. 电动机轴承的润滑

电动机的种类较多，其轴承润滑剂的选择取决于轴承类型、转速、温度和载荷等。

（1）小型电动机常用滑动轴承，在轴承座内设有储油槽，或使用润滑油循环润滑，也可用油绳润滑，保持润滑的耐用寿命为 20 000～40 000 h。

（2）中型电动机多用滚动轴承（内径为 25 mm 以上），使用润滑脂润滑，通常一次性装填润滑脂（轴承内装填约 1/2），使用一年后再清洗、更换。

（3）大型电动机可用滚动轴承或滑动轴承，一般滑动轴承用油润滑，滚动轴承用脂润滑。

电动机的轴承温度通常应控制在 65～80 ℃ 之间，合金滑动轴承最好低于 65 ℃。

电动机轴承润滑用油见表 7-2-9。

表 7-2-9　电动机轴承润滑用油

轴承类型		电动机功率 /kW		
		100 以下	100～1 000	1 000 以上
滚动轴承	高速（1 500～3 000 r·min^{-1}）	2号锂基脂，2号钙基脂，2号钙钠基脂	2号锂基脂，2号钙钠基脂	2号锂基脂，2号复合钙基脂
	中速（1 000～1 500 r·min^{-1}）	3号锂基脂，3号钙基脂，2号钙钠基脂	3号锂基脂，3号钙钠基脂	3号锂基脂，3号复合钙基脂
	低速（1 000 r·min^{-1} 以下）	3号锂基脂，3号钙基脂，3号钙钠基脂	3号锂基脂，3号钙钠基脂	3号锂基脂，3号复合钙基脂
滑动轴承	高速（1 500～3 000 r·min^{-1}）	L-HL32 液压油	L-HL32 液压油	L-HLA6 液压油
	中速（1 000～1 500 r·min^{-1}）	L-HL32 液压油	L-HLA6 液压油	L-HLA6 液压油
	低速（1 000 r·min^{-1} 以下）	L-HLA6 液压油	L-HL68 液压油	L-HL68 液压油

五、典型电动装卸机械的润滑

1. 桥架类起重机典型零部件的润滑

桥架类起重机典型零部件的润滑材料及添加时间见表 7-2-10。

表 7-2-10　桥架类起重机典型零部件的润滑材料及添加时间

序号	零部件名称	添加时间	润滑条件	润滑材料
1	钢丝绳	一般 15～30 天一次，根据实际使用中的润滑情况确定	（1）把润滑脂加热到 80～100 ℃，浸涂饱和为止 （2）不加热涂抹	（1）钢丝绳麻芯脂 （2）合成石墨钙基润滑脂或其他钢丝绳润滑脂
2	减速器	使用初期每季度换油一次，以后可根据油液的清洁情况半年至一年换油一次	夏季 （1）不低于 -20 ℃ （2）低于 -20 ℃	用 HL30 齿轮油 （1）用 HL20 齿轮油 （2）用冷冻机油
3	开式齿轮	半个月一次，每季度或半年清洗一次	—	齿轮用润滑脂
4	齿轮联轴器	每月一次	（1）工作温度为 -20～50 ℃ （2）高于 50 ℃ （3）低于 -20 ℃	（1）可采用以任何元素为基体的润滑脂，但不能混合使用。冬季宜用1号或2号，夏季宜用3号 （2）采用工业锂基润滑脂，冬季1号，夏用3号 （3）采用1号或2号特种润滑脂
5	滚动轴承	3～6 个月一次		
6	滑动轴承	酌情		
7	卷筒内齿盘	大修时加满		

续表

序号	零部件名称	添加时间	润滑条件	润滑材料
8	液压电磁铁或液压推杆	每半年换油一次	（1）高于或等于-10℃ （2）低于-10℃	（1）25号变压器油 （2）10号航空液压油
9	液压缓冲器	酌情	（1）0℃以上 （2）0℃以下	（1）沸水40.17%、甘油57.7%、铬酸钾2%、氢氧化钠0.13%；或甘油和沸水各50% （2）锭子油或变压器油
10	电动机	年修或大修时	（1）一般电动机 （2）H级绝缘或湿热地带	（1）复合铝基润滑脂 （2）3号锂基润滑脂

2. 门座式起重机典型零部件的润滑

门座式起重机典型零部件的润滑及添加时间见表7-2-11。

表7-2-11 门座式起重机典型零部件的润滑材料及添加时间

序号	零部件名称	添加时间	润滑条件	润滑材料
1	钢丝绳	一般15～30天一次，根据实际使用中的润滑情况确定	（1）把润滑脂加热到80～100℃，浸涂饱和为止 （2）不加热涂抹	（1）钢丝绳麻芯脂 （2）合成石墨钙基润滑脂或其他钢丝绳润滑脂
2	减速器	第一次使用时每季度换油一次，以后可以每半年换油一次	夏季	HL20齿轮油
			冬季（不低于-20℃）	HL30齿轮油
3	齿轮联轴器	快速：每月一次 慢速：3～6个月一次	（1）工作温度为-20～50℃ （2）高于50℃ （3）低于-20℃	（1）可采用以任何元素为基体的润滑脂，但不能混合使用。冬季宜用1号或2号，夏季宜用3号或4号 （2）采用工业锂基润滑脂，冬季用1号，夏季3号或4号 （3）采用1号或2号特种润滑脂
4	滚动轴承			
5	滚动轴承	快速：每天添加10滴 慢速：每周一次及每次大修时加满	—	工业锂基润滑脂
6	卷筒内齿轮			
7	液压电磁铁或液压推杆	每年换油一次	（1）高于或等于-10℃ （2）低于-10℃	（1）25号变压器油 （2）10号航空液压油
8	电动机	年修或大修时	（1）一般电动机 （2）H级绝缘或湿热地带	（1）复合铝基润滑脂 （2）3号锂基润滑脂
9	变幅、起升减速器	每天检查油尺，按需加满	油池	90#～120#工业极压齿轮油

续表

序号	零部件名称	添加时间	润滑条件	润滑材料
10	行走蜗轮减速器	每天检查油尺,按需加满	油池	HL30 齿轮油
11	回转行星减速器	每天检查油尺,按需加满	油池	120#～410# 工业极压齿轮油
12	操纵手柄及各脚踏铰接点	每周滴油	润滑销轴	HJ20 机械油
13	回转制动补充油箱	每周末检查油箱一次,根据油箱内油量适量添加	油箱	制动油
14	起升、变幅及回转制动器杠杆铰接点	每天一次	润滑销轴	HC20 机械油
15	回转滚轮	每天一次	润滑轮面	HJ20 机械油
16	起升、变幅、行走液压推杆液压泵	每周检查剩余油量,确定是否加油	油池	DB10 变压器油
17	夹轨器杠杆铰接点	每周一次	润滑销轴	HJ20 机械油
18	回转下支承	每周检查,按需加油	油池	HL30 齿轮油
19	行走制动器杠杆铰接点	每周一次	润滑销轴	HL20 机械油
20	超负荷限制器杠杆铰接点	每周一次	润滑销轴	HL20 机械油
21	象鼻梁拉杆上下铰接点	每3个月一次	油杯	钙基润滑脂
22	起重臂上下铰接点	每3个月一次	油杯	
23	变幅拉杆平衡梁及齿条各铰接点	每3个月一次	油杯	
24	针齿轮副及开式齿轮	每月一次	油杯	
25	超负荷限制器支座	每周一次	油杯	
26	行走轮	每天一次	油杯	
27	行走机构中间齿轮	每天一次	油杯	
28	象鼻梁端部钢丝绳槽滚轮	每周一次	油杯	
29	行走开式齿轮	每周一次	涂抹	
30	行走中间支承转盘	每周一次	油杯	

第三节 金属结构的防腐

一、金属结构常用的涂料与涂层

1. 底漆

底漆的主要功能就是防止钢结构腐蚀。在现代港口设备生产中主要采用含有锌粉的油漆作为底漆，因为金属锌的电极电位比钢铁更低，而导致钢材腐蚀的主要物质——水会先与锌发生电化学反应，从而保护钢材不被腐蚀。

对需要保护 10 年以上的金属结构，一般推荐使用无机富锌漆作为构件的底漆。但无机富锌底漆对基体的表面处理要求更高，其表面必须喷砂处理。根据实践，环氧富锌底漆由于其稳定和易于使用的特点，在重防腐工程中得到广泛应用。

2. 中间漆

在港口设备涂装设计中，中间漆具有两种主要功能。

（1）连接底漆和面漆

中间漆作为底漆和面漆之间的过渡油漆，可改善涂层之间的涂覆性能和附着力。

（2）防止水分和其他物质对底漆及金属基体的渗透

岸边集装箱起重机（简称岸桥）等通常使用隔绝型的环氧厚浆型中间漆或含有云母的环氧中间漆。

在盐雾和高湿度的条件下，环氧漆的高交联性可使零件表面具有致密性，能有效延缓水分和电解质的渗透，因而在油漆系统中，环氧漆的膜厚是关键因素。环氧漆一般为隔绝涂料，只有达到一定的厚度，才能有效防止水和电解质的渗透。

如图 7-3-1 所示，无论是底漆还是中间漆，其干膜中都存在有大量微小针气孔（主要是溶剂挥发所致），多道涂覆和达到一定厚度才能减少针气孔与大气沟通的概率。

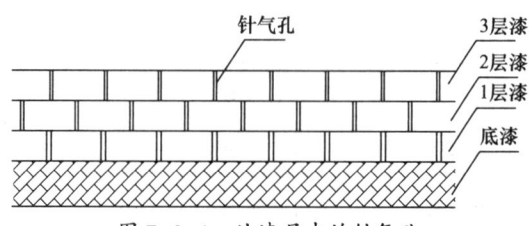

图 7-3-1　油漆层中的针气孔

3. 面漆

面漆具有良好的表面装饰性和优异的耐候性，港口设备大多使用色泽鲜明的脂肪族聚氨酯油漆作为面漆，能有效防止紫外线、工业大气等对中层漆的侵害。脂肪族聚氨酯油漆也具有结构稳定的特点，能较长久地保留油漆的颜色及光泽。

钢材表面预处理的质量对防腐寿命的影响率可达50%。通常在涂漆表面会附有氧化皮、锈迹油脂、灰尘等污垢物，如果在涂装前不将这些异物除去，则必将导致漆膜不能固化或造成漆膜龟裂、剥落，尤其是如果不除去锈蚀，它将会在漆膜下继续扩展而失去涂装的意义。涂装预处理的目的可以归纳为以下两点。

（1）去除金属表面附着的或生成的异物，使金属表面有一定的耐蚀性。

（2）提高金属与漆膜的附着力。

二、港口金属结构油漆的施工

油漆施工在整个港口设备涂装工程质量中占有很大比重，涂装行业中称为"七分施工、三分油漆"，由此可见油漆施工的重要性。

1. 环境要求

大多数油漆施工都受到环境的严格限制，如温度、湿度、灰尘等。一般的油漆施工温度为5~35 ℃，相对湿度小于85%时最佳，雨天严禁油漆施工（有些油漆产品的环境适应性增强，在温度为 -5~45 ℃、相对湿度为90%左右均可施工）。空气中的灰尘（或工业粉尘）及打磨时的金属飞溅物对油漆的质量也会产生极不利的影响。灰尘或颗粒会造成漆面不光滑，较大颗粒的嵌附会使该处漆膜较薄，磨损后极易产生锈蚀。

2. 表面二次处理

（1）除了钢材表面预处理外，在施工过程中钢结构的焊接、矫正、搬运、探伤等也会造成油漆损坏，因此，须进行钢材表面的二次处理。二次处理包括冲砂、动力工具打磨、手动工具磨铲、清洗等。

（2）涂漆前，被涂件所有的锐边角均要打磨成 $C\ 0.5\~1.5\ \text{mm}$ 的倒角，这是因为在呈锐边角上涂装的油漆无法达到规定的漆膜厚度，且是最易产生锈蚀的地方。

3. 预涂漆施工

预涂漆施工是很重要的一道工序。在钢结构的焊缝、触角、凸角、狭小区域及喷涂不易的地方，必须进行油漆的预涂。预涂的作用是更有效地控制构件的漆膜厚度，使构件整体膜厚均匀一致。由于这些区域施工空间的限制，喷涂不能达到规定的膜厚，因此，通常用漆刷先将这些部位均匀地预涂一遍。另外，某些被预涂的部位，如焊缝，其表面凹凸不平，喷涂时难免疏漏，预涂能很好地弥补喷涂的不足。

4. 涂漆方法

港口设备的涂漆方法大多采用喷涂、滚涂和刷涂，其中喷涂最常用。滚涂和刷涂一般作为辅助手段。

（1）喷涂

大面积施工时采用喷涂工艺较易控制膜厚，并能得到优良的表面质量，尤其是无气喷涂，施工效率高。

无气喷涂的效果关键取决于操作人员的技能水平，良好的操作姿势能保证膜厚均匀，减少油漆损耗。

对环境控制十分严格的发达国家和地区，目前采用较多的是空气辅助式无气喷涂工艺，其特点介于有气和无气喷涂之间。由于采用封闭漆罐内搅拌加压，因此，其喷嘴的雾化及扇面控制良好，可以大幅降低溶剂在空气中的扩散。

（2）滚涂

滚涂能实现较均匀的漆膜，操作容易，适应多数油漆的施工。但一次滚涂难以得到较厚的漆膜，通常需重复两次才能达到规定膜厚，且在狭小的空间内难以施工。岸桥在桥架较高及操作人员无法到达的地方应采用滚涂。

（3）刷涂

刷涂在油漆施工中是最常用的一种辅助手段，如小面积的修补、预涂、狭小空间内的施工等。但刷涂的缺陷较多，如漆膜不均匀、有刷痕、不容易达到较大的膜厚。刷涂与施工人员的熟练程度也有关系，油漆的流平性好，操作人员的技术好，就能得到满意的漆层。

5. 底漆的施工

零件在表面处理及冲砂后应在 4 h 之内进行底漆的施工。无机富锌底漆的施工程序如图 7-3-2 所示。

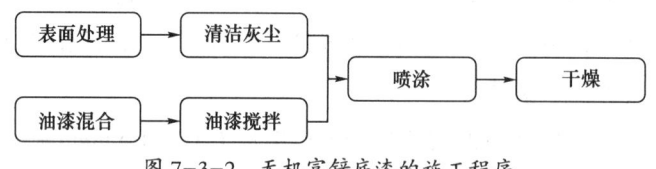

图 7-3-2　无机富锌底漆的施工程序

注意：从喷涂开始到结束，应不停搅拌油漆。因为锌粉的密度较大，易沉淀，会造成漆膜锌粉含量不均。另外，喷涂周边环境应有一定的湿度，否则漆膜不易固化。无机富锌底漆一般不采用滚涂和刷涂。施工时温度应控制在 5～35 ℃，固化期一般为 7 天，表面干燥需 2～4 h，即 2～4 h 后才可以搬动涂漆钢材或构件。

6. 中间漆的施工

理论上讲，底漆一经固化，除去其表面的灰尘、油污即可进行油漆的后道工序。但实际施工中，中间漆的施工往往与底漆间隔很长的时间，这是因为底漆表面除了灰尘和油污外，还有锌粉的氧化物——锌盐，锌盐的存在严重影响油漆间的附着力，会导致涂装失败。因此，中间漆施工前要用砂纸打磨表面，并配合以清水清洗。中间漆的施工程序如图 7-3-3 所示。

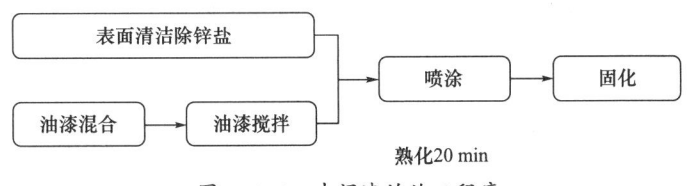

图 7-3-3　中间漆的施工程序

中间漆（环氧类）允许用滚涂和刷涂作为辅助手段。中间漆漆膜较厚，施工时要合理使用稀释剂，避免流挂。环氧中间漆的固化时间也是 7 天左右，表面干燥时间为 4～24 h，施工温度应控制在 5～35 ℃之间。

7. 面漆的施工

面漆施工前应先进行表面的清洁，包括清除灰尘、水分和油污，并用砂纸轻轻打磨，使表面具有一定的粗糙程度。

脂肪族聚氨酯面漆对水分极为敏感，要确保清除构件表面水分和在相对湿度低于 85% 的环境中施工。

面漆作为构件最后一道漆，表面清洁工作及施工环境十分重要。施工前应完成所有的表面漆修补工作，整台岸桥的面漆施工应在较短时间内同时完成，以避免颜色上的差异。某些部位的面漆可在设备交付用户前涂装。

港口设备面漆施工用滚涂和喷涂相结合的方法进行，除手不可及的高空部位或无法操作的狭小部位外，应尽量采用喷涂，以追求最佳的表面效果。面漆的施工程序如图 7-3-4 所示。

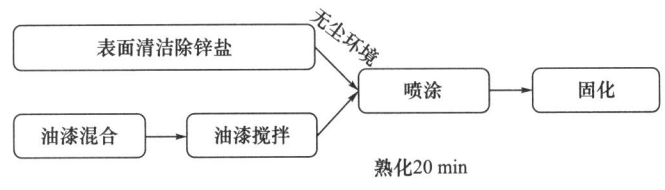

图 7-3-4　面漆的施工程序

面漆施工时要非常重视漆膜的均匀和油漆的完全覆盖，避免漏涂和露底。面漆施工前应确保表面光泽、平滑，施工温度应控制在 5～35 ℃。

8. 镀锌及不锈钢构件表面的油漆施工

镀锌及不锈钢构件表面油漆施工前，应先用溶剂彻底清除构件表面的油、油脂、水分，并用砂纸或动力工具将构件表面打毛，使其具有一定的粗糙程度，并在干燥的环境中进行油漆施工。

一般在表面处理后先涂一遍磷化底漆（厚为 6～10 μm），然后按整台产品的油漆配套进行，但不能将无机富锌底漆作为后续油漆，直接涂中层漆是可行的。采用何种工序，应视总漆膜厚度的要求而定。

目前，国际上逐渐采用新型无溶剂环氧类油漆代替磷化底漆，因为环氧类油漆渗透力强，比磷化底漆有更好的附着力。

三、表面粗糙度与漆膜厚度

1. 表面粗糙度

在实际表面处理的过程中，过高或过低的表面粗糙度都是不利的。

合适的表面粗糙度与漆膜厚度密切相关，而漆膜厚度取决于产品特定的使用环境及其防腐要求。表 7-3-1 中给出了在特定环境中的涂层厚度与表面粗糙度值的关系。

表 7-3-1 涂层厚度与表面粗糙度值的关系　　　　　　　　　　　　　　μm

防腐及环境	设计涂层厚度	表面粗糙度值
一般性涂层	80～100	25～30
装饰性涂层	100～150	30～50
保护性涂层	150～200	50～70
含有盐雾的海洋环境	200～250	70～80
含有透液体冲击的设备	250～350	80～100
耐腐蚀涂层	250～350	80～100

一般情况下，表面粗糙度值是设计涂层厚度的 1/3，港口设备（岸桥）的涂层厚度大都为 220～280 μm，表面处理时的表面粗糙度值为 70～80 μm。由于尖峰处容易产生锈蚀，因此一般喷砂后须用砂纸打磨去除过高的尖峰。实际施工中，表面粗糙度值应略低于设计涂层厚度的 1/3，若涂层较厚，则理想的表面粗糙度值为 38～50 μm。

2. 漆膜厚度

漆膜厚度不但与防腐蚀耐久性有关，而且直接影响产品的工程造价。岸桥一般按照防腐蚀要求及油漆的产品寿命和所使用油漆产品的技术参数来确定漆膜厚度。现代岸桥要求所用的油漆防腐蚀能力应达 10 年以上。漆膜厚度是由不同油漆配套系统决定的，油漆厂商会根据防护寿命选用不同的油漆配套系统。新造的岸桥推荐漆膜厚度为 210～290 μm，其常用的油漆配套使用方法见表 7-3-2。

表 7-3-2 岸桥常用的油漆配套使用方法

油漆品种	涂层数	膜厚（干膜厚）/μm
无机富锌底漆	1	65～70
环氧保护漆（高性能容忍性漆）	1～2	100～125

续表

油漆品种	涂层数	膜厚（干膜厚）/μm
聚氨酯面漆	1～2	60～100
	总膜厚	215～295

3. 钢材表面处理常用的国际通行标准

港口设备钢材或钢结构表面必须采用喷砂、喷丸技术处理，用合适的磨料通过喷射方法完全去除氧化皮、锈腐蚀物、油漆和其他杂物，并及时（一般在4h之内）涂上底漆。

第四节 装卸机械的涂漆

保护装卸机械外表面和钢结构件不锈蚀是延长钢结构使用寿命的有效手段。装卸机械在使用中受到太阳光照、气候冷热、风雨潮湿、霉菌侵蚀、机械撞击、灰沙、摩擦、擦拭、酸碱或化学药品的腐蚀、原涂层下的锈蚀等作用，其涂层会逐渐被破坏，从而失去保护能力，如果不及时修复，锈蚀会迅速发展，势必影响钢结构的强度和刚度。因此，应每年检查一次涂层状况；一般使用单位3～5年需重涂一遍漆，个别单位需每年涂一遍漆。

一、涂层破坏的原因

1. 氧化皮

氧化皮一般存在于热轧钢材和焊接部位上。它是涂层的隐患，在受机械冲击、大气腐蚀等作用后，会引起涂层凸起和剥落。

2. 铁锈

铁锈的主要成分是 Fe_2O_3（三氧化二铁），如果涂漆前没有将其清除干净，则在涂层下的三氧化二铁会继续腐蚀金属，并发生膨胀，从而引起涂层开裂、脱落。

3. 焊渣

焊渣由金属氧化物、无机盐类、氯化铵、氯化锌、松香等物质组成，它能使涂层下的金属腐蚀，最后破坏涂层。

4. 油污

金属表面上没有清除掉的各种油污、润滑脂等会影响涂层的附着力和干燥性能，破坏涂层。

5. 旧漆

重新涂漆时，如果不清除已破坏的涂层和金属上的三氧化二铁，或者旧涂层虽然完好但不能适应欲涂的新漆，则新涂层仍会脱落。

6. 酸、碱等腐蚀性物质

化工厂的起重设备与腐蚀性物质经常接触，涂漆或修补时应将其彻底清除干净，否则会影响涂层的干燥和附着能力。

二、旧漆的清除

可用手工或机械方法清除旧漆。手工处理所用工具包括铲子、錾子、钢丝刷、砂布等工具，其劳动量大、效率低。机械处理常用的工具是风动刷、电动刷、除锈枪等，但钢丝轮较难除净紧附的锈蚀和氧化皮。

三、涂漆的方法和程序

1. 涂漆的方法

（1）刷涂

最常用的涂漆方法是刷涂。刷涂施工的好坏与所选用的漆刷有直接关系。一般毛厚、口齐、根硬、头软的漆刷为上品。磁漆、调和漆和底漆的黏度较高，应选用扁形、圆形或歪脖形的硬毛刷，且刷毛的弹性要大。在刷涂水平面时，最后一遍刷涂应沿光线照射的方向进行；在刷涂垂直面时，最后一遍刷涂应由上而下进行。涂层的厚度应均匀适宜，过厚易起皱皮，过薄则易露底。

（2）喷涂

另一种常用的涂漆方法是喷涂。喷涂过程中压缩空气的气流通过喷枪的喷嘴，把雾状的涂料喷射到金属表面上。喷涂法可获得薄而均匀的涂层，适合于喷涂大面积物体；且大部分涂料都可以用喷涂法喷涂，尤其是对快干挥发性漆，如硝基漆、过氯乙烯漆等更适宜。喷涂法效率高，劳动强度低，已广泛应用。但应注意的是，涂料将随着空气扩散而产生一定的损耗，要得到相当厚的涂层，须反复喷涂几遍。扩散在空气中的涂料和溶剂对人体有害，通风不良时，容易引起火灾，甚至当空气中溶剂达到一定浓度时还会发生爆炸。

2. 涂漆作业要求

开启漆桶后必须搅拌，将沉淀部分搅匀；如果有漆皮或粗粒，则应用120目丝网过滤后再用。

涂漆时周围环境必须清洁，不要有煤烟、潮气和灰尘，遇有下雨或降雾时，不应在露天进行刷涂。

涂漆应先涂底漆，底漆一般刷涂一到两遍，如果涂两遍，则第一遍的底漆颜色应与第二遍的底漆颜色略有区别，以便查看是否有漏涂情况。底漆不宜涂得过厚，以免凸起和影响干燥。已涂过底漆的表面，如果沾染机油等污物，则应用抹布擦净，以免破坏底漆。

在涂装过程中，中间漆通常是在底漆干燥后，面漆施工前进行涂装。中间漆的厚度为 30~60 μm。中间漆的施工可以根据需要进行多次，以达到理想的膜厚和平整度。

必须在中间漆干燥后再涂面漆。面漆刷涂一遍或两遍均可，每层漆的厚度通常以 0.03~0.04 mm 为宜。

四、漆面可能产生的缺陷

1. 涂漆时可能产生的缺陷

（1）流挂

垂直面上的涂料在重力作用下有淌流现象，称为流挂。引起流挂的原因是涂料太稀、涂层太厚、场地温度过高、涂料的干燥性较差、涂料的附着力差，以及物体表面有凹凸不平或含油、水等物。如果是用刷涂法，则也可能是因蘸漆太多，或刷子太小、太软等造成；如果是用喷涂法，则可能是由于喷枪距离涂漆面不一致或压力不均匀等造成，一般喷枪距涂漆面应为 200~250 mm。

（2）咬底

咬底是指面漆中的溶剂软化底漆而破坏涂层，多因底漆未充分干燥或底漆、面漆不匹配。例如，油脂底漆与物体表面虽有一定的附着力，但不能与硝基漆、过氯乙烯漆匹配。

（3）渗色

渗色是指面漆把底漆溶解，使底漆颜色渗到面漆上。这是因为施工中未待底漆干透就涂具有强溶剂的面漆所致。

（4）表面粗糙（起粒）

表面粗糙（起粒）的原因是涂料过粗，工具、漆桶、刷子中夹带有沙土或留有漆皮，喷枪口过小导致喷涂压力大，喷枪与涂漆面距离太远，物体表面未擦干净及环境有灰尘飞扬等。

2. 形成涂层后可能产生的缺陷

（1）"发笑"

涂层表面收缩，好像把水抹在蜡纸上一样，斑斑点点，露出底漆，称为"发笑"，又称"花脸""麻点""笑口"等。"发笑"常见于红丹漆、清漆、环氧漆、聚氨酯漆等，其原因是漆面太滑，底漆光泽太大，物体表面上有油或潮湿，喷枪管路中混入油或水等。

（2）皱纹

皱纹是指涂层不光滑，收缩成许多弯曲的棱背（非特殊要求的美术漆），其主要是由于涂层太厚，干燥不均匀，涂漆后在强烈的日光下暴晒或烘烤等。

（3）起泡

涂层在高湿度、浸水或日晒等环境中容易出现起泡现象。它是因施工不良而引起的，如涂层下有潮气或挥发性液体等。涂层越厚越易起泡。

（4）失光

失光是指成膜后经过一段时间（几小时或尾期）光泽慢慢消失（非指室外长期氧化而失光），其原因除涂料本身问题外，还与施工时涂层上留有矿物油、碱类水分、污物、杂质以及物体表面高低不平有关。此外，较冷天气施工，新涂层遇雨或露水等都容易造成失光。

（5）粉化

粉化是伴随失光出现的一种缺陷。手摸涂层会有粉末黏附在手上，说明涂料已失去黏着力。失光后受紫外线、水汽、氧化、海洋气候、化学品等作用，便出现粉化。

（6）开裂

开裂从表面看有粗裂、细裂和龟裂之分，是涂层的老化现象。粗裂、细裂是涂层因老化产生的收缩，即涂层下部的收缩力较涂层本身的内聚力大而出现的漆膜破裂，它与涂层过厚、底漆未干、空气中有污气存在等有关。龟裂是指涂层一裂到底，露出物体表面，或产生较深的但不露出物体表面的裂纹。底漆、面漆不匹配，或涂层厚且底漆未干时最易发生龟裂。有时连续在旧涂层上修补漆层数次后也会产生龟裂。在热带地区，温度很高，潮气又重，涂层受冷热而伸缩，也容易出现龟裂。

（7）脱落

脱落是指涂层裂开失去黏附力时，与物体表面或底漆分离而成小片或成张脱落。其原因是金属表面处理不当，底漆选择不合理（如涂层过硬或底漆太光泽），施工错误，涂层过厚，或涂层之间未干透而遇到水汽等。表面处理不当是指金属表面上有水汽、灰尘、油脂、污垢、铁屑、化学品或旧涂层等。

五、涂漆时的安全注意事项

1. 涂漆场地应通风良好，特别是用喷涂法时更应注意。

2. 皮肤上沾有涂料时，最好用肥皂或洗衣粉洗。如果用汽油、丙酮等擦洗，则容易使皮肤开裂。

3. 除锈、除旧漆以及刷涂或喷涂漆层时，特别是涂红丹漆，应佩戴防护眼镜和口罩。

4. 喷漆场地严禁使用明火，并严禁吸烟，以免引发火灾。

5. 高空作业时要系安全带，所搭桥板要有足够的宽度，接头处应牢固，下面要设安全网。

6. 操作人员在施工时，如果感觉头痛、心悸或恶心，应立即离开工作现场，到通风处呼吸新鲜空气，如果仍不舒服，则应及时就医治疗。